# Der Hobbytischler

Technik der Holzarbeit

in Zusammenarbeit
mit der Meisterschule Ebern

**Orbis Verlag**

Die englische Originalausgabe
»The Woodworker's Handbook«
erschien 1984 by Arco Publishing, Inc. New York

Gestaltung und Produktion:
Marshall Editions Ltd.
170 Piccadilly, London W1V 9 DD

Redaktion: Andrew Duncan und Gwen Rigby
Art Director: Paul Wilkinson
Produktion: Barry Baker und Janice Storr
Zeichnungen: Karen Daws und Heinz Bogner
Fotos: Clive Corless

Übersetzung aus dem Englischen: Achim Werkshage
Redaktion der deutschen Ausgabe: Ernö Zeltner

Neuauflage bearbeitet von der Meisterschule Ebern für das Schreinerhandwerk, Leitung: Dieter Stojan
Sonderausgabe 1995 Orbis Verlag für Publizistik GmbH, München
© Marshall Editions 1984
© Alle deutschsprachigen Rechte Mosaik Verlag GmbH, München
Alle Rechte der Verbreitung, auch durch Film, Funk und Fernsehen, fotomechanische Wiedergabe, Tonträger aller Art, auszugsweisen Nachdruck oder Einspeicherung und Rückgewinnung in Datenverarbeitungsanlagen aller Art sind vorbehalten.
Satz: Filmsatz Schröter GmbH, München
Reproduktionen: Reprocolor Llovet, S. A., Barcelona
Druck und Bindung: Mohndruck Graphische Betriebe GmbH, Gütersloh
Printed in Germany · ISBN 3-572-0763-1

# Inhalt

9 Einführung

**10 Der Rohstoff**
12 Bäume fällen
14 Das Einschneiden der Stämme
16 Holzeinkauf
18 Holz schwindet
20 Trocknen des Holzes
22 Trocknungsfehler
24 Natürliche Holzfehler
26 Holzschädlinge
28 Sperrholz
30 Spanplatten
32 Holzfaserplatten
34 Profilbretter und Profilleisten

**36 Die Werkstatt**
38 Die häusliche Werkstatt
40 Die optimale Hobelbank
42 Die selbstgebaute Hobelbank
44 Werkstattzubehör
46 Der Werkzeugkasten

**48 Reißen, Messen, Schneiden**
50 Reißen und Messen
52 Streichmaß und andere Meß- und Reißhilfen
54 Sägen
56 Die Kunst des Sägens
58 Sägen schärfen
60 Stichsäge
62 Bandsäge
64 Handkreissäge
66 Tischkreissäge
68 Radialkreissäge
70 Handoberfräse
72 Die Mehrzweckmaschine
74 Der richtige Hobel
76 Technik des Hobelns
78 Der Holzhobel
80 Hobelmesser und Stecheisen schärfen
82 Feile, Raspel und Ziehklinge
84 Stemmwerkzeuge
86 Arbeiten mit Stecheisen
88 Die Drechselbank
90 Querholzdrechseln – 1. Teil
92 Querholzdrechseln – 2. Teil
94 Verschiedene Futtertypen

**96 Verbindungstechniken**
98 Nägel
100 Bohrwerkzeuge
102 Schrauben

104 Schraubenzieher
106 Holzverbindungen
108 Stumpfe Verbindungen und Gehrungen
110 Gefalzte und gefederte Verbindungen
112 Überblattungen
114 Eingenutet – eingegratet
116 Gestemmte Verbindungen
118 Einfache gestemmte Verbindungen
120 Spezielle gestemmte Verbindungen
122 Gestemmte Verbindungen mit Nutzapfen
124 Zinkenverbindungen
126 Zinken stemmen
128 Breitenverbindungen
130 Gedübelte Verbindungen
132 Verarbeitung von Plattenmaterial
134 Verbindungen bei Plattenmaterial
136 Rahmenbau
138 Leime und Kleber
140 Arbeiten mit besonderen Formen

**142 Oberflächenbehandlung**
144 Furniere
146 Furnieren mit Glutinleim
148 Furnieren mit Druckplatten
150 Furnierarbeiten
152 Vorbereiten der Holzoberfläche
154 Beizen
156 Poren füllen
158 Polieren
160 Nicht lösliche Überzüge
162 Beschläge
164 Spezialscharniere

**166 Möbel aus eigener Werkstatt**
168 Ergonomie
170 Küchenschrank aus Wales
172 Küchenelemente
174 Küchenschrank mit Hängevitrine
176 Spieltisch
178 Klapptisch
180 Eßtisch und Stühle
182 Serviertisch
184 Schreibtisch
186 Antike Kommode
188 Bett
190 Schreibsekretär
192 Konsolentisch

**194 Einheimische und exotische Hölzer**
194 Nadelhölzer
198 Laubhölzer

**213 Register**

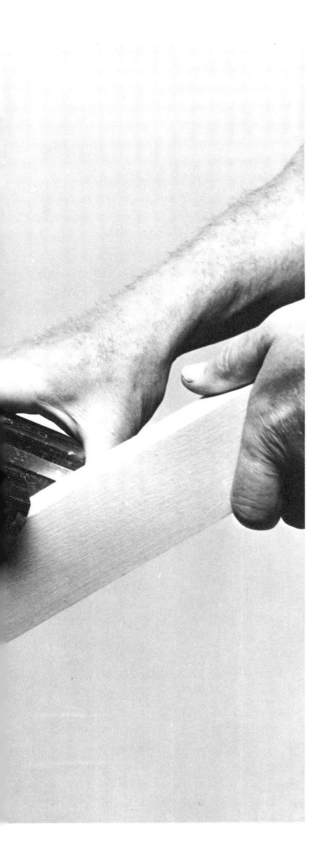

## *Einführung*

Es ist kein Zufall, daß das London College of Furniture, eine Art Möbel-Akademie, ausgerechnet im Londoner East End angesiedelt ist, denn dieser östliche Teil der Themsestadt beherbergt auch eines der weltgrößten Zentren des Möbelbaus und des Holzhandwerks überhaupt.

Das College wurde um die Jahrhundertwende (als Shoreditch Technical Institute) gegründet und diente als Ausbildungsstätte für die holzverarbeitenden Betriebe. Sie zogen in ständig wachsender Zahl ins East End, weil dort die nahegelegenen Docks und Kanäle die Rohstoffversorgung vereinfachten. Bis 1911 gab es in dieser Gegend tausend Holzwerkstätten. Zusammen mit dem College bildeten sie eine Interessengemeinschaft, in der die verschiedenen Talente und die gesammelten Erfahrungen koordiniert wurden – zum Wohl eines aufblühenden Handwerks.

Zeit seines Bestehens war es für das College von entscheidender Bedeutung, sich auf neue Techniken und Materialien, auf handwerkliche und gestalterische Einflüsse aus der ganzen Welt einzustellen. Dieses Buch gibt uns zum einen Gelegenheit, gediegene handwerkliche Arbeit, vorgeführt von Meistern ihres Fachs, entsprechend zu würdigen – aber andererseits auch, diese Techniken durch eigene Arbeiten selbst zu lernen. Wir sind sicher, daß dieses Buch Ihnen zu all den Techniken und Fertigkeiten im Umgang mit dem Werkstoff Holz verhilft, die für echte Freude an der Arbeit und Zufriedenheit über Do-it-yourself-Werkstücke erforderlich sind.

*Peter Metcalfe*
*Vizepräsident*

**Die Autoren**
Dieses Buch wurde von sechs Dozenten des London College of Furniture unter dem Vorsitz von Peter Metcalfe zusammengestellt.
Ihre Namen: Michael Farrow, George Jackson, Douglas Mackay, Sue Newton, Alan Smith und Arthur Thompson.

Holz in seiner natürlichen Form, als lebender Baum nämlich, läßt als Werkstoff eine Menge Möglichkeiten offen. Es läßt sich in nützliche oder einfach schöne Werkstücke verwandeln. Dadurch kommt es verschiedenen menschlichen Bedürfnissen entgegen, vor allem dem Wunsch nach Kreativität oder der Vorliebe, Werkzeuge zu benutzen, eine Konstruktionsidee aufzugreifen, ihre Planung, Ausführung und Vollendung, angefangen vom Rohzustand »Baum« bis hin zum letzten Tropfen Lack – das macht Spaß und bewirkt ein Gefühl der Zufriedenheit.

Aber nicht alle Möglichkeiten, die das Holz bietet, sind besonders leicht auszuschöpfen. Schon die Aufgabe, natürlich gewachsenes Holz in eine bearbeitbare Form zu bringen, erweist sich als langwieriger Prozeß mit vielen Fußangeln. Das fängt bereits beim Fällen eines Baumes an. Bäume ab einer bestimmten Größe dürfen ohne behördliche Genehmigung selbst im eigenen Garten nicht einfach gefällt werden. Sollte ein Waldbesitzer Ihnen die Möglichkeiten geben, auf seinem Gebiet Holz zu schlagen, müssen Sie sich darüber im klaren sein, daß die Angelegenheit nicht ganz ungefährlich ist. Oft genug liefert selbst ein Waldbaum aus einem gut gepflegten Bestand erstaunlich wenig brauchbares Holz erster Qualität, weil schiefe Stämme und Äste einen schlechten und unregelmäßig gemaserten Wuchs haben.

Wurde ein Baum problemlos gefällt, kommt der nächste Arbeitsgang: das Einschneiden in Bohlen oder Bretter. In diesem Stadium machen sich die natürlichen Holzfehler ebenso bemerkbar wie die Fehler des Heimwerkers. Für einen Ungeübten ist es bemerkenswert leicht, das Holz durch falsches Sägen und Ablagern zu ruinieren.

Nach monatelanger, bei einigen Harthölzern sogar jahrelanger, Trocknungszeit kommt schließlich der Moment, in dem das Holz für ein geplantes Projekt ausgewählt wird. Der Werkstoff Holz hat eine sehr komplexe Struktur, und nur wenn man seine charakteristischen Merkmale berücksichtigt, wird sich diese vollkommene Verbindung von Material und äußerer Gestaltung erreichen lassen, die handwerkliches Können kennzeichnet.

Der Waldbestand gehört zwar zu den regenerativen Rohstoffquellen, aber der Vorrat ist keineswegs mehr unerschöpflich. Bei der Verarbeitung von Bäumen zu Gebrauchshölzern fällt selbst unter günstigsten Umständen eine Menge Abfall an – das beweisen die Preise des Holzhandels. Die vielversprechenden Möglichkeiten eines lebenden Baums sollten auch zukünftigen Generationen erhalten bleiben. Bevor Sie sich also auf das zweifellos lohnende Unternehmen einlassen, Hand oder Axt an einen Baum zu legen, denken Sie an mögliche zukünftige Probleme. Überlegen Sie auch, ob es nicht umweltfreundlicher ist, den berühmten »alten Balken hinten im Hof« wieder zu verwenden oder gar handelsübliches Plattenmaterial einzukaufen.

# Der Rohstoff

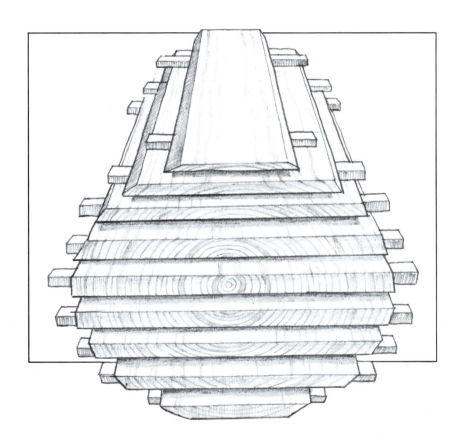

## *Bäume fällen*

In aller Regel haben die Holzhandlungen eine verhältnismäßig geringe Zahl verschiedener Holzarten in Standardabmessungen auf Lager. Häufig erfordert eine Holzarbeit aber ein ganz besonderes Holz, und dann kann es sinnvoll sein, einen sorgfältig ausgesuchten Baum zu fällen, falls Sie dazu die Gelegenheit und die Erlaubnis haben.

Bereits die Auswahl kann erhebliche Probleme aufgeben. Sollte Ihr Baum in einer Wohngegend, am Straßenrand oder in einer Hecke stehen, dann prüfen Sie ihn mit besonderer Sorgfalt. Auf den unteren zwei Metern des Stamms finden sich häufig Zaundraht, Nägel, Klammern oder andere Fremdkörper – das ist beim Sägen sehr gefährlich. Vermeiden Sie schiefe Bäume: Sie haben wahrscheinlich exzentrischen Wuchs und sind nagelhart. Das gilt auch für alle Äste.

Wenn Festigkeit des Holzes eine wichtige Voraussetzung ist, dann wählen Sie einen astfreien Stamm. Ein Astknoten ist die in den Stamm eingebettete Basis eines Astes; astfreies Holz kommt natürlicherweise also von den Teilen des Stamms, die keine Äste aufweisen.

Ein anderer Faktor, der zur Holzfestigkeit beiträgt, ist der gerade Faserverlauf. Stämme mit spiraligem Faserverlauf (Drehwuchs) vermeiden. Drehwuchs läßt sich meistens an Rissen in der Rinde erkennen, die spiralig im oder gegen den Uhrzeigersinn verlaufen.

Als Anfänger nicht gleich mit einem großen Baum beginnen, überlassen Sie das einem Profi. Versuchen Sie sich an einem mittelgroßen Baum, und falls er auf fremdem Grund steht, dann besorgen Sie sich eine Fäll-Genehmigung. Ab einer gewissen Baumgröße ist das sogar auf Ihrem eigenen Grund und Boden erforderlich. Und schließlich müssen Sie sich klar machen, daß Fällen das Abholzen des gesamten Baums und nicht nur der gewünschten Stücke bedeutet.

Bevor Sie mit der Säge anfangen, denken Sie über die günstigste Fallrichtung nach. Die meisten Bäume hängen leicht in eine Richtung, deshalb versuchen Sie, den Stamm möglichst genau in dieser natürlichen Fallrichtung umzulegen. Wenn das nicht geht, den Fall mit Seil und Keilen, notfalls auch mit einer Winde kontrollieren. Einen Baum nie bei Wind fällen und sicherstellen, daß in der Fallrichtung kein Hindernis liegt.

Wird ein Baum in dichtem Gehölz mit nassem und weichem Boden gefällt, kann er einen anderen Baum mit sich reißen. Falls in einem dichten Gehölz überhaupt möglich, sollten die nächsten Bäume so weit entfernt sein, wie die dreifache Höhe Ihres Baumes beträgt.

Für die Fällarbeit können Sie unter Axt, Handsäge und Motorsäge wählen. Am bequemsten und schnellsten geht es natürlich mit der Motorsäge, und mit einem Längsschnittgerät als Zusatz kann man die Stämme zu Hause einschneiden.

**Ein Schutzhelm** ist der wichtigste Teil der Schutzkleidung beim Gebrauch der Motorsäge. Fallende Äste oder womöglich ganze Bäume sind eine echte Bedrohung. Motorsägen sind äußerst gefährlich und sehr laut. Ein Gehörschutz verhindert nicht nur Gehörschäden, sondern auch Ablenkung.

**Schwere Arbeitshandschuhe** schützen vor Schnitten, Abschürfungen und Splittern und erleichtern das Hantieren mit Holz.

**Ein Handschutz** hilft zufälligen Kontakt der Hände mit der Sägekette vermeiden.

**Die Schutzbrille** nicht unterschätzen, weil die Motorsäge gefährliche Splitter und Sägestaub hochschleudert. Auf bruchsichere Gläser und Seitenblenden achten.

**Schwere Arbeitsstiefel** mit guter Paßform und Stahlkappen sind die beste Art, Füße und Knöchel zu schützen. Bänder und Hosenbeine hineinstecken, damit sie sich nicht in der Sägekette verfangen. Das Sohlenprofil muß auf nassem Grund gut greifen.

DER ROHSTOFF

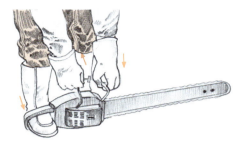

**1 Die Motorsäge immer mit dem Gehäuse auf festem Boden starten.** Den rechten Fuß in den Griff stellen, um das Gerät festzuhalten. Den vorderen Griff mit der linken Hand greifen und mit der rechten die Starterschnur ziehen. Andere Vorsichtsmaßnahmen: Unterholz oder andere Hindernisse aus dem Gebiet entfernen, in das der Baum fallen wird; alle Äste unter Kopfhöhe entfernen.

**2 Es ist wichtig, den Fallkerb so auszuschneiden,** daß er in die gewünschte Fallrichtung zeigt. (Die Fallrichtung möglichst entsprechend der natürlichen Baumneigung wählen.) Den oberen Schnitt der Kerbe im 45°-Winkel zum Querschnitt anlegen. Die wirkungsvollste Kerbentiefe sollte ein Viertel der Stammstärke betragen.

**3 Der Fällschnitt** sollte 2–5 cm über dem unteren Schnitt des Fallkerbs liegen. Auf die Kerbe zu so einsägen, daß am Ende der Schnittfläche ein gleichmäßig starker Holzrist als Gelenk stehen bleibt. Sobald der Stamm sich zu neigen beginnt, Säge herausziehen, Motor abschalten und seitlich hinter den Baum treten, für den Fall, daß der Stamm ungünstig fällt oder zurückschlägt.

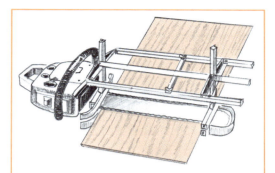

**Ein Längsschnittgerät** bietet dem versierten Holzwerker die Möglichkeit, Holz nach seinen speziellen Bedürfnissen einzuschneiden, statt sich auf die Standardmaße der Holzhandlungen beschränken zu müssen. Wurde ein Baum gefällt, von Krone und Ästen befreit und in der Länge geschnitten, müssen die Stämme zum Trocknen aufgeschnitten werden. Bei diesem ersten Verarbeitungsschritt kann ein Längsschnittgerät die Arbeit erheblich erleichtern. Es wird ohne Umbau direkt am Schwert der Motorsäge befestigt.

**Längsschnittketten** werden zum Aufschneiden der Stämme verwendet, also für Schnitte in Faserrichtung. Standardketten sind für Schnitte quer zur Faser ausgelegt.

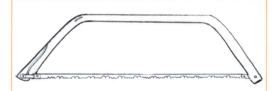

**Schwedensägen** (oder Bügelsägen) eignen sich hervorragend zum Ausästen der Stämme. Sie können bequem von einer Person bedient werden, obwohl es sich mit ihr zu zweit schneller und leichter arbeitet. Die richtige Sägewirkung erfordert eine gute Blattspannung und scharfe Zähne. Die meisten Schwedensägen haben heute gehärtete Zähne mit angelassenen Spitzen, die länger scharf bleiben als Normalsägeblätter. Allerdings muß man stumpfe Blätter austauschen, weil es zu schwierig ist, sie zu schärfen.

13

# Das Einschneiden der Stämme

Der erste Schritt bei der Umwandlung eines Baumstammes in Holz, das sich weiterbearbeiten läßt, wird als Einschneiden bezeichnet. In Sägewerken wird diese erste Öffnung der Stämme mit großen Blockband- oder Gattersägen durchgeführt. Sie schneiden unhandliche Stämme zu Bohlen und Brettern auf, die dann wesentlich einfacher zu handhaben sind.

Das Einschneiden dient aber noch einem anderen wichtigen Zweck: Eingeschnittene Holzbohlen trocknen viel schneller als ganze Stämme und verziehen sich dabei nur minimal. Allerdings lassen sich Stämme mit weniger als 15 cm Durchmesser auch als Ganzes recht gut trocknen. Bei dickeren Stämmen, die ohne vorherigen Einschnitt getrocknet werden, fällt extrem viel Abfallholz an: Der Stamm schwindet beim Trocknen, und das kann zu erheblicher Rißbildung führen.

Die verschiedenen Einschnittverfahren für Baumstämme liefern Holz, das für unterschiedliche Zwecke geeignet ist. Das sollte beim Holzeinkauf berücksichtigt werden.

Es gibt zwei grundlegende Einschnittverfahren: Scharfschnitt (auch Rund- oder Einfachschnitt genannt) und Viertelschnitt. Beim Scharfschnitt wird der Stamm seiner ganzen Länge nach einfach in Scheiben geschnitten. Dabei entsteht wenig Abfall, und es ist die billigste Einschnitttechnik. Bretter vom selben Stamm, die nach dieser Methode geschnitten und in unveränderter Schnittreihenfolge aufgehoben wurden, lassen sich zueinander passend zusammenstellen. Die Zeichnung auf den Flächen solcher Bretter, die sogenannte Fladerung, besteht meist aus einer Reihe von Schleifen und Bögen.

Holz vom Viertelschnitt ist meist teurer als Scharfschnittholz, weil diese Technik erheblich mehr Abfall produziert. Die Stämme werden zunächst der Länge nach in Viertel geschnitten, die Viertelstämme dann auf unterschiedliche Weise weiterverarbeitet. Viertelschnittholz hat den großen Vorteil, daß es nach dem Trocknen erheblich weniger arbeitet als Scharfschnittholz und deshalb für tragende Teile besser geeignet ist. Der Unterschied beim Schwinden und Quellen kann bis zu 50% betragen.

Bei Viertelschnittholz treten markante Jahresringe als abwechselnd helle und dunkle Streifen längs zur Faser auf. Ausgeprägte Markstrahlen erscheinen als dekorative silbrige oder dunkle Spiegel. In Holz mit Wechseldrehwuchs bringt der Viertelschnitt abwechselnd helle und dunkle Bänder hervor, die bei verändertem Lichteinfall ihre Plätze zu tauschen scheinen.

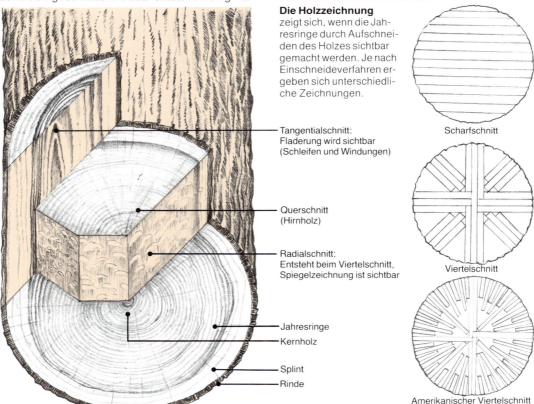

**Die Holzzeichnung** zeigt sich, wenn die Jahresringe durch Aufschneiden des Holzes sichtbar gemacht werden. Je nach Einschneideverfahren ergeben sich unterschiedliche Zeichnungen.

Tangentialschnitt: Fladerung wird sichtbar (Schleifen und Windungen)

Querschnitt (Hirnholz)

Radialschnitt: Entsteht beim Viertelschnitt, Spiegelzeichnung ist sichtbar

Jahresringe
Kernholz
Splint
Rinde

Scharfschnitt

Viertelschnitt

Amerikanischer Viertelschnitt

DER ROHSTOFF

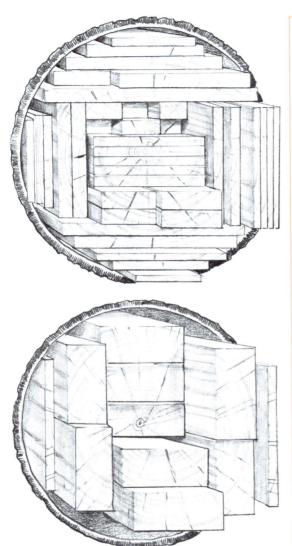

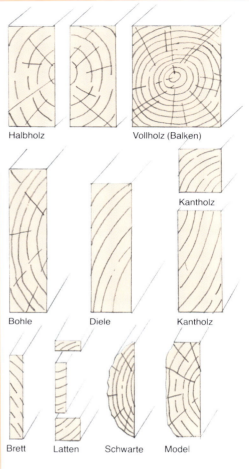

Halbholz   Vollholz (Balken)

Kantholz

Bohle   Diele   Kantholz

Brett   Latten   Schwarte   Model

**Stämme mit großem Durchmesser** lassen sich zu Hölzern mit fast beliebigen Abmessungen einschneiden. Aus dem oberen Stamm wurden zahlreiche Bretter, Latten und Bohlen geschnitten. Ebensogut hätte er aber auch zu weniger und dafür größeren Hölzern verarbeitet werden können, wie die Abbildung darunter zeigt. Ein guter Säger braucht lange Erfahrung, um das Einschneideverfahren wählen zu können, mit dem sich das wertvollste Holz erzeugen läßt. Ein wichtiges Kriterium ist der Astanteil des Stammes: Astiges Holz hat für Baukonstruktionen zu wenig Tragkraft. Holz aus ungepflegten Beständen ist oft astig, weil die unteren Äste im Schatten der oberen absterben. Werden sie dann nicht entfernt, wachsen sie ein, weil der Stamm nach außen wächst. Auf diese Weise entstehen tote Äste im äußeren Teil des Stammes. Die Verwendbarkeit dieses Holzes ist dadurch stark eingeschränkt, sein Wert beträchtlich gemindert.

**Bezeichnungen für Schnittholz**

Der Holzhandel kennt genaue Bezeichnungen und Nenndicken für all die Holzprodukte, die bei den verschiedenen Einschnittarten anfallen. *Balken* sind Kanthölzer, deren größere Querschnittseite mindestens 200 mm beträgt. *Halbhölzer* entstehen, wenn ein Balken längs aufgetrennt wird. *Bohlen* haben Dicken von 40–100 mm. *Dielen* (Hobeldielen) sind von 10–32 mm Dicke im Handel; sie sind auf der einen Seite glatt gehobelt, auf der Rückseite auf gleiche Dicke angehobelt. *Kanthölzer* werden mit quadratischem und rechtwinkligem Querschnitt von mindestens 60 mm angeboten. Die Dicke von *Brettern* liegt zwischen 8 und 35 mm. Die Querschnittsfläche von *Latten* ist nicht größer als 32 cm$^2$. *Schwarte* ist die Bezeichnung für das äußerste Brett eines Stammes; es ist einseitig rund. *Model* sind Kanthölzer mit runder Baumkante. Abweichungen von der Nenndicke ergeben sich aus Ungenauigkeiten beim Sägen und Änderungen des Feuchtegehalts.

15

# Holzeinkauf

Da die wenigsten Hobbytischler ihr Holz selber fällen und einschneiden können, kaufen sie es meistens bei einem Holzhändler ein. Sein Schnittholz hat Standardmaße, wobei die Länge und die Dicke in Millimetern angegeben wird. Bei Nadelholz gehen die Standardlängen für Bretter und Bohlen normalerweise von 1500 mm bis 6000 mm, jeweils um 250 mm (Bretter) und 300 mm (Bohlen) steigend. Laubholz wird in Längen ab 1800 mm angeboten, jeweils um 100 mm steigend.

Holz wird gesägt oder gehobelt verkauft. Gesägtes Holz ist rauh, gehobeltes Holz so glatt, daß es zu Hause nur noch geschliffen werden muß. Hobeln verringert die Holzdicke um durchschnittlich 3 mm.

Endrisse sind unvermeidbar. Wenn Sie für eine größere Arbeit einkaufen, 5–10 Prozent Verschnitt zugeben.

Da Holz naturbedingte Qualitätsunterschiede aufweist, muß es klassifiziert werden, damit brauchbare Angaben über Aussehen oder Festigkeit möglich sind. Nadel- und Laubhölzer werden dabei unterschiedlich behandelt, und die Gütebestimmungen für die Klassifizierung sind von Land zu Land verschieden. Aber die Grundlage dieser Einteilung ist immer die Zahl und Größe Holzfehler. Je höher die Klasse, desto geringer und weniger gravierend die Fehler. Die häufigsten Holzfehler sind Äste. Aber es treten auch noch viele andere Fehler auf, etwa unregelmäßiger Faserverlauf und Risse.

Nach der Einteilung in Güteklassen wird das Holz mit dem Zeichen des Importeurs versehen. Das Zeichen wird meist eingeschlagen, Bretter bekommen ein Klebeetikett.

Die höheren Güteklassen werden für anspruchsvolle Schreinerarbeiten verwendet, niedere Klassen z. B. zu Verpackungen verarbeitet. Wenn Sie nicht wissen, welche Güteklasse Sie brauchen, fragen Sie den Holzhändler.

In Deutschland sind die Gütebestimmungen für Nadelholz die sogenannten Tegernseer Gebräuche. Sie richten sich nach Farbe, Harzgallen, Rissen, Anteil Baumkante und sonstigen Merkmalen. Die Güteklassen bei Blockware gehen von 0 bis IV. Die beste Ware wird mit 0 bezeichnet, die schlechteste mit IV.

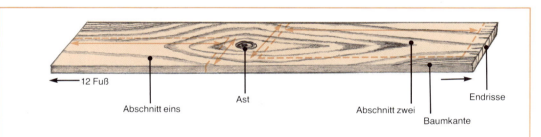

← 12 Fuß

Abschnitt eins    Ast    Abschnitt zwei    Endrisse
Baumkante

**Bestimmung der Güteklasse von Laubholz**

Importware aus dem englisch-amerikanischen Bereich wird durch Sichten klassifiziert. Dabei wird jedes Stück einzeln begutachtet. Zwei Verfahren werden angewandt: das Fehler-System (ähnlich der bei Nadelholz angewandten Methode) oder das gebräuchlichere Abschnittverfahren. Ein guter Holzschätzer zu werden, der ein Brett in etwa 15 Sekunden klassifiziert, erfordert jahrelange Erfahrung. Weniger erfahrene Schätzer müssen sich meistens an schriftlichen Gütebestimmungen orientieren.

Die Klassifizierung nach dem Abschnittverfahren geht folgendermaßen vor sich: **1** Der Schätzer nimmt die schlechtere Brettseite und mißt das Brett aus **2**, die Länge in Fuß, die Breite in Zoll, zum Beispiel 12 Fuß mal 6 Zoll. Er legt **3** auf der Fläche eine Anzahl von blanken, fehlerfreien Rechtecken, auch Abschnitte genannt, fest. Jeder Abschnitt wird gemessen **4**, Länge in Fuß, Breite in Zoll, und daraus errechnet er Einheiten. Ein 5 x 4-Abschnitt hat 20 Einheiten, ein 6 x 5-Abschnitt enthält 30 Einheiten. Dann berechnet der Schätzer **5** die maximale Anzahl von Einheiten, die sich bei einem fehlerfreien Brett ergäbe. Schließlich schlägt er **6** in den Gütebestimmungen nach und ordnet das Brett ein. In den USA beispielsweise ist darin der Flächenanteil festgelegt, der fehlerfrei sein muß. Bei der 1. Klasse müssen 11/12 des Bretts in einem Abschnitt fehlerfrei sein, bei der 2. Klasse 10/12. Die nächst niedrigere Klasse wird als Nr. 1 common bezeichnet: 8/12 in höchstens zwei Abschnitten müssen fehlerfrei sein.

Das oben gezeigte Brett weist insgesamt 50 Einheiten in zwei Abschnitten auf. Es gehört infolgedessen nicht in die höchste amerikanische Hartholzklasse. In dieser Klasse wird wie erwähnt verlangt, daß 11/12 der Einheiten in einem Abschnitt fehlerfrei sind, und das wären 66. Bei der 2. Klasse sind es 10/12 in einem Abschnitt, also 60 Einheiten. Aber die Klasse Nr. 1 common verlangt 48 Einheiten in höchstens zwei Abschnitten – und in diese Klasse gehört also das Brett oben. Bei dieser und in niedrigeren Klassen ist die schlechteste Brettseite die Grundlage für die Bedarfsberechnung.

## Abmessungen von Nadel- und Laubholz

Das Holz, vor allem inländische Ware, kommt größtenteils unbesäumt auf den Markt. Europäische Hölzer werden unterschieden nach Nadel- und Laubholz in folgenden Abmessungen:

| Bretterdicke mm | zul. Abweichung mm | Bohlendicke mm | zul. Abweichung mm |
|---|---|---|---|
| 8 | | 40 | |
| 10 | | 45 | |
| 12 | | 50 | ± 1,5 |
| 15 | | 52 | |
| 18 | | 55 | |
| 22 | ± 1 | 60 | |
| 24 | | 65 | |
| 28 | | 70 | |
| 30 | | 75 | ± 2 |
| 30 | | 80 | |
| | | 85 | |
| | | 100 | |
| | | 120 | |

– Brett- und Bohlenbreiten (parallel besäumt)
von 100 bis 300 mm in Stufen von 20 mm mit einer zul. Abweichung von ± 3 mm genormt.

– Brett- und Bohlenlängen
von   1500 bis 3000 mm mit einer Stufung von 500 mm
über 3000 bis 4500 mm mit einer Stufung von 250 mm
über 4500 bis 6500 mm mit einer Stufung von 500 mm
genormt, wobei die zul. Abweichung in allen Fällen + 50 mm und − 25 mm betragen darf.

### Versandzeichen bei Importware

**1** Firmenzeichen des Importeurs.

**2** Nummer des Sägewerks.

**3** Bezieht sich auf die Güteklasse; in diesem Fall Nr. 2 MG.

**4** Bezeichnet den Feuchtegehalt: Ship dry heißt »verladetrocken«, also nicht mehr als 25 Prozent.

**5** Ist der Verband, nach dessen Richtlinien diese Position klassifiziert wurde.

### Inländisches Schnittholz

In Deutschland sind für die Gütebestimmungen bei Schnittholz inländischer Erzeugung die sogenannten Tegernseer Gebräuche maßgebend. Dabei handelt es sich um einen umfangreichen Katalog mit Kriterien zur Bestimmung der Qualität von Holz in verschiedenen Formen.

Die Güteklassen bei Fichte/Tanne reichen für unbearbeitete Bretter und Bohlen von 0 bis IV.

Ein Brett der Güteklasse I darf beispielsweise

● leicht farbig sein,

● kleine, festverwachsene Äste aufweisen,

● pro laufendem Meter einen kleinen Durchfallast haben,

● vereinzelt kleine Harzgallen aufweisen,

● Risse und Baumkanten haben,

● aber nicht rothart sein.

Die Normallänge beträgt 3–6 m und die Breite mindestens 8 cm.

## *Holz schwindet*

Ein lebender Baum enthält eine Menge Wasser. Das gilt natürlich auch für einen frisch gefällten Stamm. Den größten Anteil weist das Splintholz auf, weil es das Wasser von den Wurzeln zu den Blättern leitet. Frisch gefälltes Holz wird als »grünes Holz« bezeichnet. Der Wassergehalt des Holzes wird in Prozent Holzfeuchte angegeben, entsprechend dem Verhältnis zwischen Wassergewicht und darrtrockenem Holzgewicht. Grünes Holz hat oft mehr als 100 % Holzfeuchte.

Ist das Holz bis auf 28–30 % Holzfeuchte getrocknet, beginnt es merklich zu schwinden. Dieser Bereich, in dem der Schwundprozeß beginnt, heißt Fasersättigungsfeuchte. Grünes Holz, das beispielsweise in einer Werkstatt gelagert wird, trocknet so lange aus, bis die Holzfeuchte sich in einem Gleichgewicht mit der Luftfeuchtigkeit der Umgebung befindet: das Holz hat sein Feuchtegleichgewicht erreicht. In einer Umgebungsluft mit 65 % relativer Luftfeuchte und einer Temperatur von 20°C liegt das Feuchtegleichgewicht bei rund 12 %. Da die relative Luftfeuchtigkeit vom Wetter abhängt, nimmt das Holz ständig Feuchtigkeit auf und gibt sie wieder ab, ist also einem ständigen Wechsel von Ausdehnung und Schrumpfung unterworfen. Um dieses Arbeiten in Grenzen zu halten, sollte das Holz auf das Feuchtegleichgewicht heruntertrocknen, das seiner zukünftigen Umgebung entspricht (Sollfeuchte).

Holz schwindet nicht gleichmäßig. In Faserrichtung zieht es sich zwischen Fasersättigungspunkt und 1 % Holzfeuchte nur um 0,1% zusammen. Quer zur Faser können manche Holzarten bis zu 14 % schwinden.

Die genaueste Methode zur Bestimmung der Holzfeuchte ist die Darrprobe. Ein Stück feuchtes Holz wird gewogen, dann in einem Trockenofen so lange getrocknet, bis das Gewicht nicht mehr sinkt (Darrgewicht). Die Holzfeuchte errechnet sich wie folgt: das Darrgewicht wird vom Naßgewicht abgezogen und das Ergebnis durch das Darrgewicht geteilt; dieses Ergebnis mit 100 malgenommen ergibt den Prozentsatz der Holzfeuchte.

Einfacher, wenn auch nicht so genau, geht es mit einem elektrischen Feuchtemesser. Zwischen zwei in das Holz eingestochenen Nadelelektroden wird ein Strom durchgeleitet. Die elektrische Leitfähigkeit hängt von der Holzfeuchte ab, so daß die Prozentangabe für die Holzfeuchte direkt von der Skala des Meßgeräts abgelesen werden kann. Natürlich muß von mehreren Ablesungen der Mittelwert errechnet werden, weil verschiedene Stellen des Holzes unterschiedliche Feuchtewerte aufweisen können. Der größte Nachteil des elektrischen Feuchtemesser liegt allerdings darin, daß die Elektroden bei dickeren Hölzern nicht bis zur Mitte vordringen, denn genau da ist das Holz während des Trocknens am feuchtesten.

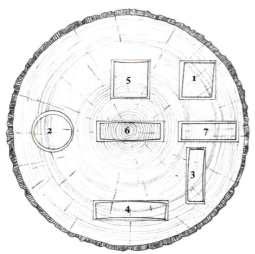

Holz schwindet beim Trocknen unterhalb der Fasersättigung. Ein quadratisches Schnittholz wie **1** wird rautenförmig, ein rundes **2** wird oval. Schnitthölzer wie **3**, **4** und **5** wölben sich weg vom Kern. Ein Herzbrett wie **6** schwindet mehr in der Breite als in der Dicke, und **7** schwindet keilförmig.

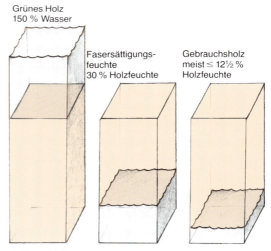

**Grünes Holz** hat einen erheblichen Wassergehalt. Die Holzzellen sind hohl, und das darin enthaltene »freie« Wasser verdunstet beim Trocknen zuerst. Die Zellwände enthalten Wasser in gebundener Form; wenn dieses Wasser austrocknet, schwindet das Holz.

DER ROHSTOFF

Die Tabelle führt den für den jeweiligen Verwendungszweck geeigneten Feuchtegehalt auf. Ist er zu hoch, trocknet das Holz nach und schwindet. Ist er zu niedrig, nimmt das Holz Feuchtigkeit auf und quillt. Die Folge könnte sein, daß sich dadurch die Holzverbindungen lösen. Gegenmaßnahmen, wie Nageln, Schrauben oder Leimen, bewirken höchstens, daß das Holz reißt.

| **Feuchtegehalt des Holzes** | % | |
|---|---|---|
| Schwinden beginnt etwa hier (Fasersättigung) | 30 | Diese Werte sind mit Lufttrocknung zu erzielen |
| Geeignet für Druckbehandlung, Imprägnierung, Feuerschutzmittel | 23 | |
| Grenzwert für Pilzbefall | 20 | |
| Holzarbeiten für außen | 18 | |
| Gartenmöbel | 15 | |
| Flugzeuge, Motorfahrzeuge, Bootsdecks, Holzgeschirr | 15 | Diese Werte lassen sich nur mit künstlicher Trocknung erreichen |
| Holz in nur selten geheizten Räumen | 13 | |
| Holz in Gebäuden, die in regelmäßigen Intervallen geheizt werden, etwa für Böden, Möbel, Musikinstrumente | 12 | |
| Holz in durchgehend geheizten Gebäuden | 11 | |
| Holz in besonders gut geheizten Gebäuden, etwa Krankenhäusern oder Kaufhäusern | 10 | |
| Holz in der Nähe von Wärmequellen, z. B. Heizkörperverkleidungen, Kaminsimse, Holzböden mit Fußbodenheizung | 9 | |

Mit Spezialbehandlungen läßt sich das Problem des arbeitenden Holzes lösen. Eine Möglichkeit ist die Imprägnierung mit PEG – Polyäthylenglykol 1000. Die PEG-Moleküle ersetzen die in den Zellwänden des Holzes gebundenen Wassermoleküle. Hat der Austausch erst einmal stattgefunden, kann das PEG nicht mehr extrahiert werden. Das Schwinden ist wirksam unterbunden. Bei grünem Holz ist PEG am wirkungsvollsten, bei trockenem Holz nützt es überhaupt nichts. PEG mit Wasser zu einer 30–50prozentigen Lösung mischen und das feuchte Holz vollständig eintauchen. Die Behandlungsdauer hängt von der Holzgröße ab.

## Trocknen des Holzes

Frisch gefälltes Holz enthält einen hohen Prozentsatz an Wasser, das vor der Weiterverarbeitung herausgetrocknet werden muß. Trockenes Holz ist fester als feuchtes und läßt sich besser behandeln. Es ist nicht so schwer, geleimte Verbindungen halten besser, die maschinelle Bearbeitung ist einfacher und bei einer Holzfeuchte unter 20% ist es für den Befall mit bestimmten Holzschädlingen weniger anfällig. Außerdem ist es dadurch vor Pilzbefall geschützt und arbeitet, das heißt, schwindet und quillt weniger, wenn es bei Werkstücken verwendet wird. Der meiste, wenn nicht sogar der gesamte, Schwundverlust tritt beim Trockenvorgang auf. Aus diesem Grund erhöht sich die Festigkeit eines Werkstücks aus mehreren Holzteilen ganz erheblich, wenn alle Teile auf den selben Feuchtegehalt getrocknet wurden. Nach dem Zusammenbau arbeiten sie nämlich alle im selben Ausmaß. Dazu kommt, daß trockenes Holz sich wirksamer mit Holzschutzmitteln behandeln läßt.

Bei der Holztrocknung gibt es eine Reihe von Methoden, die aber alle gleichermaßen Umsicht erfordern. Trocknet das Holz zu schnell aus, entsteht ein nicht wiedergutzumachender Schaden. Stämme von mehr als 15 cm Durchmesser vor dem Trocknen zu Brettern oder Bohlen aufschneiden; dünnere Stämme lassen sich im Stück trocknen.

Die billigste Trockenmethode, die auch keine besondere Anlage erfordert, ist die natürliche oder Lufttrocknung: Wind und Sonne übernehmen die Arbeit. Das Holz muß so gestapelt werden, daß zwischen den Lagen Luft durchstreichen kann. Rund- und Kanthölzer aufeinanderstapeln, Bretter als Kastenstapel mit Stapelleisten anordnen. Für Stapelleisten mit einem Querschnitt von 2,5 × 4 cm möglichst dieselbe Holzart wie das Trockengut wählen. Leisten aus anderem Holz können zu Lagerflecken führen, die tief in das Brett eindringen und sich nicht abhobeln lassen. Das ist besonders bei hellen Hölzern unangenehm. Die Flecken entstehen durch chemische Reaktionen zwischen den verschiedenen Hölzern, aber das läßt sich durch Plastikleisten unterbinden. Bei Holzleisten darauf achten, daß sie frei von Verrottung, Flecken und Schädlingsbefall sind, damit das Trockengut nicht infiziert wird.

Wie auch immer die Schnittware gestapelt wird, die Leisten in regelmäßigen Abständen auslegen, damit die Bretter nicht durchhängen. Grundsätzlich die Brettenden unterlegen und die Leisten

Den Holzstapel dort aufbauen, wo die Luft frei zirkulieren kann. Ziegel- oder Betonfundamente ergeben einen guten Unterbau; man achte auf ausreichenden Abstand vom Boden, der eine potentielle Quelle für Pilz- und Insektenbefall ist.

Stapelleisten so anordnen, daß sie das Gewicht direkt auf den Unterbau übertragen und die Bretter sich nicht verwerfen. Die Abdeckung verhindert abwechselndes Naßwerden und Trocknen, eine andere Ursache für Verwerfungen. Manche Hölzer verwerfen sich trotzdem. In dem Fall kann man den Stapel vorbeugend beschweren.

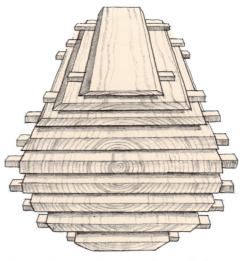

Vor dem Trocknen die Rinde entfernen. Sie ist wasserdicht, behindert dadurch die Trocknung und kann Pilzsporen und Eier oder Larven von Insekten beherbergen, die später dem Holz schaden.

Aus demselben Stamm geschnittene Bretter werden meist zusammen gestapelt (Blockstapel), weil sie bei der Verarbeitung in Farbe und Zeichnung zusammenpassen.

genau senkrecht übereinander anordnen, damit das Gewicht des Stapels direkt über diese senkrechten Säulen und nicht über die Bretterlängen verteilt auf den Unterbau übertragen wird. Andernfalls biegen sich die Bretter durch. Den Stapel erst 45 cm über dem Boden beginnen, damit Luft darunter zirkulieren kann, und gegen aufsteigende Feuchtigkeit schützen. Stapel nicht breiter als 1,8 m anlegen, um eine gleichmäßige Trocknung zu gewährleisten. Die Länge wird durch die Holzlänge, die Höhe durch Sicherheit und praktische Handhabung bestimmt. Schließlich muß der Stapel noch vor einem ständigen Wechsel zwischen Regen und Sonne geschützt werden, weil das Holz sonst Risse bekommt. Der Idealfall wäre, das Holz in einer Scheune oder einem seitlich offenen Schuppen zu lagern. Aber eine Plane, die so über dem Stapel befestigt wird, daß sie den Luftstrom nicht unterbricht, tut es auch. Am schnellsten trocknen die Holzenden, und das kann zu Trocknungsrissen führen; ein Anstrich der Hirnenden verringert diese Gefahr.

In unserem gemäßigten Klima dauert die Lufttrocknung von Nadelholz zwischen 3 Monaten und einem Jahr. Laubholz braucht pro 2,5 cm Stärke etwa ein Jahr. Bis zu welchem Feuchtegehalt sich das Holz schließlich an der Luft heruntertrocknen läßt, entzieht sich menschlichem Einfluß. Im Winter beispielsweise lassen sich als Minimum etwa 22–23% erreichen, im Sommer 16–17%. Einige Baumarten haben im Winter weniger Saft und trocknen schneller, wenn sie in dieser Zeit gefällt werden.

Holzoberflächen, die tagelang feucht bleiben (über 20–25%), werden leicht schimmelig. Schimmel schädigt zwar das Holz nicht, aber er setzt farbige Sporen frei, die von den befallenen Flächen abgebürstet werden müssen. Problematischer ist es, wenn das Holz von Bläue befallen wird und vor allem im Splintholz blauschwarze Flecken verursacht. Bläue läßt sich nicht entfernen und vermindert den Wert des Holzes. Als Vorbeugemaßnahme das feuchte Holz mit einem geeigneten Fungizid einsprühen.

Luftgetrocknetes Holz ist für eine Verwendung in Innenräumen noch immer zu feucht und erfordert eine weitere Trockenbehandlung. Für Heimwerker ist wahrscheinlich die einfachste Lösung, einen Luftentfeuchter zu kaufen. Zusammen mit dem Holz in einen abgeschlossenen Raum gestellt, kann er das Holz in wenigen Wochen auf etwa 10% Holzfeuchte heruntertrocknen.

**Eine Trockenkammer** ist zwar teuer, aber sie kann grünes Holz innerhalb weniger Tage auf 10% Holzfeuchte heruntertrocknen. Der richtige Umgang mit der Kammer erfordert Erfahrung. In einem Arbeitsgang jeweils nur eine Holzart trocknen und dabei einen empfohlenen Trockenplan mit den passenden Werten einhalten. Müssen doch zwei Holzarten zusammen getrocknet werden, den Plan für das Holz befolgen, das die langsamste Trocknung erfordert. Das Holz in der Kammer genauso stapeln wie für die Lufttrocknung.

### Trockenpläne

Die Fachleute haben Trockenpläne aufgestellt, um die schnellsten und sichersten Trockenzeiten für Nutzholz anzugeben. So ist etwa Plan A für Hölzer, die beim Trocknen nicht dunkel werden dürfen und die sich zwar verziehen, aber nicht aufreißen. Plan G ist für Holzarten, die langsam trocknen und sich nicht leicht verziehen.

| Feuchtegehalt des nassesten Holzes (%) | Temperatur am Trockenthermometer (°C) | Temperatur am Naßthermometer (°C) | Relative Luftfeuchte (%) |
|---|---|---|---|
| **Trockenplan A** | | | |
| grün | 35 | 30 | 70 |
| 60 | 35 | 28 | 60 |
| 40 | 38 | 29 | 50 |
| 30 | 43 | 31 | 40 |
| 20 | 48 | 34 | 35 |
| 15 | 69 | 40 | 30 |
| **Trockenplan G** | | | |
| grün | 48 | 46 | 85 |
| 60 | 48 | 45 | 80 |
| 40 | 54 | 50 | 80 |
| 30 | 60 | 55 | 75 |
| 25 | 71 | 63 | 70 |
| 20 | 76 | 64 | 55 |
| 15 | 82 | 62 | 40 |

# *Trocknungsfehler*

Viele Holzfehler werden durch falsches Trocknen verursacht und solche Trocknungsfehler sind auch ziemlich leicht zu erkennen. Die Fehler sind unterschiedlich gravierend, sehr leichte Holzfehler können Sie unbeachtet lassen.

Der häufigste Trocknungsfehler ist die Ausbildung von Rissen, meistens mit der Faser im rechten Winkel zu den Jahresringen (radial). In den häufigsten Fällen treten sie an den Brettenden auf. Die Länge der Risse unbedingt berücksichtigen, denn davon hängt ab, wieviel Verschnitt einkalkuliert werden muß.

Im Gegensatz dazu lassen sich Innenrisse erst erkennen, wenn das Holz aufgeschnitten ist. Dieser Holzfehler geht häufig mit einem anderen Fehler einher, der als Zellkollaps bezeichnet wird. Beide Beschädigungen werden durch zu schnelle Trocknung verursacht, wobei der Kollaps vor allem bei Hölzern eintritt, die vor Trocknungsbeginn außergewöhnlich feucht waren. Äußere Anzeichen für den Zellkollaps sind Vertiefungen an der Holzoberfläche, die eine wellenförmige Struktur aufweisen. Bei solchem Holz sollten Sie sowohl Zellkollaps als auch Innenrisse vermuten und äußerste Vorsicht walten lassen. Die Risse verringern die Tragfähigkeit, und die abgesackten Holzbereiche können sich bei maschineller Bearbeitung für den Heimwerker als gefährlich erweisen, weil das Holz an den Stellen fester als normal ist.

Ein anderer häufiger Holzfehler ist das Werfen. Es kann auftreten, wenn das Holz für eine Arbeit zugeschnitten wurde, bevor es trocken genug war. Verwerfungen treten normalerweise quer zur Faser auf (der Schwund quer zur Faser ist größer als der Längsschwund) und haben eine Reihe unterschiedlicher Erscheinungen zur Folge, z. B. Längs- und Querkrümmungen und Verdrehungen. Verwerfungen können Sie feststellen, wenn Sie ein Brettende ans Auge halten und am Brett entlangpeilen.

Wenn die Oberfläche des Holzes verdichtet ist und der Kern unter Spannung steht, spricht der Fachmann von Verschalung. Dieser Fehler ist nur durch einen Zinkentest erkennbar (siehe gegenüberliegende Seite). Wie Rißbildung und Zellkollaps wird er durch zu schnelles Trocknen verursacht. Gefährlich beim Sägen.

Verfärbungen, häufig durch Stapelleisten zwischen trocknenden Brettern hervorgerufen, können ziemlich tief in das Holz eindringen. Sie lassen sich keineswegs durch einfaches Abhobeln entfernen.

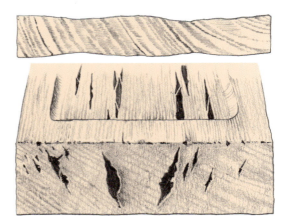

**Oberflächenrisse** sind meist keine schwerwiegenden Holzfehler und verlaufen im allgemeinen längs der Faser. Weniger tiefe Risse lassen sich abhobeln. Risse quer zur Faser können auf schlechtes Holz hinweisen und sind mit Vorsicht zu behandeln.

**Endrisse** sind wie Oberflächenrisse unbedeutende Fehler. Das gerissene Stück kann man einfach abschneiden. Allerdings gibt es auch Risse, die von Stirnseite zu Stirnseite verlaufen. Zwar können Risse sich auch wieder schließen, aber sie bleiben immer Schwachstellen in der Holzstruktur – das muß man je nach Verwendungszweck berücksichtigen.

**Innenrisse** treten mit der Faser radial (also quer zu den Jahresringen) auf. Sie sind erst sichtbar, wenn das Holz aufgeschnitten ist. Sie treten meist zusammen mit oder als Ergebnis von einem Zellkollaps auf.

**Zellkollaps** ist an der Wellenstruktur der Holzoberfläche und sichtbaren Furchen zu erkennen. Das darunterliegende abgesackte Holz ist dichter als normales Holz und bei der Bearbeitung mit Maschinen nicht ungefährlich. Die Minderwertigkeit dieses Holzes liegt auf der Hand.

DER ROHSTOFF

## Verwerfungen

**Querkrümmung** tritt dann auf, wenn ein Brett mit rechteckigem Querschnitt durch Scharfschnitt aus einem ungetrockneten Stamm gewonnen wird. Die dem Kern abgewandte Seite schwindet mehr als die Seite, die dichter am Kern liegt.

**Der quadratische Querschnitt** ungetrockneter Hölzer wird durch Schwund rautenförmig. Parallel zu den Jahresringen schwindet das Holz stärker als quer dazu.

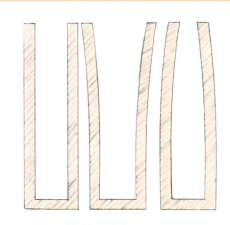

**Zinkentest für Verschalung**
Wurde das Holz richtig kammergetrocknet, kommen die Zinken gerade und zueinander parallel heraus. Biegen sie sich nach innen, liegt Verschalung vor. Biegen sie sich nach außen, wurde der Zustand zu weit korrigiert.

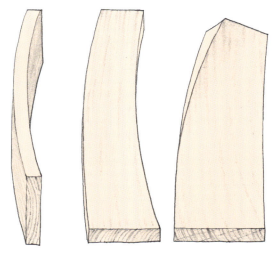

**Längskrümmungen und Verdrehungen** sind Beispiele für eine Verwerfung längs der Faser. Bei Längskrümmungen können die Kanten gerade und die Fläche gebogen oder die Fläche gerade und die Kanten gebogen sein. Bei Verdrehungen sind weder Kanten noch Flächen gerade, das Brett ist windschief. Solche Fehler treten auf, wenn Bretter aus unzureichend oder falsch getrocknetem oder auch aus exzentrisch gewachsenem Holz geschnitten wurden.

**Lagerflecken**
Lagerleisten, die die Bretter beim Trocknen auf Abstand halten, färben das Trockengut unter Umständen ein, wenn sie aus einem anderen Holz sind. Die Flecken können tief in das Holz eindringen und bei hellen Hölzern (z.B. Ahorn) erheblichen Schaden anrichten.

# *Natürliche Holzfehler*

Was Holzwerker als naturgegebene Fehler im Holz ansehen, sind eigentlich und vom Baum her betrachtet keineswegs Fehler, sondern im Gegenteil untrügliche Anzeichen gesunden Wachstums. Jedenfalls tragen sie erheblich dazu bei, Holz zu dem bekannt vielseitigen Material zu machen.

Die meisten natürlichen Fehler sind leicht zu erkennen. Sind beispielsweise *Einlagerungen von Mineralien* vorhanden, sind sie meist im Hirnholz sichtbar. Kalkspat (Calciumcarbonat) und Kieselerde, zwei häufige Einlagerungen, machen Werkzeuge sehr schnell stumpf. Große Einlagerungen, *Stein* genannt, sind eine Gefahr bei der maschinellen Holzbearbeitung.

*Harz* und *Gummi* – die natürlichen Wundsalben des Baums – werden von manchen Arten sehr reichlich produziert. Ein typisches Beispiel ist Pitchpine. Manchmal treten nach dem Einschnitt und Trocknen immer noch Harz und Gummi aus dem Holz aus. Dadurch wird die Oberfläche klebrig und ist schwer weiter zu bearbeiten. Bisweilen bekommen Bäume, die starkem Wind ausgesetzt waren, innere Risse. Die Risse füllen sich mit Harz, das beim Einschneiden des Stammes zu *Harzgallen* aushärtet.

Wird die äußere Wachstumszone eines Baumes beschädigt, wächst das angrenzende Holz über den beschädigten Teil und bildet sogenannte *Wundüberballungen*.

Manche Bäume werden sehr alt und bilden einen spröden Kern aus, der wie faules Holz aussieht. Diese Erscheinung wird als *Falschkern* bezeichnet.

Das stabilste Holz hat einen geraden Faserverlauf. Für ungleichmäßigen Faserverlauf sind *Dreh-*, *Wechseldreh-* oder *Wimmerwuchs* die häufigsten Beispiele. Solches Holz ist meist schwer zu hobeln oder zu schleifen, denn irgendwo stehen die Fasern immer auf, gleichgültig, in welche Richtung gearbeitet wird.

*Äste* sind Zonen beträchtlicher Faserkrümmung und deshalb Schwachstellen im Holz. Soll das Holz gute Tragfähigkeit haben, auf die Lage der Äste achten. In der Nähe der Brettkante beeinträchtigt ein Astknoten die Holzfestigkeit mehr als in der Brettmitte.

*Nagelhartes Holz* (Reaktionsholz) entsteht, wenn schräge Stämme und Äste gegen die Schwerkraft ankämpfen. Solches Holz hat mehrere Nachteile, besonders den, daß es sich beim Trocknen verzieht.

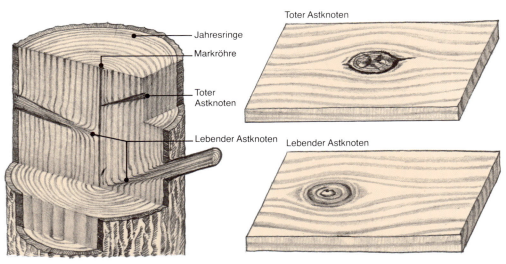

**Das Astbild** entsteht, wenn die Holzfasern am Astansatz im Stamm die Richtung ändern. Im Stamm verlaufen die Fasern etwa senkrecht, in einem Ast waagerecht. In der Abbildung oben ist der Faserverlauf durch die Jahresringe dargestellt. Sie entstehen dadurch, daß während jeder Wachstumsperiode auf Stamm und Ästen eine neue Holzschicht dazukommt. Alle Astknoten reichen bis in den Kern des Stammes.

**Lebende Astknoten** entstehen durch Äste, die beim Fällen noch im Wachstum begriffen waren. Sie werden vom umgebenden Holz fest an ihrem Platz gehalten. Stirbt ein Ast ab, dann überwächst der Stamm allmählich die abgestorbene Astwurzel. Die Fasern in Stamm und Astansatz trennen sich, und wenn das Holz an diesen Stellen geschnitten wird, zeigen sich *tote Astknoten*. Beim Trocknen schwinden sie, werden locker und fallen heraus.

DER ROHSTOFF

**Laubhölzer**

**Nadelhölzer**

**Nagelhartes Holz** (Reaktionsholz) bildet sich in schrägstehenden Ästen und Bäumen, um der Schwerkraft entgegenwirken zu können. Die Neigung geht in Richtung Erdboden, also wird die obere Seite eines Astes gedehnt und steht unter Spannung. Die Unterseite dagegen wird gestaucht oder zusammengedrückt. Als Folge davon bildet sich nun bei Laubhölzern auf der oberen oder Spannungsseite nagelhartes Holz, bei Nadelhölzern dagegen auf der unteren oder Druckseite. Daher kommen die Bezeichnungen Zugholz und Druckholz. Das Holz auf der Seite, die dem nagelharten Holz gegenüberliegt, hat normale Struktur.

**Druckholz** von einem Nadelholzbaum zeigt ausgeprägtere Jahresringe als gewöhnliches Holz, vorausgesetzt, die Abweichung ist nur leicht. Es ist dichter, härter und brüchiger. Längs zur Faser schwindet es ziemlich stark (um 5%) und verzieht sich meist beim Trocknen. Zugholz ist mit bloßem Auge schwer zu erkennen. Es kann etwas heller als gewöhnliches Holz sein und silbrig schimmern, es kann aber auch stumpf und leblos aussehen. Es schwindet längs und quer zur Faser ganz erheblich, ist aber etwas widerstandsfähiger und elastischer als gewöhnliches Holz. Beim Sägen, Hobeln und Drechseln werden die Fasern leicht aus der Fläche gerissen und geben dem Holz ein wolliges Aussehen. Beim Beizen wird die Fläche meist fleckig.

# Holzschädlinge

Holz ist, wie alles was lebt, einem ständigen Prozeß von Verfall und Wiederentstehen unterworfen. Bei Bäumen wird dieser Vorgang vor allem durch zwei Faktoren beschleunigt, nämlich durch Pilze und Insekten.

Die Pilze, die von Holz leben, werden grob eingeteilt in Schimmel- und Bläuepilze einerseits und richtige Holzzerstörer andererseits. Sie pflanzen sich alle durch mikroskopisch kleine Sporen fort, die durch die Luft fliegen. Schimmelsporen sind blaugrün, manchmal braun oder rosa, und man kann sie leicht abbürsten. Bläuepilze sind tief blauschwarz oder braun und dringen tief ein, besonders entlang der Markstrahlen. Sowohl Schimmel- als auch Bläuepilze kommen im Holz recht häufig vor. Sie bilden sich auf Hölzern, die nach dem Einschneiden nicht sofort auf eine Holzfeuchte unter 20% heruntergetrocknet wurden. Bläue zerstört das Holz nicht.

Holzfäule dagegen verfärbt Holz nicht nur, sondern schwächt es oder zerstört es völlig. Hier unterscheidet man hauptsächlich zwei Arten: Braunfäule und Weißfäule. Weißfäule verursacht anfangs stellenweise Verfärbungen, Innenfäule oder weiße Sprenkel. Das Holz wird manchmal auch hell und ist dann von dunklen Linien durchzogen (Marmorholz).

Braunfäule erscheint häufig in zwei Formen: Naßfäule (Warzenschwamm) und Trockenfäule (echter Hausschwamm) trifft man leider in vielen Bauten an. Sie sind manchmal schwer auseinanderzuhalten. Bei Trockenfäule gibt es mehr Würfelbruch an der Oberfläche als bei Naßfäule. Sie kann in dunkelbraunen Strängen auftreten, die sich über eine Fläche verzweigen, dagegen zeigt sich Trockenfäule in feuchter Atmosphäre in weißen, watteartigen Auswüchsen und als silbergraue lederartige Polster in trockener Atmosphäre.

Diese Holzzerstörer machen sich an die Arbeit, sobald die Holzfeuchte auf über 20% ansteigt. Wenn Sie befallenes Holz unter diesen Wert heruntertrocknen, hört der Verfall auf. Sobald die Holzfeuchte wieder ansteigt, geht auch der Verfall weiter. Verwenden Sie also nie Holz, das befallen ist, auch wenn es gesund scheint.

Insekten dringen auf dem Umweg über ihre Eier ins Holz ein. Die Larven oder Maden schlüpfen, fressen sich weiter nach innen und graben dabei Tunnel. Später höhlen sie sich eine Kammer direkt unter der Oberfläche aus, in der sie sich fertig entwickeln. Die ausgewachsenen Käfer nagen sich einen Weg zurück an die Oberfläche und fliegen weg, wobei sie als erstes sichtbares Zeichen von Befall ein Flugloch hinterlassen. Es gibt holzbrütende Insekten, die nur ungetrocknetes Holz befallen und durch sachgemäße Trocknung abgeschreckt werden. Dem Rest muß man mit Räuchern, Heißluft oder Insektiziden versuchen beizukommen.

**Bläuepilze** befallen häufig frisch gefälltes Holz; das Holz verfällt nicht und seine Festigkeit wird nicht gemindert.

**Die ersten Anzeichen** eines Befalls durch Weißfäule ist ein Stockigwerden des Holzes, besonders bei Laubhölzern. Wenn die Entwicklung nicht aufgehalten wird, zerstört sie das Holz.

**Naßfäule,** auch Warzenschwamm genannt, befällt Holz immer da, wo ständig Wasser tropft oder Schwitzwasser auftritt.

**Trockenfäule** ist eine irreführende Bezeichnung: Der Pilz greift feuchtes Holz an, kein trockenes. Aber der Würfelbruch, den er hervorruft, sieht anfangs trocken aus.

**Der Eichenkernkäfer** oder Ambrosiakäfer befällt nur ungetrocknetes Holz. Die Larven ernähren sich von Pilzen, die das Holz verfärben.

**Maserbirke** wird durch Insektenbefall des stehenden Holzes hervorgerufen. Die Larven verursachen braune Flecken, die auf dem Furnier dekorative Wirkung haben.

**Die Holzwespe** befällt nur ungetrocknetes Holz. Aber auch nach der Trocknung können die Larven jahrelang weiterleben. Sie hinterläßt große Fluglöcher.

**Der Splintholzkäfer** befällt nur Harthölzer mit großem Stärkegehalt und großen Poren. Es fällt viel Bohrmehl an.

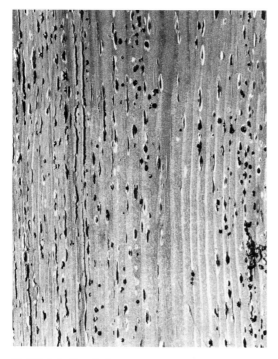

Weißfäule in Douglasie

DER ROHSTOFF

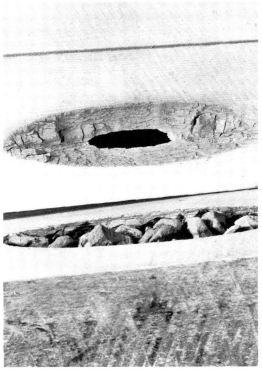

Braune Innenfäule in Fichte

Holzbläue

| Insekt | Befallene Holzarten | Befallene Holzteile | Getrocknet/ ungetrocknet | Flugloch | Rückstände | Lebensdauer | Sonstige Merkmale |
|---|---|---|---|---|---|---|---|
| Eichenkernkäfer/Ambrosiakäfer | Laubhölzer seltener Nadelhölzer | Splint und Kern | Nur ungetrocknet | rund 0,5–3 mm | Nicht vorhanden | 1–2 Jahre | Gerade Fraßgänge; flammenförmige Verfärbungen um das Flugloch; kein Holzmehl |
| gewöhnlicher Nagekäfer | Laubhölzer 50–60 Jahre | Splint und Kern | Gut getrocknet | rund 2–3 mm | Vorhanden, ellipsenförmig | 1–20 Jahre | Holz kann vollkommen zu Holzmehl zernagt werden. |
| Pochkäfer | Laubhölzer (weiche) | Splint und Kern | Ungetrocknet | rund 2–3 mm | Vorhanden, grob | 5–10 Jahre oder mehr | Befällt schon geschädigtes Holz in alten Gebäuden. Macht klopfendes Geräusch. |
| Splintholzkäfer | Laubhölzer | Splint | Getrocknet ungetrocknet | rund 1–2 mm | Reichlich vorhanden | 1 Jahr | Befällt grobporige Hölzer mit hohem Stärkeanteil. Splintholz wird völlig zu Mehl zernagt. |
| Hausbock | Nadelhölzer (harte) | Erst Splint, dann Kern | Getrocknet | oval 5–10 mm | In Fraßgängen vorhanden | 3–11 Jahre | Befällt tote oder kranke Bäume. Rinde muß zum Eierlegen vorhanden sein. An Häusern werden zuerst Dachöffnungen befallen. Holz wird nicht zu Mehl. |
| Holzwespe | Laubhölzer | Splint und Kern | Ungetrocknet | 6 mm und mehr | In Fraßgängen vorhanden | 2–3 Jahre | Wespe hat helle Farben; befällt gewöhnlich kein gesundes Holz. Holz wird nicht zu Mehl. |

## Sperrholz

Massivholz guter Qualität ist nicht einfach zu bekommen und dementsprechend teuer. Massivholz ist so gefragt, daß junge und eigentlich zu kleine Bäume geschlagen werden, die dann Hölzer von nur geringen Abmessungen ergeben. Dieser Engpaß und die Erkenntnis, daß sich Holzabfälle und sogar einfache Holzspäne wirtschaftlich weiter verwenden lassen, haben die Entwicklung industriell gefertigter Plattenmaterialien gefördert.

Die technische Entwicklung machte eine große Auswahl solcher Kunstholzplatten möglich. Sie haben gegenüber Massivholz folgende Vorteile: sie sind billig, in großen Abmessungen erhältlich und haben gute Biegefestigkeit. Schwund und Ausdehnung erfolgen parallel zur Oberfläche, sind aber in allen Richtungen gleich stark. Platten haben keine natürliche Rißrichtung, deshalb treten Risse sehr selten auf.

Platten aus Holzwerkstoffen machen besondere Arbeitstechniken erforderlich. Sobald sie wie Massivholz behandelt werden, treten Probleme auf: Holzverbindungen beispielsweise, die für Massivholz hervorragend geeignet sind, taugen unter Umständen für Platten überhaupt nicht.

Zunächst sollen die Furnierplatten (Sperrholz) und die Stabsperrholzplatten betrachtet werden.

**Furnierplatten** werden aus aufeinandergeleimten Holzfurnieren hergestellt. Durch einen Schichtenaufbau im Kreuzverband werden Quellen und Schwinden im Holz weitgehend ausgeglichen. Damit diese Balance nicht gestört wird, ist es nötig, daß nach dem Aufbringen eines dekorativen Deckfurniers die Rückseite mit einem Gegenfurnier versehen werden.

Normale Sperrplatten bestehen aus drei, fünf oder mehr Lagen (meist eine ungerade Zahl), wobei die Holzfasern der einzelnen Lagen jeweils im rechten Winkel zueinander (daher Kreuzverband) verlaufen. Es gibt aber Furnierplatten mit einer geraden Schichtenzahl. In diesem Fall verlaufen die Fasern der Mittellagen parallel.

**Stab- oder Stäbchensperrholzplatten** (Tischlerplatten) mit Block- oder Stäbchenverleimung sind Verbundplatten, deren Kern aus mehr oder weniger breiten, parallelen Holzstreifen zusammengesetzt ist. Die beiderseitigen Deckfurniere sind kreuzweise aufgeleimt. Unterschieden werden die Platten hauptsächlich durch die Breite der Holzstreifen in der die Mittellage besteht.

Es gibt auch Verbundplatten mit einem Kern aus anderen Materialien, zum Beispiel aneinandergeleimten Pappstreifen. Mit Furnier-Deckschichten versehen werden daraus extrem leichte Platten.

**Das Schälfurnier** läßt sich durch ein besonders wirtschaftliches Herstellungsverfahren erzeugen. Ein gerader Stamm wird auf entsprechende Länge abgeschnitten und auf eine riesige Drehbank montiert, die den Stamm auf seiner ganzen Länge gegen ein feststehendes Messer dreht. So kann das Furnier als endloses Blatt abgeschält und dann auf passende Länge zugeschnitten werden. Die Maserung besteht meist aus Fladern oder Bögen.

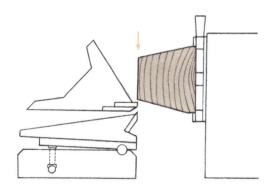

**Das Messerfurnier** wird Scheibe um Scheibe mit einem Messer von einem Teil des Stammes abgetrennt. Unterschiedliche Maserungen ergeben sich je nachdem, ob das Furnier in Richtung der Mitte des Stammes (Radialschnitt) oder mehr von den Außenkanten (Tangentialschnitt) stammt. Furniere aus Radialschnitten sind am gleichmäßigsten gemasert. Beim Tangentialschnitt ergibt sich eine weniger ausgewogene, gröbere Maserung (auch Fladerung genannt).

**Fünflagiges Sperrholz:** Dies ist der traditionelle Aufbau. Die Furnierzahl ist ungerade, die Faserrichtungen verlaufen rechtwinklig zueinander und die Decklagen demzufolge wieder parallel.

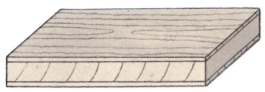

**Dreilagiges Sperrholz:** Die Fasern der Innenlage verlaufen im rechten Winkel zur Faserrichtung der Decklagen. Innen- und Decklagen können gleich oder verschieden stark sein. Die Decklagen sind immer gleich dick.

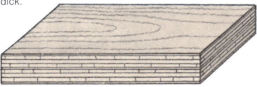

**Multiplex-Platten:** Diese Art kann bis zu 19 Lagen haben, die im Kreuzverband verleimt sind. Sie sind außerordentlich widerstandsfähig gegen Verwerfen und Quellen und weisen keine natürliche Rißrichtung auf.

**Stabsperrholzplatte (ST) mit Blockverleimung:** Die etwa 20 mm breiten Massivholzleisten liegen parallel. Die Fasern der Deckfurniere verlaufen kreuzweise.

**Stäbchensperrholzplatte (STAE) mit Stäbchenverleimung:** Ähnlicher Aufbau wie bei der Blockverleimung, nur sind die Leisten meist 6 mm breit. Die Platten sind schwerer und biegefester.

### Güteklassen bei Importsperrholz

Zwei Faktoren sind für die Güteklasse entscheidend: Die Qualität des Deckfurniers und die des verwendeten Leims. Der Leim bestimmt die Widerstandsfähigkeit des Sperrholzes gegen Feuchtigkeit, und damit den Verwendungszweck, ob nämlich die Platte innen oder im Freien verwendet werden kann. Die Güteklasse wird auf jede einzelne Platte aufgedruckt. Hier bezeichnet **1** die in dem Fall angewandten Gütebestimmungen, nämlich die Bestimmungen der APA (American Plywood Association). **2** ist die Herstellungsnummer, **3** die Güteklasse des Deckfurniers. A-C würde bedeuten, daß die schönere Seite Klasse A, die schlechtere Klasse C ist. **4** ist die Nummer der Sortengruppe, wobei in diesem System Gruppe 1 die festesten Holzarten aufweist. **5** gibt den Verwendungsbereich an, außen oder innen.

### Anforderungen an die Verleimungsqualität von Sperrholz

Nach DIN 68 705 unterscheidet man für Furnierplatten und Tischlerplatten folgende Verleimungsqualitäten:
UF 20 (Innensperrholz): Verleimung beständig bei Verwendung in Räumen mit niedriger Luftfeuchtigkeit – nicht wetterbeständig.
Bindemittel:
Harnstoff-Formaldehyd-Harze (UF)
IW 67 (Innensperrholz): Verleimung beständig bei Verwendung in Räumen mit erhöhter Luftfeuchtigkeit und gegen gelegentliche Berührung mit Wasser bis zu ca. 67°C – nicht wetterbeständig.
Bindemittel:
ungestreckte oder melaminverstärkte Harnstoff-Formaldehyd-Harze (MF – UF)
A 100: Verleimung beständig gegen die Einwirkung von kaltem und heißem Wasser – begrenzt wetterbeständig.
Bindemittel:
Melamin-Formaldehyd-Harze oder Gemische aus Harnstoff-Melamin-Formaldehyd-Harzen (MF – UF)
A 100 (Außensperrholz): Verleimung beständig gegen alle Witterungs- und Feuchtigkeitseinflüsse – wetterbeständig.
Bindemittel:
Phenol-, Phenol-Resorcin- oder Resorcin-Formaldehyd-Harze (PF, PF – RF, RF)

# Spanplatten

Der Begriff »Spanplatte« ist jedem Hobbytischler geläufig. Tatsächlich bezieht sich die Bezeichnung aber auf ganz unterschiedliche Plattenarten aus einer Vielzahl von holzigen Rohstoffen, von Erdnußschalen über Zuckerrohr bis hin zu Holzspänen.

Im Rahmen raffinierter Recycling-Techniken geht ein Teil des Abfallholzes in die Herstellung von Spanplatten. Häufige Bestandteile sind die Kerne von Stämmen, aus denen Furnier geschält wurde, und natürlich auch Hobelspäne. Solche Abfallholzspäne sind zufallsbedingt unterschiedlich groß. Aber es ist auch möglich, maschinell Späne bestimmter Größe und Form herzustellen. Die häufigsten Spänelieferanten für Platten sind Nadelhölzer, wie Fichte, Lärche, Tanne und Kiefer, aber auch einige Laubhölzer, etwa Rotbuche. Es werden verschiedene Grundarten von Platten hergestellt: die einschichtige homogene Platte, die dreischichtige Platte, die Platte mit allmählichem Übergang in der Struktur und die Strangpreßplatte.

Bei allen Spanplatten werden die Holzspäne mit Kunstharzklebern verbunden, die ihrerseits wieder eine Reihe von Zusätzen enthalten können, um bestimmte Eigenschaften zu erreichen: darunter fallen z. B. erhöhte Festigkeit und Stehvermögen, Widerstandsfähigkeit gegen Feuer und Pilzbefall.

Im allgemeinen liegen die Holzspäne mit den Fasern parallel zur Plattenoberfläche (Flachpreßplatte). Bei der Strangpreßplatte ist der Faserlauf der Holzspäne senkrecht zur Plattenebene. Die Platten haben dadurch eine geringere Biegefestigkeit, lassen sich aber in größeren Dicken als andere Spanplattenarten herstellen.

Einschichtplatten werden aus annähernd gleichgroßen Spänen hergestellt. Sie liegen parallel zur Plattenebene und ergeben eine qualitativ schlechte Oberfläche, weil die Oberflächenspäne trotz Oberflächenveredlung sichtbar bleiben können. Dreischichtplatten werden aus gröberen und feineren Spänen mit Sandwich-Aufbau hergestellt. Der Kern besteht aus den groben, die beiden Außenschichten aus den feinen Spänen. Platten mit einem allmählichen Strukturübergang haben einen ähnlichen Aufbau, aber eine glattere Oberfläche.

## Emissionsklassen bei Spanplatten

Seit 1977 gilt der Maximalwert von 0,1 ppm (ppm = parts per Million, Teile pro Million) für die Formaldehydkonzentration in der Raumluft als anerkannte Regel der Technik, Spanplatten werden seitdem in drei Emissionsklassen eingeteilt: E1, E2 und E3. Entsprechend diesen Klassen müssen sie verwendet oder weiterverarbeitet werden.

| Emissionsklasse | Emissionswerte | Verwendungsvorschriften |
|---|---|---|
| E1 | maximal 0,1 ppm | Ohne Einschränkung |
| E2 | 0,1–1,0 ppm | Bei Platten unter 0,8 m$^2$ und keiner Kante unter 40 cm Länge nur die Oberfläche beschichten. Bei Zuschnitten unter 0,8 m$^2$ und Kantenlängen unter 40 cm Oberflächen und Kanten beschichten. |
| E3 | 1,0–2,3 ppm | Bei allen Formaten Oberflächen und Kanten beschichten. |

Platten mit höheren Emissionswerten als 2,3 ppm sind unzulässig. Die Formaldehydemission der Kanten ist bei gleicher Fläche etwa fünfmal höher als die der Oberflächen.

## Flachpreßplatten (FPY)

| Verleimungsart | verwendeter Leim | Beständigkeit | Verwendung |
|---|---|---|---|
| V 20 | Harnstoffharze | gegen niedrige Luftfeuchtigkeit | roh, furniert oder beschichtet im Möbel- und Innenausbau |
| V 100 | Phenol bzw. Resorcinharze | begrenzt wetterbeständig | Innenausbau, z. B. von Feuchträumen |
| V 100 G | zusätzlicher Holzschutz (Fungizide) | gegen Pilzbefall | Haustüren, Luft- und Heizkanäle Fußböden, Dachverkleidungen |

**Einschichtspanplatten** bestehen aus Spänen gleicher Größe, die parallel zur Plattenebene liegen.

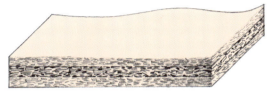

**Dreischichtspanplatten** sind nach dem Sandwich-Prinzip aufgebaut. Der Kern besteht aus groben Spänen, die beiden Deckschichten aus kleineren und feineren Spänen. Das ergibt eine glatte und für eine Veredlung besser geeignete Oberfläche. Die Deckschichten sind auch dichter als der Kern.

**Platten mit allmählichem Strukturübergang** haben einen Kern aus groben und Oberflächen aus besonders feinen Spänen. Die Späne dazwischen zeigen eine Größenabstufung. Je kleiner die Deckspäne, desto glatter die Plattenoberfläche. Ganz glatte Oberflächen bestehen aus Sägemehl.

**Strangpreßplatten** können unter allen Plattenarten die größte Dicke aufweisen. Die Späne sind annähernd gleich groß und sind senkrecht zur Plattenebene ausgerichtet. Strangpreßplatten können in der Mitte innen längsverlaufende, röhrenförmige Aussparungen haben, die das Gewicht verringern.

Spanplatten sind keineswegs von vornherein unempfindlich gegen Feuchtigkeit, aber ihre Widerstandsfähigkeit kann durch Zugabe von wasserabweisenden Stoffen erhöht werden. In den meisten Fällen jedoch läßt sich ein ausreichender Schutz durch eine physikalische Barriere zwischen Holzspänen und Feuchtigkeit erreichen, und zwar durch Farbe, Lack oder ein Furnier. Aus diesem Grund sind Spanplatten im allgemeinen für eine Verwendung im Freien ungeeignet, es sei denn, sie wurden speziell für diesen Zweck mit Chemikalien behandelt oder einer Oberflächenvergütung unterworfen. Das Problem liegt darin, daß Feuchtigkeit das Kunstharzbindemittel angreift. Da bei den meisten Spanplatten die Späne parallel zur Oberfläche liegen, quellen sie in der Dicke auf, wenn sie feucht werden. Nach dem Trocknen gehen die Platten aber nicht auf ihre ursprüngliche Stärke zurück. Bei Spanplatten, die unter Umständen feucht werden können, müssen deshalb Oberflächen und Schmalseiten wirksam geschützt sein.

### Spanplatten und ihre Oberflächen

Spanplatten gibt es nicht nur mit unterschiedlichem Aufbau, sondern auch in einer großen Auswahl der verschiedensten Beschichtungen.

● Furnierte Spanplatten, z.B. Agepan-F, sind besonders biegefest.
● Beschichtung mit Polyester Lackgrund, z.B. Moralt Polylac, zur weiteren farbigen Behandlung.
● Beschichtung mit Grundierfolie, z.B. Agepan-G, zum Lackieren.
● Spanplatten mit Schichtpreßstoffauflage, z.B. Hornitex, können unbehandelt verwendet werden und haben eine besonders harte Oberfläche.
● Spanplatten mit Maserdekor, z.B. Spanodur-Maserdekor, für Möbel- und Innenausbau.
● Fußbodenverlegeplatten, z.B. Phen-Agepan, mit Nut- und Federprofil.

# Holzfaserplatten

Von allen künstlich hergestellten Holzwerkstoffen werden Faserplatten aus den kleinsten Bestandteilen hergestellt: aus Holzfasern. Sie sind das jüngste Kind der Holzplattenindustrie.

Bei einem typischen Herstellungsverfahren für Faserplatten werden Massivholzspäne in eine Druckkammer gelegt. Der Luftdruck in der Kammer wird schlagartig bis zum Vakuum abgesenkt. Dadurch wird das Holz buchstäblich zum Explodieren gebracht, weil die in den Holzzellen eingeschlossene Luft sich infolge des Vakuums plötzlich ausdehnt. Meist werden die Fasern mit Wasser zu einer einheitlichen Masse gemischt, der dann alle möglichen Zusätze, etwa Fungizide, beigemengt werden können. Die Masse wird dann auf einem Drahtsieb ausgebreitet und mit einer geheizten Platte zusammengepreßt. Der Druck preßt das Wasser aus der Masse durch das Gitter. Natürliche, im Holz enthaltene Substanzen binden die Holzfasern aneinander. Kunstharzbindemittel sind nicht unbedingt erforderlich. Sie können aber beigemengt werden, um bestimmte Eigenschaften zu verstärken.

Durch den Druck der Platte ist die eine Seite der Faserplatte glatt, während sich auf der anderen Seite das Muster des Drahtsiebs eindrückt. Beidseitig glatte Faserplatten werden nach einem anderen Verfahren hergestellt. Die Höhe des Drucks während des Preßvorgangs bestimmt die Plattendichte und damit auch den Plattentyp. Bei minimalem Druck werden die dicksten Platten mit der geringsten Dichte hergestellt – Dämmplatten (HFD). Sie sind in unterschiedlichen Abmessungen im Handel und haben gute wärme- und schalldämmende Eigenschaften. Durch Bitumen-Imprägnierung werden sie feuchtigkeitsbeständig und noch vielseitiger einsetzbar.

Wird die Holzfasermasse einem höheren Druck ausgesetzt, entsteht eine harte Holzfaserplatte (Hartfaserplatte), die dünner, aber dichter als die Dämmplatte ist. Ihre Verwendungsmöglichkeit reicht vom Möbelbau bis zu Wand- und Deckenverkleidungen. Festigkeit, Wasser- und Abriebbeständigkeit lassen sich durch Imprägnierung mit heißem Öl oder Kunstharzen verbessern. In dem Fall werden sie als gehärtete Holzfaserhartplatten bezeichnet.

Die Einteilung der Holzfaserhartplatten richtet sich nach dem Grad der Verdichtung: mittelharte Holzfaserplatten (HFM), harte Holzfaserplatten (HFH), extraharte Holzfaserplatten (HFE). Eine neue Spezialsorte wird MDF (Medium Density Fibre Board) genannt. Dieser Typ erfreut sich immer größerer Beliebtheit, weil seine Eigenschaften mehr als bei allen anderen Plattenarten denjenigen von Massivholz ähneln. Aber im Gegensatz zu Massivholz haben die MDF einheitliche Qualität und sind fehlerfrei. Sie lassen sich besser verarbeiten als andere Plattenware, und beim Sägen, Fräsen, Verformen, Prägen und Veredeln sind ausgezeichnete Ergebnisse zu erzielen.

| Normale Holzfaserhartplatten | | Harte Holzfaserplatten (HFH) | |
|---|---|---|---|
| Dicken 1,6–8 mm Eigenschaften und Verwendung: Für großflächige, fugenlose, auch gekrümmte Teile. Innenausbau: Decken- und Wandverklei- | dungen, Zwischendecken, Trennwände, Wohnwageninnenausbau, Bodenbeläge. Möbelbau: Rückwände, Schubkastenböden, Dekorationen, Behälter. | Dicken 2–8 mm Eigenschaften und Verwendung: Normale Holzfaserhartplatten, mit oxidierbaren Ölen und Harzen imprägniert. Beständiger | gegen Feuchtigkeit und Abrieb. Innen und außen verwendbar für Wandverkleidungen, Bodenbeläge, Fahrzeugbau, Sitz- und Thekenauflagen. |

| Poröse Holzfaserplatten (HFD) | Bitumenholzfaserplatte | Halbharte Holzfaserplatten (HFM) | Mittelharte Holzfaserplatten (MDF) |
|---|---|---|---|
| Normale Dicken 6–50 mm Eigenschaften und Verwendung: Streich- und tapezierfähig; zur Wärme- und Luftschalldämmung; für Trennwände und als Unterlagenmaterial für Böden. | Dicken 6–50 mm Eigenschaften und Verwendung: Feuchtigkeitsunempfindlich durch Bitumenierung; zur Wärme-, Luft- und Trittschalldämmung; als Unterlage für verschiedene Böden. | Normale Dicken 6,4–19 mm Eigenschaften und Verwendung: Leichter als harte Holzfaserplatten, mit geringer Festigkeit; im Innenausbau für Decken, Trennwände, Unterböden, Fertigelemente. | Normale Dicken 6–32 mm Eigenschaften und Verwendung: Fasern durch Harnstoff-Formaldehydharz gebunden; für Möbel mit diffizilen Formen und glatten Oberflächen; für Tonmöbel (geringe Resonanz und große Stabilität). |

DER ROHSTOFF

**Dämmplatten** weisen unter den Faserplatten die geringste Dichte auf. Sie wirken schall- und wärmedämmend und sind in unterschiedlichen Abmessungen im Handel. Die eine Seite kann mit einer dekorativen Prägung versehen sein.

**Holzfaserhartplatten** haben meist eine glatte und eine rauhe Seite. Auf dem Bild ist die glatte Seite sichtbar. Gelegentlich sind auch beidseitig glatte Platten erhältlich.

**Die rauhe oder Siebnarbenseite** entsteht durch den Abdruck des Drahtsiebs während der Herstellung.

**Die Lochplatte,** eine überall erhältliche Variante der Holzfaserhartplatte, besteht aus einer normalen Hartfaserplatte mit kreisrunden Löchern in regelmäßigen Abständen.

**Geprägte Holzfaserhartplatten** sind Hartfaserplatten, deren glatte Seiten beim Pressen ein Prägemuster erhielten, um eine dekorative Wirkung zu erzielen. Wird häufig für Vertäfelungen verwendet.

Dieser Holzwerkstoff hat einen größeren Anwendungsbereich und ist vielseitiger als jedes andere Plattenmaterial. Er hat folgende Vorteile:

- Als Platte läßt sich MDF wie Massivholz verwenden, ist aber durchgehend stabil.
- Außerordentliche Festigkeit.
- Zwei glatte Oberflächen.
- Hervorragende Kantenqualität, die weder Anleimer noch andere Kantenbewehrung erfordert.
- Gut mit Maschinen zu bearbeiten; kann präzise und sauber geschnitten werden.
- Nimmt Oberflächenbehandlung gut an, z. B. Beizen, Lacke, Farbanstriche, Grundierungen, Folien oder Beschichtungen.
- Wenig Verschnitt.

## Profilbretter und Profilleisten

Die meisten Holzhändler oder Baumärkte haben ein beachtliches und sehr vielseitiges Profil-Sortiment auf Lager. Es ist kein Problem, für Dekorbalken, Fußleisten, Fenster- und Türverkleidungen das passende Material zu finden. Sollten Sie wirklich kein Profil auftreiben, das zu der bereits eingebauten Profilform paßt, geben Sie trotzdem nicht auf. Nehmen Sie ein Stück des Profils ab und bringen Sie es zu einem guten Holzhändler. Es ist verhältnismäßig einfach, Spezialmesser für Profil-Fräsmaschinen anzufertigen. Ein guter Betrieb wird Ihnen auch Einzelprofile nach Ihren Angaben anfertigen, wenn Sie ihm etwas Zeit lassen.

Im Grunde läßt sich jede Holzart, ob Weich- oder Hartholz, zur Herstellung von Profilhölzern verwenden, aber Hölzer mit feinerer Struktur ergeben auch glattere Oberflächen für die spätere Vergütung. Das neue und moderne Plattenmaterial namens MDF (Medium Density Fiber Board) mit seinen besonderen Eigenschaften ist speziell für solche Profile brauchbar, die mit Dekorpapieren, Folien oder Naturholzfurnieren vergütet werden sollen.

Profile werden in Maschinen hergestellt, die mit sehr schnell rotierenden Messern ausgerüstet sind.

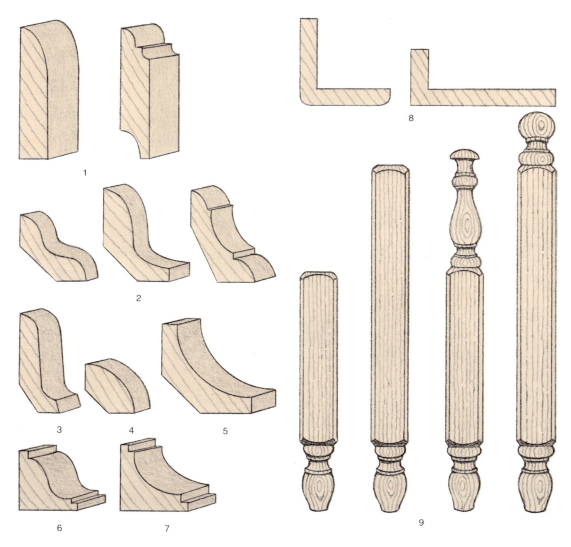

1 Sockelleisten
2 Parkettleisten
3 Karnies
4 Viertelstab
5 Hohlkehle
6 Karnies mit Falz
7 Hohlkehle mit Falz
8 Eckschutzleisten
9 Bettpfosten

DER ROHSTOFF

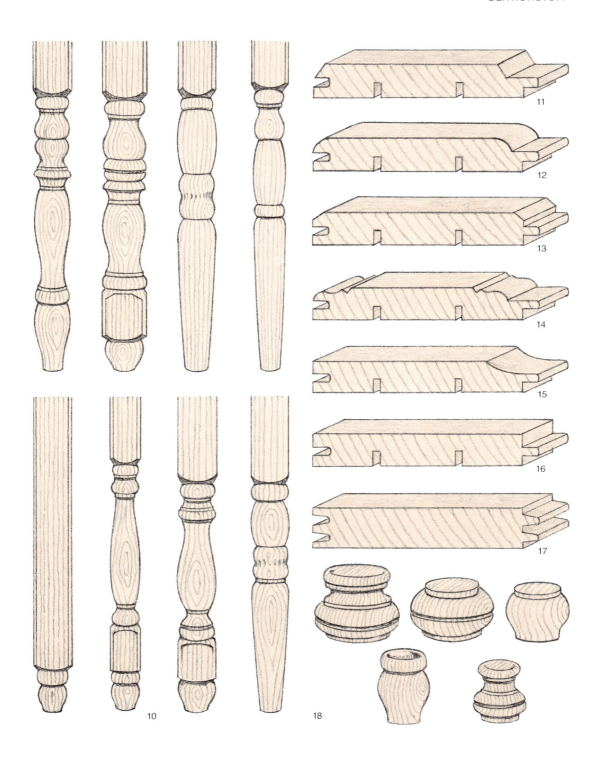

**10** Tischfüße
**11** Schattennutprofil
**12** Rundkante (Softline)
**13** Fasebretter
**14** Landhausprofil
**15** Stülpschalung
**16** Hobeldiele (Fußboden)
**17** Hobeldiele mit Doppel-NF (Nut und Feder)
**18** Kugelfüße

Für einen Hobbytischler hat eigentlich jede holzverarbeitende Werkstatt, egal ob groß oder klein, ihren ganz eigenen Charme und sogar ihre speziellen Gerüche – etwa den scharfen, würzigen Duft der Polituren und Leime, der Geruch des frisch geschnittenen Holzes. Es ist also für einen Heimwerker ganz natürlich, sich eine eigene Werkstatt zu wünschen, auch wenn sie noch so klein ist.

Aber für die meisten Hobbytischler ist eine richtige Werkstatt, in der sie sich weit weg von den häuslichen Ablenkungen auf ihr jeweiliges Projekt konzentrieren können, schlichtweg unerreichbar. Hohe Mieten, selbst auf dem Land, zwingen viele engagierte Hobby-Holzwerker, in häuslichen Werkstätten im Taschenformat zu arbeiten. Aus diesem Grund zeigen die folgenden Seiten Vorschläge für Arbeitsplätze, die in kleine Wohnungen, Garagen oder Dachböden passen. Wer sich wirklich ernsthaft mit Holzarbeiten beschäftigen will, der muß sich als Mindestanforderung einen der hier beschriebenen Arbeitsplätze einrichten. Wer kann schon gute Arbeit leisten, wenn er sein teures Werkzeug auf einem Haufen unter dem Gästebett aufbewahren muß?

Ein gut organisierter Arbeitsplatz ist aber nicht nur für das Werkzeug und die Arbeiten besser. Wer nämlich im selben Haus wohnen und seinem Hobby nachgehen will, der wird weniger Unordnung und schnellere Resultate zu schätzen wissen. Außerdem kommen Ordnung und ein methodisches Vorgehen bei Holzarbeiten zusätzlich der Sicherheit am Arbeitsplatz entgegen. Ordentlich aufgeräumtes Werkzeug läßt sich leichter scharf und rostfrei halten. Außerdem müssen Kinder vor den Giften in Lacken und Polituren geschützt werden.

Das Abbeizen von Farbanstrichen und Klarlakken ist eine besonders gefährliche Freizeitbeschäftigung und sollte deshalb nie in der Nähe von Kindern oder auch Haustieren stattfinden. Legen Sie ein paar saubere Heftpflaster in die Werkzeugkiste oder den Hobelbank-Schubkasten, oder, noch besser, hängen Sie ein gut sortiertes Erste-Hilfe-Schränkchen an die Wand.

Vor der Arbeit mit Elektrowerkzeugen sollten Sie sich die Zeit nehmen, den Zustand von Stekkern und Anschlußschnüren zu überprüfen. Beim geringsten Anzeichen von Beschädigung oder Abnutzung muß die Reparatur von einem Fachmann ausgeführt werden. Ältere Elektromaschinen ohne Schutzkontakt schleunigst ausmustern! Sie scheinen vielleicht mechanisch noch in Ordnung, aber der kleinste Schaden in der inneren Verdrahtung kann die ganze Maschine leitend und damit lebensgefährlich machen.

Die meisten gewerblichen Handwerksarbeiten, die zu Hause ausgeführt werden, bedürfen einer behördlichen Genehmigung. Das heißt, wenn Sie Ihre Arbeiten in größerem Umfang verkaufen wollen, müssen Sie ein Gewerbe anmelden. Über die steuerlichen und versicherungstechnischen Voraussetzungen sollten Sie sich vorher genau erkundigen.

# Die Werkstatt

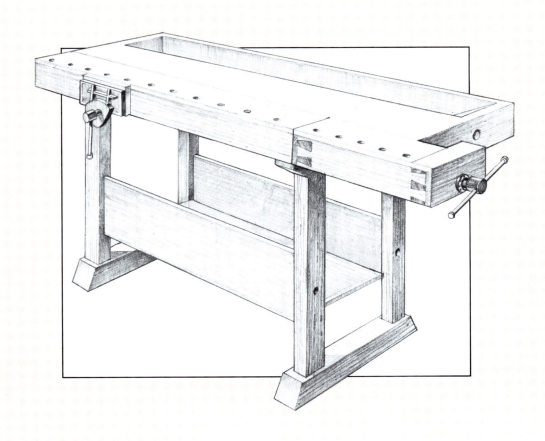

## Die häusliche Werkstatt

Die wenigsten Hobbytischler haben das Glück, ihre Laufbahn gleich an einem komplett ausgestatteten Arbeitsplatz beginnen zu können. Aber das hat auch wieder den Vorteil, daß sich der Platzbedarf den nach und nach zunehmenden Fähigkeiten anpassen läßt.

Zwar gibt es im und um das Haus häufig mehrere Räumlichkeiten, die eine praktische und vielseitige Werkstatt abgeben könnten, aber in den meisten Fällen werden Garage, Gartenschuppen oder Keller gewählt. Ein Gartenschuppen kommt nur dann in Frage, wenn er zum einen groß genug und zum anderen nicht (wie häufig der Fall) feucht und zu niedrig ist und zu wenig Licht bietet. Sollte der Gartenschuppen aber doch geeignet sein, kann er entsprechend dem Ausbauplan für eine Garage auf der nebenstehenden Seite eingerichtet werden. Dasselbe trifft auf den Keller zu. Meist ist die Garage die beste Wahl, weil dort umfangreiche Werkstücke aus mehreren Teilen stehen bleiben können, solange daran gearbeitet wird. Aber auch für den Fall, daß in einer Werkstatt nur kleinere Gegenstände hergestellt werden sollen, muß für eine geeignete Beleuchtung und Belüftung und einen ordnungsgemäßen Stromanschluß gesorgt werden. Außerdem müssen Werkzeuge und Material sicher untergebracht sein. All das läßt sich am einfachsten in der Garage verwirklichen, und wenn der Platz für die Werkstatt gut geplant ist, beansprucht sie auch nur das eine Ende des Raumes.

Der Einrichtungsplan für eine Garage (rechts) ist besonders für den Einsatz von ortsfesten Elektrowerkzeugen interessant: Tischkreissägen beispielsweise sollten aus Sicherheitsgründen am Boden befestigt werden, und das ist in einer Rumpelkammer selten möglich.

Werkzeuge und Eisenwaren trocken und rostfrei halten und in Reichweite der Werkbank aufbewahren. Spanplatten und anderes Plattenmaterial wird im Idealfall flach gelagert, damit es sich möglichst wenig verzieht. Die zweitbeste Möglichkeit ist, die Platten möglichst senkrecht aufzustellen und sie unten mit einer am Boden befestigten Leiste, oben mit einer Schnur zu sichern.

Die Beleuchtung muß hell sein, als Faustregel gilt 20 Watt pro m$^2$. Zur Berechnung der genauen Lichtmenge wird die Grundfläche der Werkstatt mit 18 multipliziert, das ergibt bei 3 × 3 m 162 Watt. Bei Glühbirnen sollte die Grundfläche besser mit 27 multipliziert und also mit 243 Watt gearbeitet werden.

Die rechts gezeigten Werkbänke und Stauvorrichtungen werden auf den folgenden Seiten beschrieben.

Rahmen zum Holz lagern
Plattenmaterial an der Wand
Steckdosen
Werkbank für schmutzige Arbeit
Anschlagleiste

DIE WERKSTATT

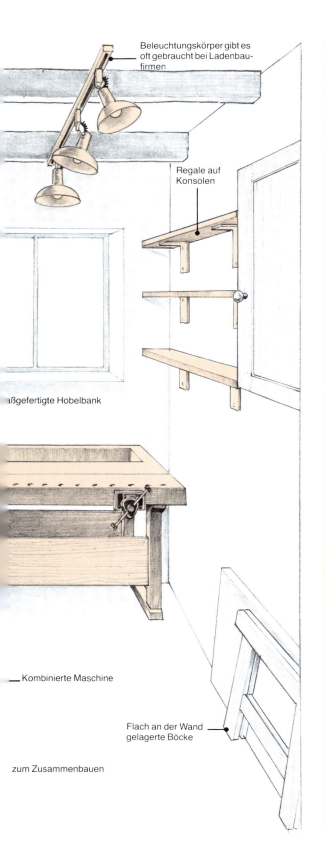

Beleuchtungskörper gibt es oft gebraucht bei Ladenbaufirmen

Regale auf Konsolen

aßgefertigte Hobelbank

Kombinierte Maschine

Flach an der Wand gelagerte Böcke

zum Zusammenbauen

## Sicherheit am Arbeitsplatz

**Steckdosen** auf der Bankhöhe anbringen, um die von herumhängenden Kabeln ausgehende Gefahr zu verringern.

**Alle Steckdosen** und Stecker müssen geerdet, alle Stromkreise entsprechend der Leistungsaufnahme der Geräte abgesichert sein.

**Ein Hauptschalter** ist eine vernünftige Sicherheitsmaßnahme. Möglichst hoch (außerhalb der Reichweite von Kindern) befestigen und bei Verlassen der Werkstatt auch ausschalten.

**Beizen und Polituren** wegschließen.

**Werkzeuge** immer sofort wieder an ihrem angestammten Platz unterbringen.

**Hobel** müssen besonders sorgfältig aufbewahrt werden. Die älteste Methode ist, sie auf die Seite zu legen, um Beschädigungen der Messer zu vermeiden. Weniger Platz nehmen sie weg, wenn sie mit der Sohle nach unten auf ein Stück Teppich gestellt werden, das leicht eingeölt oder mit einem feuchtigkeitsabstoßenden Spray behandelt wurde.

**Die Werkstatt abschließen,** wenn nicht gearbeitet wird. Neben der Werkbank oder der Tür einen Feuerlöscher aufhängen und regelmäßig überprüfen, damit er im Notfall auch funktioniert.

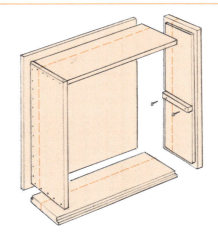

## Einfacher Werkzeugkasten

Dieser Werkzeugkasten ist leicht herzustellen. Er läßt sich als Schränkchen an die Wand hängen oder auf einer geeigneten ebenen Fläche aufstellen. Das Konstruktionsgeheimnis ist, daß der Kasten zuerst fertiggebaut, und *dann* erst die Tür (der Deckel) entlang der gestrichelten Linie ausgeschnitten wird. Die Tür (den Deckel) mit Bändern und einem Schloß befestigen. Nach Bedarf Fachböden aus Weichholz einsetzen und das Ganze mit Farbe oder Klarlack streichen.

## Die optimale Hobelbank

Eine der wichtigsten Voraussetzungen bei der Bearbeitung von Werkstücken aus Holz, beim Sägen, Hobeln, Stemmen, ist eine gute Auflage und die Möglichkeit, das Werkstück in möglichst vielen Lagen wirksam einspannen zu können. Man kann sich dabei mit allerlei Vorrichtungen behelfen, aber im Idealfall steht eine richtige Hobelbank zur Verfügung.

Es gibt verschiedene Arten von Hobelbänken. Die Längen reichen von 160 bis 230 cm, die Höhe ist 80 bzw. 82 cm und die Breite 56 oder 64 cm. Eine Hobelbank besteht aus der Platte, dem Gestell und einem Schubkasten.

Die Platte ist meistens aus gedämpfter Buche verleimt und hat an beiden Enden querlaufende Anfaßleisten, damit sie sich nicht wirft. An der hinteren Längsseite ist eine Beilade, eine Vertiefung zur Ablage von Werkzeugen. An der Vorderseite sind die Bankhakenlöcher zur Aufnahme der Bankhaken eingestemmt.

Die wichtigsten Teile der Hobelbank sind die beiden Spannvorrichtungen, die Vorder- und die Hinterzange, die beide an der Platte angebracht sind. Sie dienen zum Einspannen, Festhalten und manchmal auch zum Pressen von Werkstücken.

Die unten abgebildete Hobelbank hat eine sogenannte französische Vorderzange. Sie hat den Vorteil, daß sich ihr Spannbacken beim Öffnen ganz von der Platte trennt. Dadurch lassen sich lange Bretter einspannen. Durch eine besondere Parallelführung ist gleichmäßiger Druck auf der ganzen Zangenbreite gewährleistet.

Die Hinterzange ist vorne rechts an der Bankplatte angebaut. Sie besteht aus vorderem und hinterem Zangenkopf und dem Spindelkasten mit Bankhakenlöchern und Spindel. Sie wird in Längsrichtung zur Bank bewegt.

Für so eine Hobelbank gibt es allerlei Zubehör: Die einfachen Bankhaken haben seitlich Blattfedern, damit sie in jeder beliebigen Höhe festgestellt werden können. Sie werden in die entsprechenden Bankhakenlöcher in Platte und Hinterzange gesteckt. Mit Spitzbankhaken kann man dünne Hölzer oder kleine Werkstücke festhalten, ohne sie einzuspannen. Spitzbankhaken aus Metall sind in verschiedenen Ausführungen im Handel erhältlich. Sie lassen sich aus Holz auch einfach selbst herstellen.

Zum Einspannen kastenförmiger Werkstücke, die ihrer Größe wegen nicht auf die Platte oder in die Hinterzange gespannt werden können, verwendet man Seitenbankhaken.

**Die Höhe der Hobelbank** muß der Größe des Heimwerkers angepaßt werden. Das geschieht am besten durch Unterlegen von Kanthölzern unter die Gestellfüße.

**Die Vorder- bzw. Hinterzange** der Hobelbank dient zum Einspannen von Werkstücken in allen möglichen Lagen. Hier handelt es sich um die französische Vorderzange. Sie ist vorne links an der Hobelbank angebracht und wird heute fast ausschließlich verwendet.

**Die Platte der Hobelbank** ist aus mehreren Teilen gedämpfter Rotbuche verleimt. Um Werfen und Verziehen zu vermeiden, hat sie an beiden Enden querlaufende Anfaßleisten. Die Dicke beträgt 8 cm, an der Vorderseite, wo die Bankhaken eingestemmt sind, 10 cm.

DIE WERKSTATT

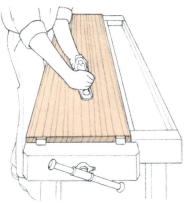

Lange Bretter spannt man mit der Hinterzange ein. Man steckt Bankhaken in die Löcher im Spindelkasten und drückt sie gegen das eine Ende des Brettes. Die Haken, die das andere Ende des Brettes halten, stecken in Löchern am anderen Ende der Hobelbank.

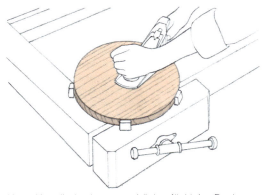

Unter Umständen kann man Löcher für kleine Bankhaken in die Vorderzange und die Platte der Hobelbank einstemmen, zum Beispiel dann, wenn man Teile mit unregelmäßiger Form bearbeiten muß.

Hammerschläge beanspruchen die Konstruktion einer Hobelbank sehr stark. Aus diesem Grund sollte man Stemmarbeiten o. ä. grundsätzlich über einem der Beine ausführen, am besten bei der Hinterzange. Dort kann man hämmern soviel man will.

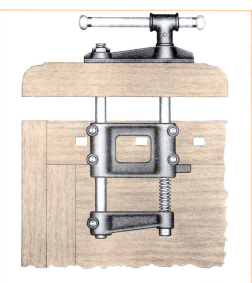

**Die parallel spannende Vorderzange**
der Ulmia-Hobelbank hat eine Eisenspindel und eine Parallelführung. Sie ist so konstruiert und mit der Bankplatte verbunden, daß auch bei einseitiger Beanspruchung und großem Druck der Backen parallel liegt.

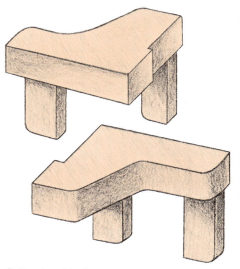

**Seitenbankhaken**
aus Gußeisen mit aufzuschraubenden Hartholzklötzchen. Sie dienen zum Einspannen von kastenförmigen Werkstücken, Tischen, Stühlen etc. an der Vorderkante der Hobelbank.

## Die selbstgebaute Hobelbank

Die abgebildete Werkbank ist hauptsächlich aus Holzabschnitten hergestellt. Trotzdem ist sie auch nach mehrjährigem Gebrauch noch stabil.

Für die Arbeitsplatte zunächst die fünf besten Holzabschnitte auf einer Fläche planhobeln. Dann die beiden Kanten jeweils rechtwinklig dazu abhobeln und die fünf Teile mit Holzdübeln verbinden. Um die Lage der Dübellöcher festzulegen, die Hölzer nebeneinander auf eine Kante stellen und vier Bleistiftrisse über alle fünf Teile anlegen: je einen Riß 5 cm vom Holzende, die beiden anderen in gleichen Abständen dazwischen. Als nächstes mit dem Streichmaß bei jedem Teil auf der Kante die halbe Holzdicke anreißen. Die fünf Hölzer umdrehen und das Anreißen auf den gegenüberliegenden Kanten wiederholen. Dann die Sichtseite kennzeichnen. Schließlich werden bei jedem Schnitt der Risse von Bleistift und Streichmaß ganz exakt senkrecht die Dübellöcher gebohrt (10 mm Durchmesser, 25 mm tief). Als nächstes die Seiten- oder Rahmenteile schneiden und hobeln.

Nun können Sie die Teile der Werkplatte zusammen mit den Holzdübeln verleimen. Die Platte aushobeln und plan- und glattschleifen. Zum Schluß die Rahmenteile auf die Kanten leimen und schrauben. Die Beine werden aus 100 × 35-mm-Hölzern angefertigt und wie unten gezeigt verbunden.

Zur Versteifung am Boden Querleisten auf die Füße schrauben. Über den Raum zwischen den Querleisten können Sie Bretter legen und befestigen. Das erhöht die Stabilität, und schafft zusätzlichen Platz für Werkzeuge. Dasselbe läßt sich mit einer oben offenen Kiste erreichen, die aus vier 100 × 35-mm-Hölzern und einem Sperrholzboden zusammengebaut wird. Die Kiste ans Ende der Bank leimen und schrauben.

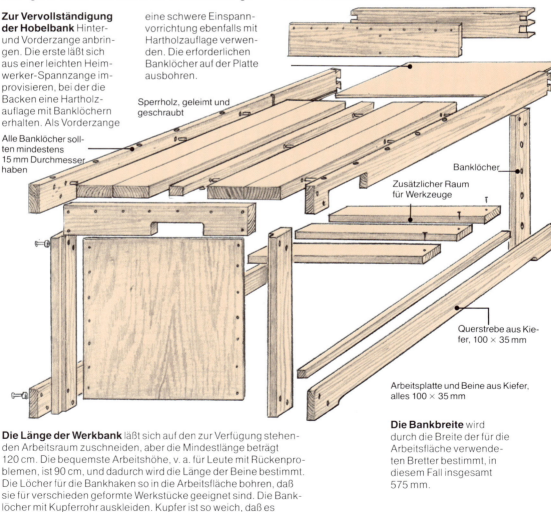

**Zur Vervollständigung der Hobelbank** Hinter- und Vorderzange anbringen. Die erste läßt sich aus einer leichten Heimwerker-Spannzange improvisieren, bei der die Backen eine Hartholzauflage mit Banklöchern erhalten. Als Vorderzange eine schwere Einspannvorrichtung ebenfalls mit Hartholzauflage verwenden. Die erforderlichen Banklöcher auf der Platte ausbohren.

Sperrholz, geleimt und geschraubt

Alle Banklöcher sollten mindestens 15 mm Durchmesser haben

Banklöcher

Zusätzlicher Raum für Werkzeuge

Querstrebe aus Kiefer, 100 × 35 mm

Arbeitsplatte und Beine aus Kiefer, alles 100 × 35 mm

**Die Bankbreite** wird durch die Breite der für die Arbeitsfläche verwendeten Bretter bestimmt, in diesem Fall insgesamt 575 mm.

**Die Länge der Werkbank** läßt sich auf den zur Verfügung stehenden Arbeitsraum zuschneiden, aber die Mindestlänge beträgt 120 cm. Die bequemste Arbeitshöhe, v. a. für Leute mit Rückenproblemen, ist 90 cm, und dadurch wird die Länge der Beine bestimmt. Die Löcher für die Bankhaken so in die Arbeitsfläche bohren, daß sie für verschieden geformte Werkstücke geeignet sind. Die Banklöcher mit Kupferrohr auskleiden. Kupfer ist so weich, daß es Werkzeuge nicht beschädigt, falls Sie einmal abrutschen sollten.

DIE WERKSTATT

**Der Black & Decker Workmate** wird nicht ganz zu Unrecht als eigene Werkstatt angepriesen. Er ist aber auch ein vielseitiger Zusatz zu einer bereits bestehenden Werkstatt, denn die langen Spannbacken können auch übergroße Werkstücke halten. Außerdem steht die Konstruktion auf so sicheren Füßen, daß sie nur bei großem Druck aus dem Gleichgewicht gerät. Besonders nützlich ist er zum Einspannen von Haustüren, wenn sie eingepaßt werden.

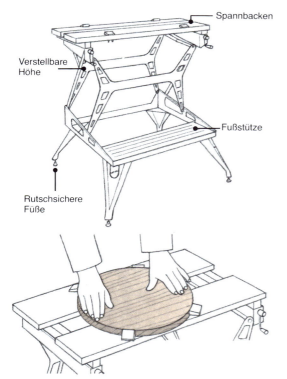

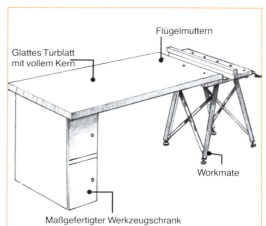

## Zerlegbare Werkbank

Eine brauchbare zerlegbare Werkbank läßt sich aus einem Black & Decker Workmate, einem glatten Türblatt mit vollem Kern und einem maßgefertigten Werkzeugschrank zusammenbauen. Das eine Ende der Tür mit Flügelschrauben einfach auf den Workmate schrauben, das andere Ende auf den Schrank. Die äußere Spannbacke des Workmate freilassen und darauf als Hinterzange ein 35-mm-Kantholz schrauben.

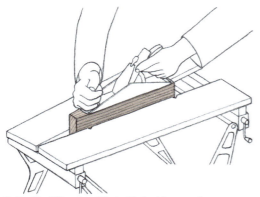

**Auch unregelmäßig geformte Werkstücke** lassen sich einspannen. Dazu werden Kunststoffstifte in die Spannbacken gesteckt.

**Selbst keilförmige Werkstücke** können eingespannt werden, weil sich die Enden der Spannbacken unabhängig voneinander spannen lassen. Darauf achten, daß die Werkstücke keine Druckstellen bekommen. Sichtflächen durch Abfallholzzulagen schützen.

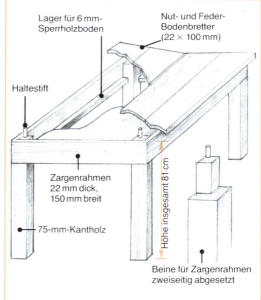

## Küchentisch-Werkbank

Die Tischplatte ist an jeder Ecke auf einen Dübel aufgesteckt, so daß sie hochgehoben und umgedreht werden kann. Auf der einen Seite ist das Holz roh und für Holzarbeiten geeignet, die andere Seite ist vergütet und für den alltäglichen Gebrauch im Haushalt gedacht.

43

# Werkstattzubehör

Eine gut gebaute Werkbank ist ein sehr vielseitiger Ausrüstungsgegenstand – fast schon ein eigenständiges Werkzeug. Aber sie kann dennoch nicht jedes Werkstück in der erforderlichen Art und Weise halten. Große Sperrholzplatten beispielsweise lassen sich am besten auf Böcken schneiden. Außerdem müssen Arbeiten bei zahlreichen Gelegenheiten direkt vor Ort durchgeführt werden, weit entfernt von der Werkstatt. Früher oder später werden Sie auf ein paar Hilfsmittel zurückgreifen müssen, die zum Werkzeugtransport ebenso geeignet sind wie zum Halten von Werkstücken ohne den Luxus einer Werkbank.

In- und außerhalb der Werkstatt müssen Nägel und Schrauben ordentlich aufgeräumt sein. Das läßt sich entweder mit einer zweckentsprechend gebauten *Nagelkiste* erreichen oder mit mehreren sorgfältig beschrifteten Schubfächern oder Behältern, in denen sie trocken und rostfrei bleiben. Es erspart Ihnen Zeit und Frustration, wenn Sie die gewünschte Nagel- oder Schraubengröße schnell finden, ohne sich durch einen Haufen Kram wühlen zu müssen.

Für viele Holzwerker ist eine *Gehrungsschneidlade* genauso wichtig wie die Nagelkiste. Man kann sie billig kaufen oder auch leicht selbst machen. Sie ist für schnelle aber grobe rechtwinklige oder Gehrungsschnitte geeignet, die für die Bauschreinerei genau genug sind. Für den Bau einer Gehrungslade in der eigenen Werkstatt Hartholzabschnitte verwenden, am besten Buche oder Eiche.

Werden Genauigkeit und besonders feine Schnittflächen verlangt, etwa bei Schreinerarbeiten wie anspruchsvollen Möbeln oder Bilderrahmen, dann sollten Sie sich ein Bestoßbrett *(Gehrungsstoßlade)* bauen. Es ist besonders nützlich, wenn ein Holz um ein winziges Stück kürzer gemacht werden soll. Das wird jeder Hobbytischler bestätigen, der schon einmal versucht hat, mit der Säge vielleicht 1,5 mm vom Ende eines Holzstückes abzuschneiden. Bei feinen Holzarbeiten kann der Trick mit dem Bestoßbrett entscheidend sein. Daran denken, daß es für Links- oder Rechtshänder maßgefertigt werden kann.

Das ganze Werkstattzubehör sollte in höchstmöglicher Qualität angefertigt werden. Ein Holzwerker wird immer nach den Gegenständen beurteilt, die in seiner Werkstatt umherliegen. Es ist ein Vergnügen, mit gut gemachten Hilfsmitteln zu arbeiten, die dann außerdem noch lebenslang halten. Ein *Gerüstbock* beispielsweise muß für alle möglichen Zwecke herhalten, zum Tapezieren wie als Klettergerüst für Kinder. Bauen Sie so stabil, daß Sie darauf stehen können, und schwer genug, daß er nicht so leicht umkippt.

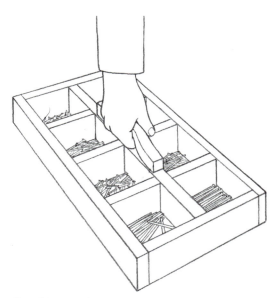

**Nagelkiste mit Facheinteilung**
Die beiden langen Seitenteile an den Stirnseiten der kurzen Teile festnageln. Das Mittelstück an den Enden 100 mm breit schneiden und in der Mitte einen Handgriff ausarbeiten. Einleimen und festnageln. Sperrholzboden festleimen und -nageln. Zum Schluß die Unterteilungen schneiden und einnageln.

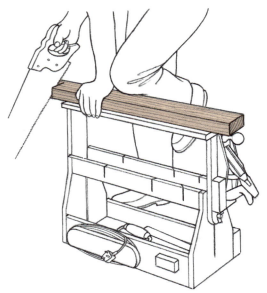

**Werkzeugkiste oder tragbare Werkstatt**
Die inneren Abteilungen werden aus 6-mm-Sperrholz geleimt und genagelt. Die obere Querleiste besteht aus einem gut verleimten 50-mm-Kantholz, dessen Enden in die Seitenteile der Kiste hinein mit je drei 30er Schrauben verschraubt sind.

DIE WERKSTATT

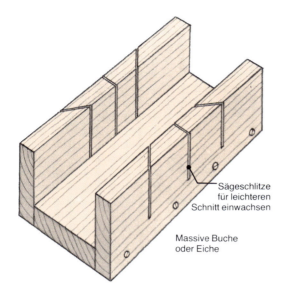

Sägeschlitze für leichteren Schnitt einwachsen

Massive Buche oder Eiche

### Gehrungsscheidlade
Sie läßt sich in jeder gewünschten Größe herstellen, bis zu 600 × 200 × 100 mm Innenmaß, oder in kleinem Format, 150 × 25 × 15 mm für Zierleisten. Für den normalen Gebrauch versuchen Sie es mit den Maßen 300 × 75 × 50 mm. Die Teile leimen und schrauben, dann die Sägeschlitze anreißen und einschneiden.

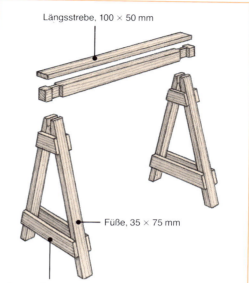

Längsstrebe, 100 × 50 mm

Füße, 35 × 75 mm

Querstreben, 25 × 75 mm

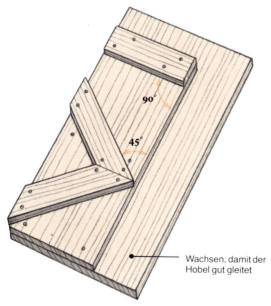

Wachsen, damit der Hobel gut gleitet

### Bestoßbrett
Die Teile leimen und schrauben; sorgfältig auf exakte Winkel achten. Zum Gebrauch den Hobel schärfen und das Messer ganz fein einstellen. Mit der linken Hand das Werkstück an die entsprechende Leiste drücken und etwa 1 mm vorstehen lassen. Den Hobel flach auflegen, gegen die Auflage und das Führungsbrett drücken und über die vorstehende Leiste schieben.

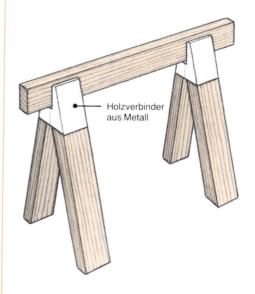

Holzverbinder aus Metall

### Böcke
Der einfache Bock *(ganz oben)* läßt sich bequem verstauen. Die Beine könnten auch mit Scharnieren und Querstreben aus Nylonschnur versehen sein. Bei einer stabileren Version *(oben)* sind Winkelplatten verwendet, wie sie normalerweise für Dachbinder eingesetzt werden. Bei der Herstellung und beim Gebrauch der Böcke auf die Sicherheit achten. Versicherungen können bei der Bezahlung von Ansprüchen aus Unfällen, die sich infolge unsicherer Ausrüstung ereignen, Schwierigkeiten machen.

# Der Werkzeugkasten

Verschiedene Aufgaben erfordern verschiedene Werkzeuge; das ist allen Profis im holzverarbeitenden Handwerk vollkommen klar, aber für den Neuling in der Hobbytischlerei ist das nicht so offensichtlich. In der Zimmerei, also beim Bau von Holzhäusern, Dächern und Böden, wird stabiles und starkes Werkzeug verlangt. Die Bauschreinerei, die Kunst des Innenausbaus, erfordert größere Genauigkeit und infolgedessen Werkzeuge, die eine saubere Bearbeitung der Sichtflächen ermöglichen. Vom Möbelschreiner oder Restaurator wird die feinste Qualitätsarbeit verlangt, deshalb braucht er Spezialwerkzeuge.

Die Tabelle rechts unten listet die Werkzeuge auf, die für diese drei Kategorien geeignet sind. Die Zimmereiwerkzeuge sind meist weniger vielseitig als andere Werkzeuge, weil manche sich nur für grobe Arbeiten eignen. Die Bauschreiner haben wahrscheinlich den besten Allround-Werkzeugsatz, denn viele ihrer Werkzeuge sind stabil genug für schwere Arbeiten, aber auch noch für Möbelschreinerei geeignet. Ein Werkzeugsatz für die Möbelschreinerei läßt sich aufbauen, wenn die in Spalte 1 beschriebene Grundausrüstung mit den Werkzeugen der Spalten 2 und 3 aufgestockt wird.

Werkzeuge sind schwer, deshalb wählen Sie bei der Werkzeug-Zusammenstellung für eine Arbeit außer Haus besonders sorgfältig aus.

### Werkzeugtasche und Werkstatt-Tips

In einer *Werkzeugwickeltasche* aus festem Leinenstoff läßt sich das Werkzeug gut mitnehmen. Wird sie flach ausgerollt, sind alle Werkzeuge übersichtlich im Blickfeld. Führen Sie auch einen *Kerzenstumpf* im Werkzeugsatz mit; Wachs ist zum Schmieren von Werkzeugen oder Schrauben ganz nützlich, und ein Hauch Wachs hilft oft, wenn Nägel in hartes Holz geschlagen werden müssen. Ein *Reservebleistift* und ein paar *Heftpflaster* in einem sauberen Umschlag helfen Zeit sparen. Profis haben den *Bleistift* hinter dem Ohr; auf diese Weise geht er nicht so schnell verloren. Ein Stück *dünne Schnur* nimmt keinen Platz weg, kann aber als Lotschnur zur Überprüfung der Senkrechten oder als Richtschnur dienen. Manchmal kommt sie wie gerufen, um lange Holzteile bis zu ihrer Befestigung zu halten. Sind die Arbeiten häufig außer Haus, bauen Sie sich eine Werkzeugkiste. Sie kann unter anderem als Sägebock dienen und hilft, die kleineren Werkzeuge zusammenzuhalten. *Sägemehl und Sägespäne* haben in der Werkstatt durchaus ihre Daseinsberechtigung; sie nehmen atmosphärische Feuchtigkeit auf und helfen dadurch, das Werkzeug trocken zu halten. Ein *feuchtigkeitsverdrängendes Spray,* etwa Caramba, ist für diesen Zweck auch geeignet.

**Werkzeugschrank** für die moderne Holzbearbeitung
Der zweitürige, verschließbare Ulmia-Schrank aus lackiertem Rotbuchenholz enthält 70 gebrauchsfertige Bankwerkzeuge. Das Sortiment ist nach den Anforderungen einer gut eingerichteten Betriebsschreinerei zusammengestellt.

DIE WERKSTATT

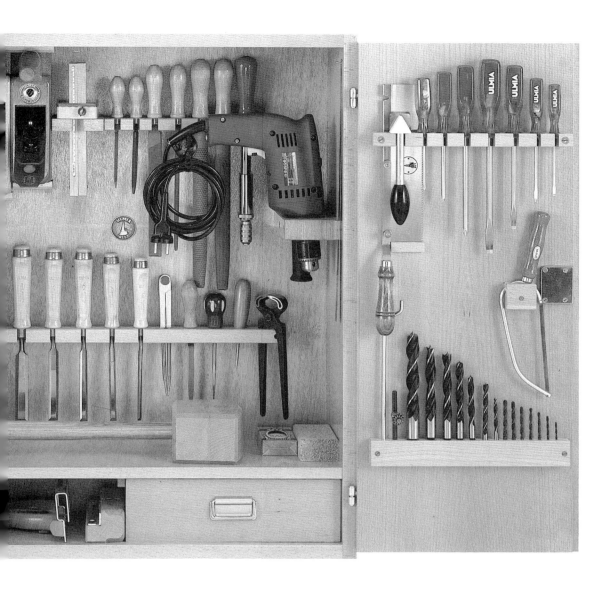

|  | **Zimmerei** (Zäune, Dächer, Böden) | **Bauschreinerei** (Türen und Fenster) | **Möbelschreinerei u. Restaurierung** |
|---|---|---|---|
| Schneiden und Reißen | Fuchsschwanz oder Trennsäge 61 cm<br>Rückensäge 30,5 cm<br>Zimmererwinkel 23 cm<br>Stahlbandmaß 3 m<br>Bleistift<br>Streichmaß<br>Stecheisen 40 mm, 25 mm, 12 mm | Fuchsschwanz 56 cm<br>Metallsäge<br>Stahllineal 300 mm<br>Stechbeitel 6 mm, 19 mm<br>Lochbeitel 6 mm<br>Spitzbohrer | Feinsäge<br>Gehrungswinkel<br>Schmiege<br>Stechbeitel 6 mm, 16 mm<br>Furnieradernschneider |
| Befestigen | Steinbohrer 5–6 mm (6), (8)<br>Kleiner Schraubenzieher<br>Großer Schraubenzieher<br>Lattenhammer 450–625 g<br>Reißahle<br>Elektrische (Schlag-)Bohrmaschine<br>Spiralbohrer 3 mm, 6 mm, 9 mm<br>Zentrumsbohrer 15 mm, 19 mm<br>Versenker<br>Beißzange | Drillschraubendreher<br>Spiralbohrer 4,5 mm, 9 mm, 16 mm | Schreinerhammer 250 g<br>Schreinerklüpfel |
| Oberflächenbehandlung | Schlichthobel<br>Schropphobel<br>Schleifklotz<br>Schleifpapier 80 und 120<br>Farbe, Lacke, Karbolineum | Doppelhobel<br>Raspel | Ziehklingen<br>Simshobel<br>Politur<br>Handoberfräse<br>Hirnholzhobel |

Wenn eine Holzarbeit ohne Unterbrechung und in der richtigen Arbeitsreihenfolge von der Hand geht, dann erspart das Zeit und Enttäuschungen, außerdem erhöht es mit Sicherheit die Qualität des fertigen Werkstücks. Ein solcher reibungsloser Arbeitsablauf läßt sich nur durch vorangegangene Planung verwirklichen.

Als ersten Schritt, noch vor dem Aufreißen, überprüfen, ob das Plattenmaterial und das Massivholz den richtigen Faserverlauf und das gewünschte Aussehen haben. Besonders Sperrholz, Tischlerplatten und anderes Plattenmaterial sollten keine Fehler in den Innenlagen aufweisen, etwa überlappende Furniere, Fehlstellen und lockere oder unregelmäßig geformte Mittellagenstreifen. Die Oberflächen auf Wellen, Risse oder Blasen untersuchen. Blasen und andere Stellen, die ungenügend mit der Mittellage verleimt sind, lassen sich durch Abklopfen der Oberfläche mit den Fingernägeln entdecken: Die Stellen klingen hohl.

Mit der Ausnahme von einigen Nadelhölzern sollte Massivholz frei sein von Splintholz, wüster Maserung, Oberflächen- oder Endrissen und auch von Ästen, weil sie die Struktur schwächen oder nach der Oberflächenbehandlung unvorteilhaft zum Vorschein kommen können.

Vor dem Aufreißen möglichst noch einmal überprüfen, ob das gehobelte Holz wirklich auf die gewünschte Breite und Dicke hergerichtet worden ist und ob die Kanten exakt rechtwinklig sind.

Die Arbeiten des Aufreißens, Schneidens und Zurichtens werden am besten bei hellem Tageslicht ausgeführt. Andernfalls müssen Sie auf helles Kunstlicht zurückgreifen, vorzugsweise auf weiches Licht aus Leuchtstofflampen, die so angeordnet sein sollten, daß sie den Raum blend- und schattenfrei ausleuchten.

Nach dem Aufreißen alle Risse nochmals auf ihre Richtigkeit überprüfen. Der Grundsatz sollte lauten: »Zweimal prüfen, einmal schneiden«. Es tut in der Seele weh, wenn ein Teil ausgewechselt werden muß, nur weil es ungenau gerissen und geschnitten wurde, vor allem bei seltenen exotischen und damit teuren Hölzern. Vor Arbeitsbeginn sicherstellen, daß alle Werkzeuge und Maschinen griffbereit und alle Schneiden scharf sind. Brauchen Sie Schablonen oder ähnliche Hilfsmittel, dann sollten sie jetzt hergestellt oder überprüft werden, ob noch irgendwelche Abänderungen erforderlich sind.

Falls der Arbeitsablauf für Sie noch neu oder sehr kompliziert ist, macht es sich bezahlt, eine Liste der einzelnen Arbeitsschritte in ihrer logischen Reihenfolge aufzustellen.

Machen Sie es sich zur Gewohnheit, alle Werkzeuge nach Gebrauch wieder an ihrem angestammten Platz zu verstauen. Dadurch werden sie nicht so leicht beschädigt, verursachen keine Verletzungen, halten länger, werden nicht verlegt und stiften kein Durcheinander auf der Werkbank.

Beim Einsatz von elektrischen Werkzeugen folgende Sicherheitsregeln beachten:
● Niemals eine Maschine um- oder einstellen, die noch mit dem Stromnetz verbunden ist.
● Keine Arbeiten durchführen, die nicht in den Anwendungsbereich der Maschine fallen.
● Alle Schutzvorrichtungen richtig einstellen.
● Werkstücke mit Zwingen an der Werkbank befestigen.
● Zuleitungen und Stecker von Elektrowerkzeug regelmäßig auf Schäden untersuchen. Auf feste Verbindung zwischen Stecker und Zuleitungen achten.
● Bei Arbeiten mit der Handoberfräse oder an der Drechselbank Schutzbrille tragen.

# Reißen, Messen, Schneiden

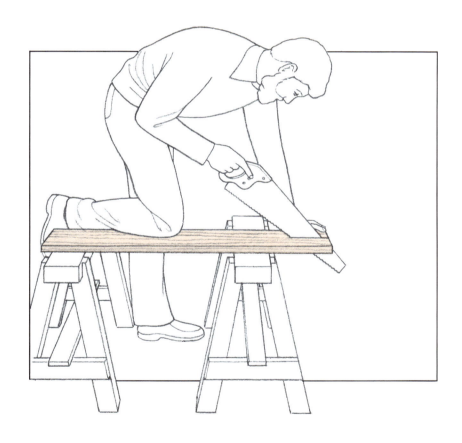

## Reißen und Messen

Bevor Holz für ein bestimmtes Werkstück exakt angerissen und nach dem Riß auf Länge und Format zugeschnitten werden kann, muß es zuallererst zugerichtet werden. Diese Vorbereitung bedeutet, daß das Holz ebene Oberflächen und rechtwinklige, parallel verlaufende Kanten bekommt. Erst danach kommen die Reißwerkzeuge zum Einsatz, und zwar nicht nur, um die zum Stemmen und Sägen erforderlichen Arbeitslinien anzureißen, sondern auch, um die Ergebnisse zu überprüfen. Dazu werden am häufigsten folgende Werkzeuge verwendet:

**Winkel:** Zum Anreißen von Linien im rechten Winkel zu der Kante, an der er angelegt wird; er ist eines der grundlegenden Reißwerkzeuge. Ursprünglich war der Winkel aus Rosenholz mit einer Stahlzunge. (Die Zunge war am Anschlag befestigt.) Die modernere Form aus Kunststoff ist stabiler und wird nicht von klimatischen Veränderungen beeinflußt.

**Kombinationswinkel:** Zum Anreißen von Linien im rechten Winkel zu einer Kante und für 45°-Gehrungen. Er ist vielseitiger und wird deshalb bisweilen dem normalen Winkel vorgezogen.

**Schmiege:** Ihre Zunge läßt sich auf jeden gewünschten Winkel einstellen.

**Gehrungsmaß:** Seine Zunge bildet mit dem Anschlag einen 45°-Winkel; es wird zum Anreißen von Gehrungen verwendet.

**Anreißmesser:** Speziell für geschnittene Säge- oder Stemmrisse quer zur Faser; die scharfe Klinge durchtrennt die Holzfasern an der Oberfläche, ohne sie zu zerreißen.

**Stahllineal:** Das Metall behält immer eine gerade Kante, auch wenn es in der Werkstatt einige Schläge abbekommt. Für die meisten Arbeiten ist eine Länge von 300 mm ausreichend.

**Flexibles Stahlbandmaß:** Zum Vermessen besonderer Längen sehr praktisch; außerdem rollt es sich sauber in einem kompakten Gehäuse auf.

Darüber hinaus ist es ganz nützlich, sich die für den Bereich »Messen« wichtigen Fachausdrücke zu merken: die *Länge* eines Holzes wird immer *längs* zur Faser gemessen. Die *Breite* des Materials ist der Abstand zwischen den Kanten *quer* zur Faser. Als *Dicke* wird der Abstand *zwischen* den Flächen bezeichnet.

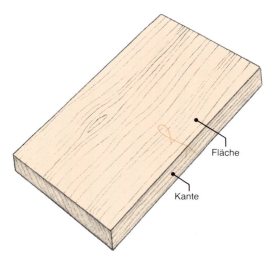

**Mit Hilfe von Winkelzeichen** lassen sich Sichtseite und Kante bei einem Holzbrett leicht wiederfinden, gleichgültig, wie es gerade auf der Werkbank liegt. Außerdem bezeichnen sie Flächen und Kanten, die im rechten Winkel zueinander gerichtet wurden. Das Zeichen auf der Fläche gleicht einer Schleife, deren Enden zur Kante hin verlaufen. Die Kante wird mit einem V markiert, dessen Spitze zur Fläche hinweist.

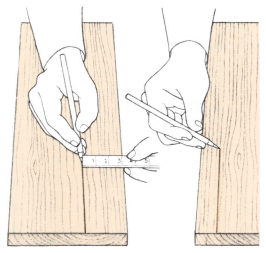

**Linien parallel zu Kanten** lassen sich schnell (und wenn Genauigkeit nicht besonders wichtig ist) anreißen, wenn der Bleistift ans Ende eines Meterstabs gehalten wird. Mit der anderen Hand den Meterstab fest zwischen Daumen und Zeigefinger halten, dabei den Knöchel wie einen Anschlag an der Kante anlegen. Bei Rissen ganz dicht an der Kante können Sie auf den Meterstab verzichten – aber passen Sie auf, daß Sie keine Splitter unter den Fingernagel bekommen.

REISSEN, MESSEN, SCHNEIDEN

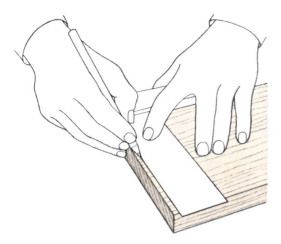

**Bei der Verwendung eines Winkels** die Zunge einfach flach auf das Holz legen und den Anschlag fest gegen die Kante drücken. Entlang der Außenkante der Zunge anreißen, die Innenkante dient zur Überprüfung von rechten Winkeln. Den Riß mit einem Bleistift vorzeichnen, dann ein Messer oder einen Spitzbohrer verwenden, um die Holzfasern zu durchtrennen.

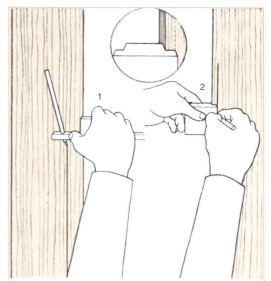

### Reißlehren
Zum genauen Reißen von Linien parallel zu einer Kante ein Streichmaß verwenden, das zur Aufnahme eines Bleistifts aufgebohrt wurde **1**. Liegt die Rißlinie nahe der Kante, etwa beim Anreißen einer Fase, reicht eine einfache Sperrholzlehre aus **2,** die an einer Kante einen Falz mit den entsprechenden Abmessungen hat.

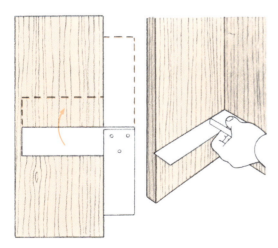

**Zur Überprüfung der Genauigkeit eines Winkels** das Werkzeug an einer mit Sicherheit geraden Kante anlegen und eine Linie anreißen. Dann den Winkel umdrehen: Jede Ungenauigkeit zeigt sich deutlich als Abweichung zwischen Winkelzunge und Riß.

**Zur Prüfung von 90°-Innenwinkeln** einfach den Winkel anlegen: Zunge und Anschlag im rechten Winkel an das Werkstück halten. Andere als rechte Winkel mit der Schmiege überprüfen.

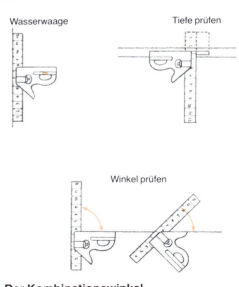

### Der Kombinationswinkel
Ein sehr nützliches Werkzeug, wenn Tiefen und Rechtwinkligkeit von Nuten, Falzen und Schlitzen zu überprüfen sind. Mit eingebauter Wasserwaage läßt er sich auch zum Einrichten von senkrechten und waagerechten Kanten verwenden. Vor Gebrauch die Schraube überprüfen, die die Zunge am Anschlag feststellt.

# Streichmaß und andere Meß- und Reißhilfen

Ein grundlegender Arbeitsschritt bei jeder Holzbearbeitung ist das Anreißen von Breiten, Dicken und Holzverbindungen. Speziell bei den Holzverbindungen ist es besonders wichtig, daß Schnittlinien exakt und parallel zu einer Kante angerissen werden. Genau das läßt sich mit einem Streichmaß erreichen. Ein Streichmaß etwas besserer Qualität hat im Anschlag eingesetzte Messingstreifen, um die Abnutzung zu verringern.

Am meisten werden vier unterschiedliche Geräte verwendet:

**Das Streichmaß** ist mit einem einfachen Dorn ausgerüstet, mit dem *längs* der Faser angerissen wird. Außer bei Hirnholz wird er nicht zum Markieren quer zur Faser verwendet, weil der Dorn die Holzfasern aufreißen würde.

**Das Zapfenstreichmaß** wird zum Anreißen der parallelen Linien verwendet, die als Führung beim Schneiden von Schlitzen und Zapfenverbindungen dienen. Das Werkzeug ist mit zwei Dornen ausgerüstet, der innere Dorn ist einstellbar (siehe Abbildung links unten).

**Das Schneidmaß** hat eine Klinge anstelle des Dorns und kann deshalb eine saubere Linie *quer* zur Faser schneiden. Es wird auch zum Schneiden von schwachem Holz und zum Nacharbeiten von Nuten und Falzen benutzt.

**Das Stellmaß** dient zum Anreißen besonders breiter Bretter. Es läßt sich in der Werkstatt selbst herstellen, kann einen Schaft bis 750 mm Länge haben und für Spezialzwecke entworfen werden.

Von den anderen Meß- und Reißhilfen werden wahrscheinlich die Klemmleisten am häufigsten verwendet. Mit einem Bandmaß oder Meterstab lassen sich Innenmaße weder einfach noch besonders genau nehmen. Die bessere Lösung sind Klemmleisten – einfach zwei Holzleisten, die sich überlappen.

Die Enden lediglich gegen die Innenflächen stoßen und die Länge der Überlappung genau markieren. Die Leisten entfernen und das Innenmaß wieder herstellen, indem die Leisten wieder so zusammengeklemmt werden, daß die Länge der Überlappung wie vorher mit der Markierung übereinstimmt.

Bögen werden meist mit einem Zirkel angerissen. Es geht aber auch mit einer Langholzfeder. Verschiedene Radien lassen sich anreißen, wenn die Feder gebogen oder gestreckt wird und so ihre Reichweite zu- oder abnimmt.

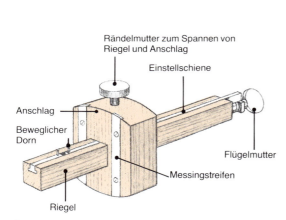

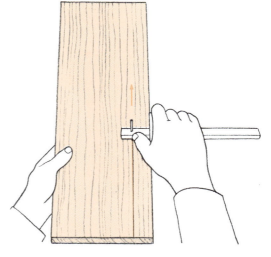

**Beim Zapfenstreichmaß** läßt sich der Abstand zwischen den Dornen genau auf das Stemmeisen einstellen, mit dem der Schlitz ausgestemmt werden soll. Legen Sie das Eisen zwischen die beiden Dorne und stellen Sie den beweglichen Dorn dann so ein, daß er eng anliegt. Vorher aber die Rändelmutter lösen, die den Anschlag auf dem Riegel feststellt und auch auf die Einstellschiene für den beweglichen Dorn drückt. Bevor Sie das Streichmaß einsetzen, die Rändelschraube wieder anziehen.

**Die richtige Handhabung** des Streichmaßes trägt wesentlich zum präzisen Reißen bei und erleichtert vor allem dem Ungeübten die Arbeit erheblich. Der Daumen liegt nahe am Dorn und drückt den Riegel vorwärts. Der Zeigefinger liegt über der Oberkante des Anschlags, drückt ihn leicht nach unten und verhindert ein Abkippen des Streichmaßes. Die anderen Finger halten den Riegel und drücken den Anschlag gegen das Werkstück. Auf diese Weise wird der Dorn geführt und unter Kontrolle gehalten und kann nicht so leicht auf Irrwegen über das Holz ritzen.

# REISSEN, MESSEN, SCHNEIDEN

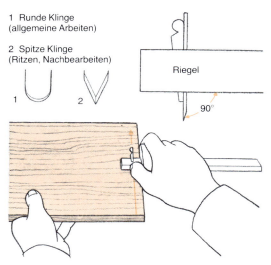

1 Runde Klinge (allgemeine Arbeiten)
2 Spitze Klinge (Ritzen, Nachbearbeiten)

**Das Messer eines Schneidmaßes** sollte im rechten Winkel zum Riegel stehen; aber in der Draufsicht kann es auch leicht angewinkelt sein, um bei unregelmäßigem Verlauf der Holzfasern ein Verlaufen zu verhindern. Es wird einseitig geschärft, und die Fase zeigt zum Anschlag. Für allgemeine Arbeiten eignet sich ein gerundetes Messer am besten, beim Ritzen und Nachbearbeiten von Kanten ein spitz zugeschliffenes.

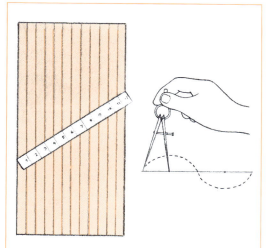

## Teilen in gleiche Teile

Um ein Holz in gleichbreite Streifen zu unterteilen, ein Lineal diagonal darüberlegen und so ausrichten, daß sich die gewünschte Anzahl von Streifen ergibt. Die Teilungspunkte mit dem Bleistift anreißen und mit einem Streichmaß nachziehen. Sie können aber auch einen Teilzirkel verwenden, ihn einstellen und gleichgroße Strecken schlagen.

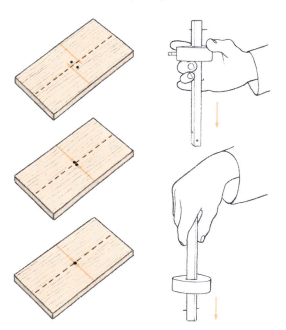

**Um den Dorn auf die Mitte** eines Brettes einzustellen, den Anschlag so einrichten, daß der Dorn dicht an die Mitte kommt. Von beiden Kanten des Brettes aus eine Linie anreißen. Dann richten Sie den Anschlag nach, bis der Dorn im selben Abstand zwischen den beiden Linien liegt. Die Neueinstellung wieder von beiden Kanten aus nachprüfen. Eine Feineinstellung läßt sich auch bei festgestelltem Anschlag vornehmen, wenn der Riegel fest auf die Hobelbank geschlagen wird.

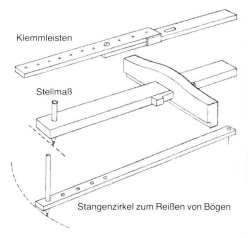

## Meßhilfen

Eine improvisierte Klemmleiste ist durchaus zweckmäßig. Sie kann aber auch als dauerhafteres und dazu präziseres Hilfsmittel konstruiert werden. Dazu werden in die eine Leiste in regelmäßigen Abständen Löcher gebohrt, in die andere Leiste Schlitze. Dann die beiden Leisten mit einer Flügelmutter aufeinanderklemmen. Das Stellmaß zum Reißen breiter Bretter hat am unteren Ende des Anschlags einen Falz. Damit wird es an das Brett angelegt, das markiert werden soll.

# Sägen

Voraussetzung für einen genauen und sauberen Sägeschnitt ist die Wahl der geeigneten Säge: Für Querschnitte nehmen Sie eine Säge, die »schwach auf Stoß«; für Längsschnitte eine, die »auf Stoß« gefeilt ist.

Die wichtigsten Handsägen des Schreiners sind »Strecksägen« (Gestellsägen), Heftsägen und Sondersägen.

**Strecksägen** bestehen aus Sägeblättern, die in einem Bügel, einen Rahmen oder in ein Gestell eingespannt sind (Gestellsägen).

**Die Spannsäge** (Schlitzsäge) hat eine Länge von 700 mm. Das Sägeblatt ist 50 mm breit und hat eine Zahnteilung von 5 bis 7 mm, ist auf Stoß gefeilt und eignet sich deshalb für Längsschnitte.

**Die Absetzsäge** ist meist nur 500 mm lang, Zahnteilung 3 bis 5 mm; sie gilt als sehr handliche Säge, mit der man besonders gut Verbindungen schneiden kann. Die Zahnform ist »schwach auf Stoß«, so eignet sie sich besonders gut für Schnitte quer zur Faser, z. B. zum Ablängen.

**Die Schweifsäge** ist meist 500 bis 600 mm lang und hat ein besonders schmales Sägeblatt (nur 6 mm); dadurch ermöglicht sie das Anschneiden von Schweifungen. Das Sägeblatt ist schwach auf Stoß gefeilt; die Zahnteilung beträgt 3 mm.

**Fuchsschwänze** haben auf Stoß stehende, grobe Zähne. Ihre Steifigkeit erhalten sie durch eine entsprechende Blattdicke. Fuchsschwänze benötigt man vor allem zum Zerteilen großer Platten.

**Stichsägen,** auch Lochsägen genannt, eignen sich zum Schneiden von Rundungen innerhalb großer Flächen. Damit das Blatt nicht klemmt, ist es am Rücken dünner als an den Zahnspitzen. Heute sind Stichsägen und Schweifsägen weitgehend durch entsprechende Handmaschinen abgelöst, bzw. durch die Bandsäge oder Dekupiersäge.

**Rückensägen** erhalten ihre Steifigkeit durch einen Rücken aus Stahl. Die kleinen, leicht auf Stoß stehenden Zähne ermöglichen einen feinen Schnitt.

**Feinsägen** sind kleine Rückensägen mit besonders feiner Bezahnung. Feinsägezähne stehen schwach auf Stoß. Die Zahnlänge beträgt nur 1,5 mm.

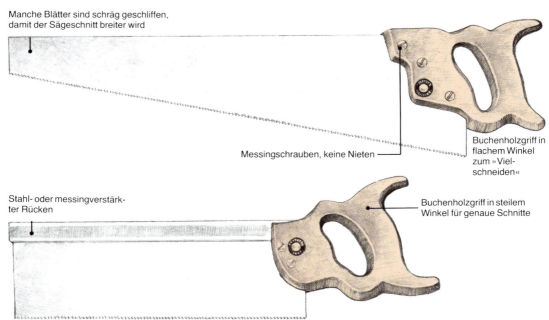

Manche Blätter sind schräg geschliffen, damit der Sägeschnitt breiter wird

Messingschrauben, keine Nieten

Buchenholzgriff in flachem Winkel zum »Vielschneiden«

Stahl- oder messingverstärkter Rücken

Buchenholzgriff in steilem Winkel für genaue Schnitte

**Auswahl der Sägen**
Vergewissern Sie sich, daß das Blatt gerade ist, die Zähne scharf sind, gleichen Abstand haben und gut geschränkt sind. Überprüfen Sie die Metallqualität durch einen harten Schlag mit dem Knöchel auf das Blatt: Es sollte einen hellen Klang haben, keinen dumpfen. Wenn eine Handsäge zu einem U abgebogen und wieder losgelassen wird, sollte sie sich ganz natürlich wieder strecken. Der Rücken einer Säge muß streng auf dem Blatt sitzen.

**Pflege der Sägen**
Versehen Sie die Zähne mit einem Schutz. Hängen Sie die Sägen auf, wenn sie nicht gebraucht werden, und ölen Sie die Blätter ganz leicht, damit sie nicht rosten. Rostkörner mindern nämlich die Wirksamkeit. Schneiden Sie kein Abfallholz, in dem Schrauben oder Nägel stecken könnten.

REISSEN, MESSEN, SCHNEIDEN

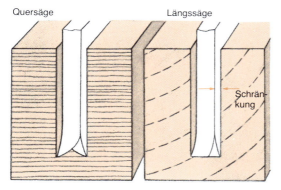

**Sägezähne sind nach außen gebogen** (geschränkt), damit das Blatt nicht im Sägeschnitt klemmt. Die Zähne von Quersägen werden im Winkel gefeilt und angefast, so daß sie ganz feine Spitzen bekommen, die die Holzfasern quer einritzen. Das Holz dazwischen wird zu kleinen Krümeln. Die geraden Zähne einer Trennsäge wirken wie kleine Stemmeisen.

**Je mehr Zähne pro Zoll,** desto feiner, aber auch langsamer der Schnitt. Bei manchen Handsägen ist die Zahnung aufgeprägt.

**Greifen Sie das Sägeheft** leicht, aber fest, wobei Zeigefinger und Daumen parallel an beiden Seiten des Hefts liegen. So haben Sie die beste Führung beim Schneiden.

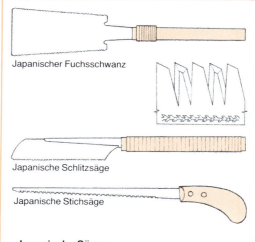

**Japanische Sägen**
Das besondere Kennzeichen dieser Sägen, die für spezielle Arbeiten immer beliebter werden, ist, daß sie auf Zug schneiden und dadurch besonders fein geführt werden können. Die langen Zähne werden aber leicht beschädigt. Das Schärfen ist schwierig, und man braucht speziell angefertigte Feilen.

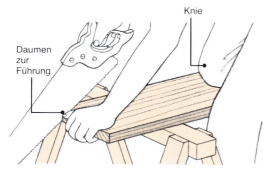

**Das Ansetzen der Säge**
Ziehen Sie die Säge ein paarmal in festen, kurzen Zügen und spitzem Winkel nach hinten, bis sie genau läuft. Dann schneiden Sie weiter und nehmen die ganze Länge des Blattes. Der Druck nach unten sollte immer leicht sein und der Schnittwinkel bequem.

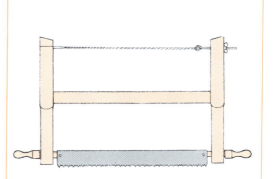

**Die Gestellsäge**
Sie ist vielseitiger als die gewöhnliche Bügelsäge und wird von manchen Handwerkern fast ausschließlich für Längs- und Querschnitte und allgemeine Schreinerarbeiten verwendet, weil es eine ganze Reihe grober und feiner Blätter zum Schlitzen, Absetzen und Schweifen gibt, die man leicht auswechseln kann. Sie werden in Nieten an beiden Griffen des Gestells eingehängt, das durch Aufdrehen einer Schnur bzw. Anziehen einer Flügelmutter gespannt wird.

55

## *Die Kunst des Sägens*

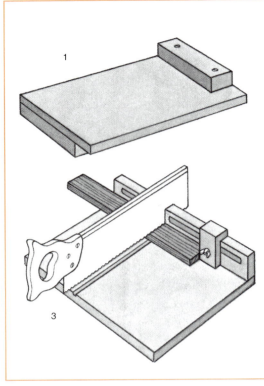
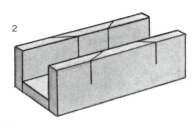
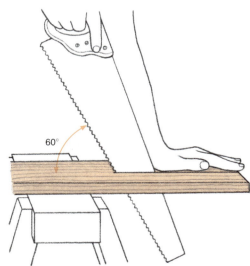

**Sägehilfen**
**1** Die Sägelehre, die einfach an der Vorderkante der Hobelbank anschlägt, ist ein Hilfsmittel zum Festhalten des Werkstückes bei Querschnitten. Günstige Maße sind 250 × 180 mm. Empfohlene Ausführung: 20 mm Buche
**2** Eine Gehrungslade besteht am besten auch aus 20 mm Buche. Sie wird hauptsächlich für Gehrungsschnitte bei kleinen Leisten verwendet.
**3** Es ist einfach, eine Lehre mit verstellbarem Anschlag zu bauen, die Serien gleicher Ablängschnitte vereinfacht. Der Holz- oder Metallanschlag wird mit einer Flügelmutter festgezogen.

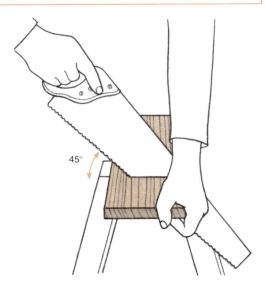

**Trennschnitte**
Für Schnitte längs der Faser eine Trennsäge mit der entsprechenden Zahnung verwenden. Halten Sie das Holz fest auf der Werkbank oder auf Böcken. Die Säge zu Beginn des Schnitts im flachen Winkel, später etwa im 60°-Winkel halten. Die volle Länge des Blattes ausnutzen. Wenn das Blatt klemmt, schlagen Sie einen Keil in den Sägeschnitt und schmieren es mit Kerzenwachs.

**Querschnitte**
Nehmen Sie nie eine Trennsäge für Schnitte quer zur Faser: Der Schnitt würde dann ausreißen. Das richtige Werkzeug ist eine Quersäge mit entsprechender Zahnung. Am besten mit der Quersäge im 45°-Winkel schneiden und den Abschnitt oder das überhängende Ende abstützen. Wenn Sie ans Ende des Schnitts kommen, in leichten Stößen sägen, damit das Holz nicht ausreißt.

REISSEN, MESSEN, SCHNEIDEN

**Zwei Böcke** oder ähnliche Stützen sind erforderlich, um ein langes oder breites Werkstück ordentlich aufzutrennen. Fangen Sie an einem Ende an, schneiden Sie zwischen den Böcken weiter und beenden Sie den Schnitt vor dem zweiten Bock. Dann am anderen Ende wieder anfangen. Wenn Sie besonders schwaches Material zu schneiden haben, legen Sie Latten auf die Böcke, damit Sie eine bessere Auflage haben.

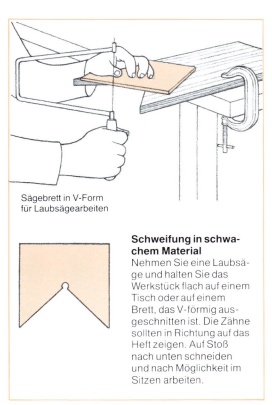

Sägebrett in V-Form für Laubsägearbeiten

**Schweifung in schwachem Material**
Nehmen Sie eine Laubsäge und halten Sie das Werkstück flach auf einem Tisch oder auf einem Brett, das V-förmig ausgeschnitten ist. Die Zähne sollten in Richtung auf das Heft zeigen. Auf Stoß nach unten schneiden und nach Möglichkeit im Sitzen arbeiten.

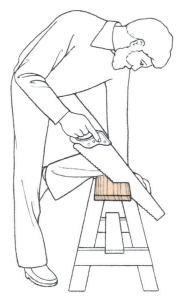

**Schmale Bretter** kann man bequem auf einem Bock ablängen; halten Sie sie fest mit einer Zwinge, Knie oder Fuß. Wenn Sie diese Stellung nicht einnehmen können, dann versuchen Sie, von oben zu schneiden, das heißt, halten Sie die Säge senkrecht, wobei die Zähne von Ihnen wegzeigen.

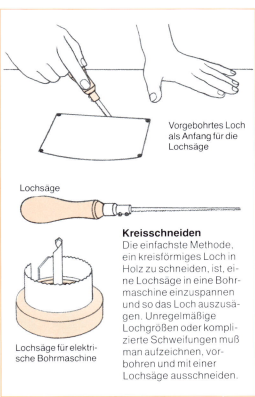

Vorgebohrtes Loch als Anfang für die Lochsäge

Lochsäge

Lochsäge für elektrische Bohrmaschine

**Kreisschneiden**
Die einfachste Methode, ein kreisförmiges Loch in Holz zu schneiden, ist, eine Lochsäge in eine Bohrmaschine einzuspannen und so das Loch auszusägen. Unregelmäßige Lochgrößen oder komplizierte Schweifungen muß man aufzeichnen, vorbohren und mit einer Lochsäge ausschneiden.

57

# Sägen schärfen

Um richtig zu schneiden, muß eine Säge nicht nur scharf, sondern auch gut geschränkt sein. Die Schränkung ist das Maß, in dem die Zähne abwechselnd aus der Senkrechten gebogen sind. Sie schaffen damit einen Schnitt oder eine Kerbe, die breiter als das Blatt stark ist und die dem Blatt dadurch Spielraum geben. Mit etwas Übung und dem richtigen Werkzeug können beide Arbeiten in der Heimwerkstatt ausgeführt werden. Wenn Sie die Säge zum Schärfen geben, kostet Sie das Zeit und Geld. Beides können Sie sparen.

Grundausrüstung und -technik zum Schärfen und Schränken sind bei allen Sägetypen ähnlich. Das eigentliche Schärfwerkzeug ist eine speziell für diesen Zweck angefertigte dreieckige Sägefeile, die die richtige Größe für die zu schärfende Säge haben muß. Das Schränken der Zähne erfordert ein spezielles verstellbares Werkzeug, die Schränkzange. Und zum Festhalten der Sägen beim Schärfen dienen Vorrichtungen zum Einklemmen auf der ganzen Länge, nah an den Zähnen. Für Rückensägen ist eine Kluppe geeignet – eine einfache Klemmvorrichtung, die mit Flügelschrauben angezogen wird und für den Schreiner problemlos herzustellen ist. Für Handsägen sind stabile Hartholzbacken das richtige, die an einem Ende etwas ausgearbeitet sind, damit sie in das Heft passen. Das Ganze, Säge und Klemmvorrichtung, wird dann in einem Schraubstock gehalten, so daß beim Feilen keine Vibrationen auftreten.

Üben Sie das Schärfen an Sägen mit großer Zahnung. Das Schärfen und Feilen der Schneidwinkel ist so, wie es unten gezeigt wird, für die meisten Arbeiten das Richtige und man sollte sich bemühen, die Winkel beizubehalten. Fuchsschwanz und Schlitzsäge für allgemeine Bankarbeit werden wie Quersägen geschärft.

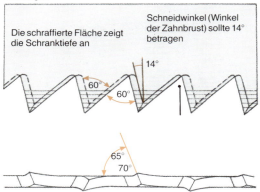

Draufsicht der Zähne mit dem richtigen Winkel der Zahnbrust: 65° für Weichhölzer, 70° für Harthölzer und allgemeinen Gebrauch.

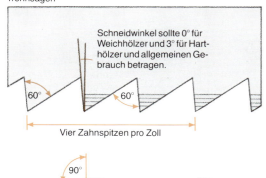

Die Draufsicht zeigt, wie die Zähne abwechselnd links und rechts geschränkt sind.

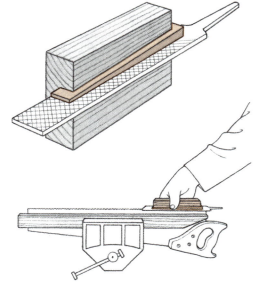

**1 Das Abrichten** ist die erste Arbeit beim Schärfen jeder Säge. Die Zahnspitzen müssen in einer Flucht liegen. Zu diesem Zweck fährt man mit einer flachen Feile leicht darüber. Halten Sie die Feile im rechten Winkel zum Sägeblatt. Sie tun sich dabei leichter, wenn Sie einen Klotz für die Feile nuten und sie mit einem Keil darin festklemmen. Entfernen Sie gerade so viel Metall von den Zähnen, daß alle die gleiche Höhe haben und daß auf jeder einzelnen Spitze ein Schimmer sichtbar wird.

## REISSEN, MESSEN, SCHNEIDEN

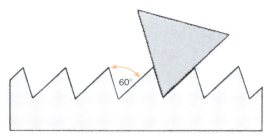

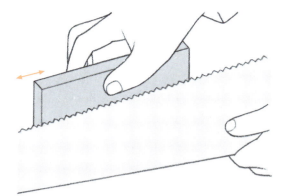

**2 Das Formfeilen der Zähne** ist bei allen Sägen notwendig. Beginnen Sie am Heftende bei der Brust des ersten Zahnes, der von Ihnen weg geschränkt ist. Halten Sie die Feile waagerecht im gewünschten Winkel (siehe gegenüber). Drücken Sie sie in die Zahnlücke, feilen Sie im rechten Winkel quer zum Blatt und entfernen Sie dabei zur Hälfte den Schimmer, der beim Abrichten entstanden ist. Arbeiten Sie so weiter in jeder zweiten Zahnlücke. Drehen Sie dann die Säge um, wiederholen Sie das Ganze in den noch nicht gefeilten Zahnlücken und entfernen Sie dabei die zweite Hälfte des Schimmers, nicht mehr. Alle Zähne sollten am Ende die gleiche Größe und Form haben. Eine Trennsäge könnte nun geschränkt werden; eine Quersäge erfordert noch etwas Arbeit.

**5 Seitliches Abziehen,** der letzte Schritt beim Schärfen, ist wichtig zum Entgraten und um sicherzustellen, daß alle Zähne gleich weit geschränkt sind. Legen Sie die Säge flach auf die Bank und ziehen Sie einen Ölstein mittlerer Körnung leicht auf beiden Seiten über die Zähne.

### Das Schärfen verschiedener Sägen

Der Versuch, kleine Sägen, etwa Kopiersägen oder Lochsägen, zu schärfen, ist reine Zeitverschwendung. Ersatzblätter sind billig. Ketten- und Bandsägen schärft am besten der Fachmann, der sie auch mit seinen Mitteln auf den Verschleiß untersucht, der weitere Verwendung gefährlich machen würde. Kreissägeblätter ohne Hartmetallspitzen können gefeilt werden. Halten Sie sich in bezug auf das richtige Schärfen und Anfasen an die Anweisungen des Herstellers.

**3 Wie man die Zähne einer Quersäge mit einer Schnittkante versieht,** wird normalerweise als ein eigener Schritt beschrieben. In der Praxis erfolgt das aber gleichzeitig mit dem Formfeilen. Wenn der Zahn, wie unter **2** beschrieben, auf Form gefeilt worden ist, ist die Fase stumpf und der Schimmer entfernt.
Also richten Sie wieder einen kleinen Schimmer auf die Spitze jedes Zahns. Dann halten Sie die Feile in einem Winkel von 65° bis 70° und feilen die Fase gerade so viel an, daß der Schimmer verschwindet. Wenn Sie die Zahnbrust anfasen, geschieht das gleiche mit dem Zahnrücken des nächsten Zahns.
Arbeiten Sie weiter in jeder zweiten Zahnlücke, dann drehen Sie die Säge um und wiederholen den Vorgang.

### Die richtige Größe der Feile
Wenn Sie eine Feile haben, die für die Zahnlücken zu klein ist, bleibt ein Teil der Zahnbrust ungeschärft; wenn sie zu groß ist, wird die Zahnlücke rund um den Zahn kleiner. Als Faustregel gilt: Der Zahn sollte etwa so lang sein wie die halbe Breite der Feilenfläche.

**4 Das Schränken der Zähne** ist ganz wesentlich für alle Sägen: Höchstens die halbe Zahntiefe sollte geschränkt werden. Der Schrank sollte einen minimalen Spielraum für die Säge ergeben. Zählen Sie die Zähne pro Zoll und stellen Sie die Schränkzange entsprechend ein. Die Zange an das Blatt setzen und die Griffe fest zusammendrücken; dann drehen Sie das Blatt um und schränken die restlichen Zähne.

| Sägentyp | Zähne pro Zoll | Feilenlänge |
|---|---|---|
| Rückensäge, fein | 18–22 | 15 cm |
| Rückensäge, grob | 12–14 | 20 cm |
| Fuchsschwanz | 10–12 | 20 cm |
| Quersäge | 7–8 | 25 cm |
| Trennsäge | 4–6 | 25 cm |

## *Stichsäge*

Die Stichsäge bietet einen einfachen und billigen Einstieg in das maschinelle Sägen. Sie ist vielseitig und kompakt, hat zwar weder die Geschwindigkeit noch die Präzision der Kreissäge, gleicht diese Nachteile aber anderweitig aus.

Bei Stichsägen gibt es große Unterschiede in Preis und Qualität. Man sollte sich also vor dem Kauf überlegen, wieviel Arbeit man dem Gerät zumuten und wie man es verwenden will. Für die meisten Heimwerker wird wohl ein Modell der mittleren oder unteren Preisklasse das richtige sein. Wenn Sie aber vorhaben, viel damit zu arbeiten, wird es sich lohnen, etwas mehr in ein Modell mit Pendelvorrichtung zu investieren.

Man kann sogar mit schwachen Stichsägen ziemlich dickes Nadelholz sägen (bis zu 5 cm). Es kommt aber auf die richtige Wahl des Sägeblatts an, besonders wenn dickeres Material verarbeitet wird. Mit dem passenden Blatt versehen, schneidet die Stichsäge auch Metall und Plexiglas. Wenn Sie bei dem Gerät verschiedene Geschwindigkeiten einstellen können, wählen Sie die niedrigste für diese Materialien.

Die meisten Stichsägen haben eine Grundplatte aus Metall, die angewinkelt werden kann. Das ermöglicht der Säge, im Winkel bis zu 45° zur Werkstückfläche zu schneiden, wodurch allerdings die maximale Schnittiefe verringert wird.

Wenn Sie ein neues Blatt einsetzen, prüfen Sie mit einem Winkel, daß es 90° zur Grundplatte steht. Wenn ein gebrauchtes Blatt immer wieder verläuft, werfen Sie es weg und nehmen Sie ein neues. (Dieser Fehler entsteht oft durch nachlässige Qualitätskontrolle bei der Herstellung.) Qualitätsblätter sind teuer, aber die besten halten oft drei- bis sechsmal so lange wie die billigen.

Weil eine Stichsäge mit der Aufwärtsbewegung schneidet, ist die schönere Schnittkante auf der Unterseite des Werkstücks. Denken Sie daran beim Anreißen und machen Sie Ihre Schnittrisse auf der Seite des Werkstücks, die man später nicht mehr sieht.

Achten Sie beim Gebrauch einer Stichsäge immer darauf, daß das Werkstück gut festgehalten wird. Starke Vibrationen verursachen mit der Zeit einen wellenförmigen Schnittverlauf und können zu Beschädigungen des Geräts oder des Blattes führen. Prüfen Sie, ob das Blatt unten aus dem Werkstück herausragt, und achten Sie darauf, daß Sie nicht in die Unterlage schneiden.

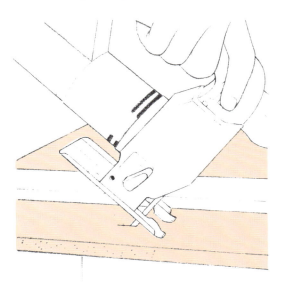

**Zum Schneiden gerader Linien oder Fasen** spannen Sie eine gerade Leiste auf das Werkstück. Sie dient als Führung für die Grundplatte der Stichsäge. Für Längsschnitte und 45°-Schnitte nehmen Sie extrascharfe Blätter – das mindert das Verlaufen. Reiben Sie das Blatt vor dem Schneiden mit Kerzenwachs ein. Massivholz nicht gegen, sondern mit der Faser schneiden. Die Stichsäge für Fasenschnitte nur bis 20 mm Materialdicke verwenden. (Die Schnittgenauigkeit ist hier beschränkt.)

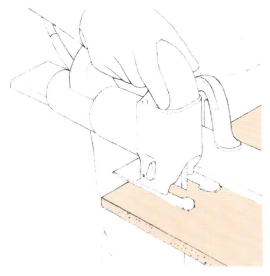

**Eintauchen ist die einfachste Art,** einen Ausschnitt mitten in schwachem Material zu beginnen. Halten Sie die Stichsäge beidhändig, mit der Nase der Auflageplatte auf die Holzfläche, und zwar auf der abfallenden Seite der Schnittlinie. Schalten Sie ein und senken Sie die Säge langsam in das Werkstück. Sobald sie durch die Unterseite gebrochen ist, schalten Sie aus. Dann stecken Sie die Säge durch das Loch und arbeiten normal weiter. Bei dickem Material oder feiner Arbeit bohren Sie am besten ein Loch in den Abfall und stecken die Säge durch, bevor Sie einschalten.

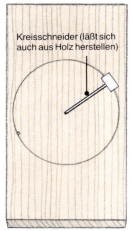
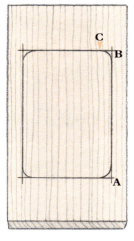
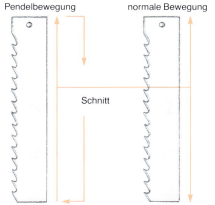

**Zum Sägen eines runden oder geschweiften Ausschnitts** einen Kreisschneider verwenden oder einen Stangenzirkel, der einen Bogen beschreibt, dem das Stichsägeblatt folgen kann. Schneiden Sie in einem Zug.

**Zum Herstellen eines rechteckigen Ausschnitts** schneiden Sie zuerst gerade von A nach B. Gehen Sie etwas zurück nach A und schneiden Sie die Kurve nach C. Dann schneiden Sie von C nach B wieder auf den ersten Schnitt.

**Pendelstichsägen** sind verhältnismäßig teuer. Sie kosten bis zu zweimal soviel wie ähnliche Modelle ohne Pendelvorrichtung. Anstatt sich wie bei der gewöhnlichen Stichsäge nur auf- und abzubewegen, bewegt sich das Blatt bei der Pendelstichsäge bei der nichtschneidenden Abwärtsbewegung nach hinten und bei der schneidenden Aufwärtsbewegung nach vorn. Das ergibt eine schönere Schnittfläche, mindert die Blatterwärmung, und das Blatt arbeitet sich auch schneller durch das Material.

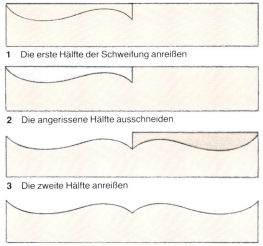

1 Die erste Hälfte der Schweifung anreißen
2 Die angerissene Hälfte ausschneiden
3 Die zweite Hälfte anreißen
4 Die zweite Hälfte ausschneiden

**Zum Ausschneiden symmetrischer Formen** reißen Sie zunächst eine Hälfte der Form an. Schneiden Sie dann die angerissene Hälfte aus und nehmen Sie sie als Schablone zum Anreißen der zweiten Hälfte, bevor Sie diese ausschneiden. Die Kanten mit Schabhobel und Schleifpapier putzen. Das Ergebnis sollte eine vollkommen symmetrische Form sein, sogar dann, wenn Sie geringfügig von der Schnittlinie bei der ersten Hälfte abgewichen sind.

Laubholz

Nadelholz

Kurvenschnitte

Kunststoffe/Nichteisenmetalle

**Es gibt viele verschiedene Typen und Zahnungen** bei Stichsägeblättern. Im allgemeinen gilt: je feiner die Zähne, desto härter das Material, das es schneidet. Große Zähne sind am besten für Nadelhölzer, Quer- und Längsschnitte. Manche Hersteller behaupten, Blätter mit Schleifmittel statt Zähnen auf der Vorderkante hätten sehr lange Lebensdauer und würden besonders sauber schneiden.

## Bandsäge

Bandsägen sind leistungsfähige, vielseitige Maschinen. Sie werden vor allem bei Schweifarbeiten und bei der Bearbeitung von Laubholz in größeren Abmessungen verwendet. Sie können beträchtliche Dicken schneiden, und ihre dünnen Blätter verursachen dabei wenig Abfall. Deshalb werden sie auch zum Auftrennen von Stämmen verwendet. Schon kleine Bandsägen haben eine große Schnitthöhe: Eine preiswerte Maschine schneidet bis zu 150 mm Laubholz.

Eine Bandsäge ist auch ideal zum Schneiden komplizierter Außenschweifungen. Man kann aber nicht, wie mit der Stichsäge, Ausschnitte oder Innenschweifungen durchführen, ohne durch die Einfassung zu schneiden.

Ein anderer Nachteil der Bandsäge ist, daß sie keinen wirklich geraden Schnitt erlaubt. Die Anschläge und Führungen für diese Zwecke sind meistens unzureichend. Am besten schneidet man an einem Bleistiftriß auf dem Werkstück entlang.

Alle Bandsägen haben im Grunde den gleichen Aufbau, nur sind manche mit zwei Rollen ausgerüstet und andere mit drei. Das hat aber nichts mit ihrer Leistungsfähigkeit zu tun. Ein wichtiger Faktor, der die Leistung begrenzt, ist der Seitendurchlaß, der Abstand zwischen dem Blatt und dem Maschinengehäuse. Er bestimmt die Schnittbreite. Eine kleine Bandsäge mit drei Rollen und etwa 35 cm Seitendurchlaß ist die beste Vielzweckmaschine für eine kleine private oder professionelle Werkstatt.

Eine größere gebrauchte Bandsäge ist oft ein günstiger Gelegenheitskauf. Schauen Sie sich die Rollenlager an, ob sie ausgeschlagen sind, und die Gummiauflagen, auf denen die Sägeblätter laufen. Die kleinen Blattführungen lassen sich leicht auswechseln, aber Radlager und Gummiauflagen sind nicht so ohne weiteres zu haben und außerdem teuer. Lassen Sie eine gebrauchte Maschine laufen und horchen Sie. Eine intakte Bandsäge läuft ruhig.

Bevor Sie eine Bandsäge benutzen, überzeugen Sie sich, daß das Sägeblatt richtig aufgelegt ist. Wenn die Innenseite außen ist, drehen Sie es fest mit beiden Händen herum. Die Zähne müssen so liegen, daß ihre Spitzen nach unten auf den Tisch zeigen. Prüfen Sie immer wieder die Spannung. Das Blatt sollte mehr schwingen und weniger rasseln, wenn es angezupft wird. Achten Sie darauf, daß die Abdeckung gut verschlossen ist, bevor Sie einschalten.

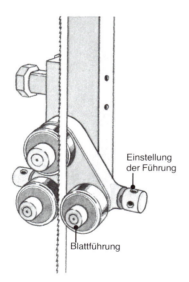

Einstellung der Führung

Blattführung

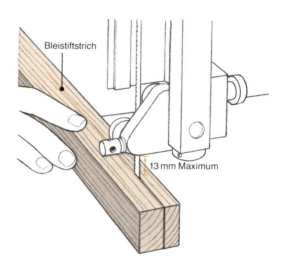

Bleistiftstrich

13 mm Maximum

**Zum Auflegen eines neuen Blattes** lassen Sie die obere Rolle herunter. Das neue Blatt auf die obere und untere Rolle legen, so daß die Zähne auf der Vorderseite nach unten zeigen. Dann das Blatt in die Führung einlegen. Anschließend die obere Rolle wieder hinaufdrehen. Prüfen Sie die Spannung. Wenn das Blatt nicht richtig in der Spur läuft, verstellen Sie die Neigung der oberen Rolle. Stellen Sie die seitlichen Blattführungsrollen so ein, daß sie hinter den Zähnen liegen, das Blatt aber nicht berühren. Die Druckrolle wird so eingestellt, daß sie fast den Blattrücken berührt.

**Wenn Sie ohne Anschlag schneiden,** die Sägeblattführung bis knapp über das Werkstück herunterlassen. Das erhöht Sicherheit und Genauigkeit. Üben Sie das Schneiden gerader Linien mit Abfallholz. Lenken Sie das Blatt entlang einer Linie, indem Sie das Werkstück bewegen. Zum Schweifen ein schmales Blatt verwenden und langsam vorschieben. Dabei das Werkstück dem Riß entsprechend bewegen und drehen.

REISSEN, MESSEN, SCHNEIDEN

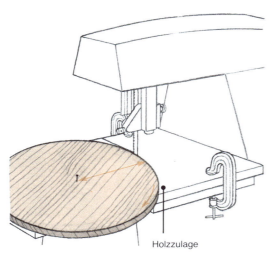
Holzzulage

**Große Kreisschnitte,** wie beispielsweise für runde Tischplatten fast jeder Größe, können auf einer Bandsäge durchgeführt werden. Klemmen Sie einen Hilfstisch aus Sperrholz oder Spanplatten auf die Maschine. Mit einem kleinen Nagel darauf den zu schneidenden Rohling befestigen. Beginnen Sie an einer Kante des Rohlings und drehen Sie ihn langsam durch die Säge.

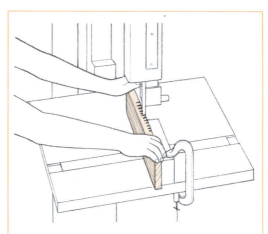

**Kerbschnitte** können bequem auf der Bandsäge geschnitten werden, z. B. auf der Rückseite von Leisten, die gebogen werden müssen. Durch die Kerbschnitte kann sich das Holz entlang der Krümmung ausdehnen. Schneiden Sie die Kerben in regelmäßigen Abständen von 10 mm und verwenden Sie einen Anschlag hinter dem Blatt, um die Schnittiefe konstant zu halten.

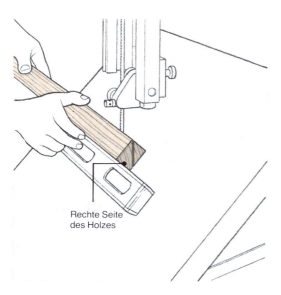
Rechte Seite des Holzes

**Schrägschnitte** bis zu 45° können auf vielen Bandsägen durchgeführt werden. Das Holz ist auf einem stark geneigten Tisch aber schwieriger zu führen. Passen Sie also besonders gut auf und verwenden Sie scharfe Sägeblätter. Achten Sie bei winkeligen Kurvenschnitten auf richtige Führung, damit die Fase nicht in die falsche Richtung läuft. Für Wetterschenkel von Fenstern und Türen den Tisch in flachem Winkel neigen.

Schmales Blatt für enge Kurven; wie eine Eisensäge wellenförmig geschränkt

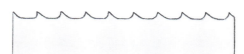

Zahnung mit weitem Zahngrund; vor allem für Trennschnitte und grobe Querschnitte

Hookzahnung für Nichteisenmetalle

**Bandsägeblätter** für Schweifungen und dünnes Material sollten schmal sein, für dickes Holz und gerade Schnitte breit. Feine Zähne sind für Laubholz und grobe für weicheres Material. Für Materialien wie Spanplatten ein superhartes Blatt mit vergüteten Zähnen verwenden. Für dickes Holz gibt es Blätter mit Trennzahnung (5–6 Zähne pro Zoll). Reiben Sie die Blätter leicht mit Kerzenwachs ein, damit sie besser laufen.

# Handkreissäge

Lange Holzteile mit der Hand zuschneiden dauert lange und ist harte Arbeit. Eine Sägemaschine, sei sie noch so klein, spart Zeit und Mühe, die besser anderweitig aufgewendet werden kann. Also nimmt der Schreiner für gerade Schnitte die Kreissäge. Infolge der größeren Dicke des Blattes (im Vergleich zu dem einer Bandsäge oder Stichsäge) läuft die Säge gerade, sogar dann, wenn bei dem Material die Fasern ungleichmäßig verlaufen oder Äste vorkommen. Es gibt zwei Grundarten von Kreissägen: Handgeräte und frei stehende Maschinen, Tischkreissägen genannt.

Aus Platz- und Kostengründen fällt die Wahl des Hobbytischlers häufig auf die Handkreissäge. Die Beliebtheit dieser Geräte hat bei den Herstellern dazu geführt, daß sie heute ein breites Angebot von Maschinen zur Verfügung stellen, mit Schnittiefen von 2,5 cm bis 7,5 cm und mehr. Die kleineren Maschinen reichen meistens bei der Möbelschreinerei aus, aber für Bauschreinerei oder schwere Möbelarbeiten in massivem Holz sind stärkere Modelle erforderlich.

Werfen Sie einen Blick auf das Typenschild, um einen Eindruck von der Leistung der Maschine zu bekommen. Sie wird in Watt angegeben. 500 Watt sind für leichte Arbeiten genug, aber für Dauerbeanspruchung und tiefe Schnitte braucht man 1250 Watt oder mehr. Mehr Information über die Einteilung in Leistungsklassen siehe Seite 67.

Handkreissägen sind auch zum Schneiden von großen Platten hervorragend geeignet. Am bequemsten und wirksamsten läßt sich das Plattenmaterial auf Böcken bearbeiten. Kleine Abschnitte und schmale Streifen sind mit einer Handkreissäge schwierig zu schneiden. Diese Schwierigkeit läßt sich durch den Kauf eines Sägetisches umgehen. Dieser Zusatz macht aus der Handkreissäge eine kleine Tischkreissäge. Sie wird auf die Werkbank montiert und läßt dem Holzwerker dadurch beide Hände zum Führen des Werkstücks frei.

Viele Hersteller bieten ihre Geräte mittlerweile mit Staubsäcken ausgerüstet an. Das ist sicherlich ein recht wertvolles Zusatzgerät, besonders wenn große Mengen Span- oder Sperrholzplatten zu schneiden sind. Sie enthalten einen hohen Anteil Leim und anderer Chemikalien, die die Atemwege reizen und nicht ungefährlich sind, wenn sie in größeren Mengen eingeatmet werden.

Materialien, die Asbest enthalten, dürfen auf keinen Fall mit einer Kreissäge geschnitten werden. Schon geringe Mengen des dabei anfallenden Staubs sind gesundheitsgefährdend.

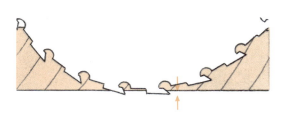

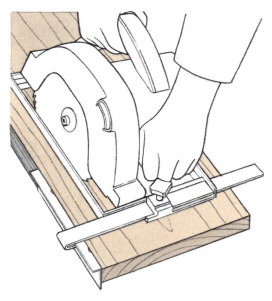

**Stellen Sie die Schnittiefe so ein,** daß das Blatt nur ganz wenig hervorragt: 1,5 mm sind ausreichend. Bei Naturarbeiten daran denken, daß die Sägespäne im Schnitt festsitzen und daß es nötig sein kann, ihn mit der Hand auszuräumen. Eine Säge dieser Art schneidet mit der Aufwärtsbewegung des Blattes. Das bedeutet, daß die schönere Schnittkante auf der Unterseite ist. Also müssen Sie von der nicht sichtbaren Seite aus anreißen und schneiden.

**Mit dem Parallelanschlag** schneidet man entlang einer Brettkante. Der Anschlag folgt nur einer geraden Kante; bei jeder Beule oder Kurve klemmt die Säge. Vergewissern Sie sich, daß das Werkstück während des Schneidens nicht herunterrutschen kann, und halten Sie die Stromzuleitung weit weg vom Sägeblatt. Die mit dem Anschlag erreichbare Schnittbreite ist begrenzt. Für breitere Abschnitte eine gerade Latte als Anschlag verwenden.

REISSEN, MESSEN, SCHNEIDEN

### Sägeblätter

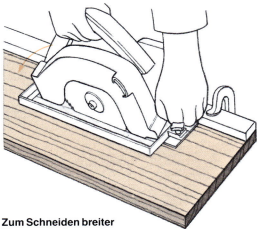

**Kombinationsblätter** sind für die meisten allgemeinen Holzschnitte geeignet. Geringe Standzeit (d. h. auch, sie werden schnell stumpf) bei Plattenmaterial – können aber leicht nachgefeilt werden.

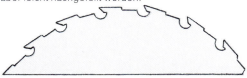

**Zum Schneiden breiter Platten** oder Bretter eine Führungsplatte von 50 × 25 mm verwenden. Spannen Sie sie fest auf das Werkstück und führen Sie die Säge daran entlang. Sorgfältig messen – bei dieser Methode treten leicht Fehler auf.

**Bei Winkelschnitten** wird die Grundplatte geschwenkt (bis 45°). Mit einem scharfen Blatt und einem festen Griff an die Säge lassen sich Winkelschnitte besser kontrollieren.

**Hartmetallbestückte Blätter** sind teuer in der Anschaffung und beim Schärfen. Sie ergeben aber eine saubere Schnittkante und haben vor allem bei Spanplatten große Standzeit (d. h. sie bleiben länger scharf). Sie werden von den meisten Profis verwendet.

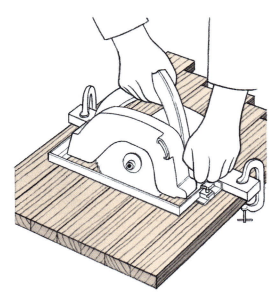

**Hohlgeschliffene Blätter** mit Hobelzahnung lassen eine Schnittkante wie gehobelt erscheinen. Sie sind schwer zu bekommen und zu pflegen. Man hebt sie also am besten für die Tischkreissäge auf und verwendet sie nur für Holz.

**Spitze Zahnblätter** gibt es in verschiedenen Ausführungen. Sie sind ideal für Querschnitte in Hart- und Weichholz und zum Aufschneiden von Sperrholzplatten.

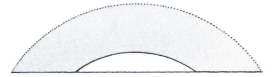

**Stücke von gleicher Länge** braucht man häufig, und sie sind am einfachsten auf der Tischkreissäge mit Ablänganschlag zu schneiden. Wenn Sie eine Handkreissäge verwenden wollen, die Stücke zusammenspannen und ausrichten. Zum Ablängen auf das gewünschte Maß verwenden Sie eine Führungsleiste. Prüfen Sie die Vorrichtung aber immer wieder mit Meterstab und rechtem Winkel, bevor Sie schneiden. Hier besteht die Möglichkeit, sehr schnell größere Mengen Holz zu ruinieren.

**Die Trennscheibe** ist eigentlich ein Maurerwerkzeug. Man kann mit ihr durch Stein, Beton und Fliesen schneiden. Setzen Sie eine Maske auf, denn der Staub, der beim Trennen entsteht, enthält viele Teilchen des Trennmaterials. Zur Verlängerung der Lebensdauer der Säge: Nach Gebrauch sorgfältig reinigen.

# *Tischkreissäge*

Tischkreissägen machen großen Lärm, produzieren Unmengen von Staub und sollten wirklich nur in einer Garage oder einem abgeschlossenen Arbeitsraum, in einiger Entfernung vom Haus, betrieben werden. Wenn sie richtig untergebracht sind und gut stehen, sind sie für schnelle und präzise Sägearbeiten unschlagbar. Es sind viele verschiedene Typen auf dem Markt, aber wirklich gute Geräte haben folgende grundlegende Eigenschaften:

**Der Sägetisch** sollte mindestens 40 × 40 cm groß und stabil gebaut sein und eine glatte Oberfläche haben.

**Der Breitenanschlag** dient dazu, Holz am Sägeblatt vorbeizuführen. Er muß für präzise Schnitte parallel zum Sägeblatt liegen bzw. ganz leicht nach außen zeigen. Er sollte leicht einzustellen sein und in jeder Stellung festgemacht werden können.

**Der Spaltkeil** ist ein ganz wesentlicher Teil der Säge. Er sollte aus besonderem Stahl sein und in einer Flucht mit dem Blatt liegen. Seine Aufgabe ist es, die Finger von der Rückseite des Sägeblatts fernzuhalten und zu verhindern, daß Holz mit Spannung die Rückseite des Blattes einklemmt und so hochschnellt.

**Die Schutzhaube** sollte wenigstens aus dickem, festem Kunststoff sein, besser noch aus einem festeren Material. Die Aufgabe der Schutzhaube ist es, die Hände von der Säge fernzuhalten. Außerdem trägt sie dazu bei, ein Zurückschleudern des Werkstücks zu verhindern.

**Die Höhenverstellung** des Tisches bestimmt die Schnittiefe. Die Einstellvorrichtung sollte leichtgängig sein, sich aber gut feststellen lassen. Es ist ärgerlich, wenn das Blatt bei einem Schnitt halb einsinkt.

Manche Maschinen haben eine *Schwenkvorrichtung* für das Sägeblatt. Das ist etwas übertrieben, und in der Praxis braucht man es selten. Sofern vorhanden, prüfen Sie, ob die Senkrechtstellung des Blattes genau markiert ist.

Viele der Kreissägen werden neuerdings mit *Blättern* geringer Qualität verkauft. Schauen Sie sich die Aufstellung auf Seite 65 an und planen Sie den Kauf mindestens eines passenden Blattes ein. Die meisten Händler haben selbst einen Schärfdienst oder können einen empfehlen.

Arbeiten an der Kreissäge erfordern immer ein besonderes Sicherheitsbewußtsein und erhöhte Wachsamkeit. Arbeiten Sie nicht, wenn Sie müde oder in Eile sind oder wenn es Ablenkung gibt.

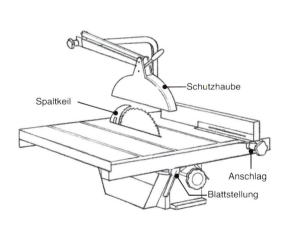

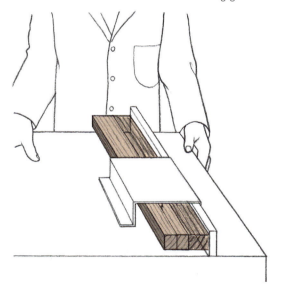

**Die richtige Technik** beim Umgang mit der Tischkreissäge fängt damit an, daß auf beiden Seiten der Kreissäge Platz für das zu schneidende Werkstück geschaffen wird. Dann stellen Sie den Anschlag sorgfältig ein. Messen Sie vom Anschlag bis zur rechten Seite der Zähne. Unter Umständen müssen Sie zum Putzen des Sägeschnitts 3 mm zugeben. Vergewissern Sie sich, daß alle Einstellhebel angezogen sind, bevor Sie einschalten. Drücken Sie das Werkstück leicht gegen den Anschlag und schieben Sie es zügig durch.

**Der neueste Stand der Sicherheitsanforderungen** verlangt bei Arbeiten, bei denen Schutzhaube und Spaltkeil entfernt werden müssen (wie z. B. Nuten und Falzen), die Verwendung einer tunnelartigen Schutzhaube. Wenn vom Hersteller der Kreissäge keine angeboten wird, eine Haube aus Aluminium oder Stahlblech wie oben gezeigt falten. Schrauben Sie sie an der Rückseite des Anschlags an und schieben Sie die Werkstücke beim Schneiden darunter her.

REISSEN, MESSEN, SCHNEIDEN

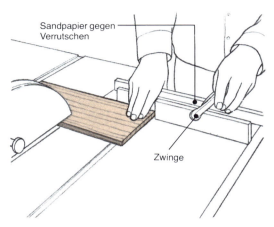

**Mit Hilfe eines Querschnittanschlags** lassen sich leicht mehrere gleiche Ablängschnitte bei gleicher Einstellung durchführen. Achten Sie darauf, daß der Anschlag leicht in seiner Nut gleitet und genau senkrecht zum Sägeblatt steht. Bei Bedarf kann man auch einen Anschlagklotz aus Holz mit einer kleinen Zwinge improvisieren. Schieben Sie den Parallelanschlag bei dieser Arbeit aus dem Weg: Abschnitte, die sich zwischen Sägeblatt und Parallelanschlag fangen, können das Blatt blockieren.

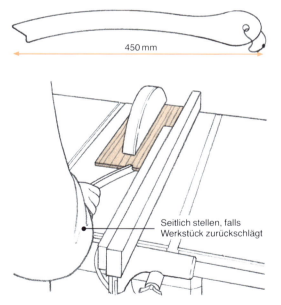

**Schiebestöcke** sind eine ganz wichtige Sicherheitshilfe im Maschinenraum. Machen Sie sich ein paar aus Hartholz und ziehen Sie ein kleines Stück Schnur durch ein Loch am Griff; damit können Sie in Reichweite der Säge aufgehängt werden. Am Anfang ist die Verwendung des Schiebestocks etwas ungewohnt, aber bald kommt er Ihnen vor wie eine Verlängerung der Hand. Benutzen Sie ihn immer zum Vorbeischieben von Werkstücken am Sägeblatt, zum Wegschieben von Abschnitten und beim letzten Stück eines Sägeschnitts.

### Leistungsbedarf

| Einteilung nach Watt | Blattgröße | Verwendung |
|---|---|---|
| unter 500 | bis zu 15 cm | nur leichte Arbeit |
| 500–750 | ca. 18 cm | Möbelbau und leichte Bauschreinerei |
| 750–1250 | ca. 20 cm | Schreinerei für den Hausbedarf |
| 1250–2000 | 20–25 cm | zeitweise starke Beanspruchung |
| 2000– | 25–30 cm | jede Arbeit in der kleinen Werkstatt |

Die Tabelle zeigt lediglich eine grobe Einteilung nach Leistungsklassen für die verschiedenen Aufgabenbereiche. Hundertprozentige Regeln gibt es nicht. Hersteller übertreiben oft, wenn sie die Leistung ihrer Werkzeuge beschreiben. Versuchen Sie, Ihre Elektrowerkzeuge nicht übermäßig zu beanspruchen.

**Halten Sie den Arbeitsplatz sauber und aufgeräumt.**
Achten Sie darauf, daß Sie genügend Bewegungsfreiheit haben.

**Arbeiten Sie nie an einer Säge ohne Schutzvorrichtung.** Verwenden Sie den Schiebestock. Halten Sie die Hände mindestens 30 cm vom Blatt weg.

**Die Sägeblätter scharf** und sauber halten; wenden Sie nie Gewalt an, wenn Sie das Werkstück durch die Maschine schieben.

**Schalten Sie immer aus** und ziehen Sie den Stecker heraus, bevor Sie Einstellungen vornehmen.

**Halten Sie Stromkabel von der Säge weg.**

**Lassen Sie nie eine laufende Säge unbeaufsichtigt.**

**Die Gefahren nie unterschätzen** – halten Sie Kinder und Haustiere fern.

**Auf Sägespäne und Splitter achten** – tragen Sie Staubmaske und Schutzbrille.

## *Radialkreissäge*

Radialkreissägen haben während der letzten Jahre im Bereich der Ausstattungen für Heimwerker und kleine Werkstätten einen erheblichen Marktanteil errungen. Im wesentlichen besteht das Gerät aus einem Motorblock mit Säge, der auf Rollen an einem Ausleger läuft. Ausleger und Motorblock haben Einstellvorrichtungen, mit denen sich das Sägeblatt oder auch andere Zusatzgeräte (Werkzeuge) fast in jede beliebige Stellung schwenken lassen. Das macht die Säge äußerst vielseitig: sie eignet sich für Längs-, Quer- und Gehrungsschnitte unter Verwendung eines Standardsägeblatts. Darüber hinaus sind Zusatzgeräte erhältlich zum Profilieren, Falzen, Schleifen, Bohren und Stichsägen.

Beim Kauf einer Radialkreissäge auf Sonderangebote achten. Auf dem Markt für kleine Maschinen herrscht großer Wettbewerb, und es kann gut sein, daß etwas Geduld mit einem sehr günstigen Kauf belohnt wird. Lassen Sie sich nicht irreführen durch nett lackierte Modelle oder eine lange Reihe von Zusatzgeräten, von denen man doch viele nie benutzt. Achten Sie vielmehr auf eine stabile Konstruktion (der Ausleger sollte Metallguß sein) und Bedienungskomfort beim Einstellen der verschiedenen Positionen der Maschine.

Wenn Sie das erste Mal mit der Maschine arbeiten, beachten Sie sorgfältig die Betriebsanleitung. Wenn alle Einstellungen auf Null stehen, sollte das Sägeblatt auch genau im rechten Winkel zu Tisch und Anschlag stehen. Der Ausleger sollte ebenfalls im 90°-Winkel zum Anschlag stehen. Das läßt sich ohne große Schwierigkeiten überprüfen, indem man den Anschlag eines Winkels an den Anschlag der Maschine legt, wobei die Zunge des Winkels die Zähne des Sägeblatts leicht berührt. Jetzt ziehen Sie die Säge vor und prüfen, ob die Sägezähne auf der ganzen Länge des Schnitts leicht an der Zunge des Winkels entlangstreifen.

Wie alle Holzbearbeitungsmaschinen sollte man auch die Radialkreissäge mit Sorgfalt behandeln. Verwenden Sie immer ein scharfes Sägeblatt und vergewissern Sie sich, daß alle Einstellhebel fest angezogen sind. Wenn Sie Längsschnitte auf der Radialkreissäge durchführen wollen, denken Sie daran, daß Sie Niederhalter und Rückschlagsicherung einstellen müssen. Verwenden Sie dabei immer einen Schiebestock (auf keinen Fall Ihre Finger) zum Vorschieben, da es bei unsachgemäßer Durchführung von Längsschnitten gelegentlich zu heftigem Rückschlag kommt.

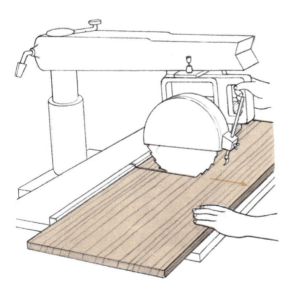

**Beim Ablängen breiter Bretter** können bei einer Radialkreissäge Probleme auftreten. Ein sehr populäres Modell hat beispielsweise eine maximale Schnittbreite von ca. 45 cm. Die Lösung: Schneiden Sie das Brett halb durch, schieben Sie die Säge zurück, schalten Sie sie aus, drehen Sie das Brett herum und beenden Sie den Schnitt von der anderen Seite.

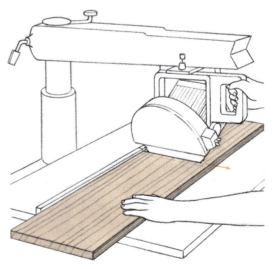

**Für die Konstruktion von breiten Korpusverbindungen** auf Gehrung muß man winkelige Querschnitte durchführen. Stellen Sie den Schnittwinkel genau ein. Saubere Winkelschnitte erfordern besonders scharfe Sägeblätter. Gerade oder winkelige Ablängschnitte lassen sich präzise durchführen, wenn wieder ein kleiner Holzklotz auf den Anschlag geklemmt wird.

REISSEN, MESSEN, SCHNEIDEN

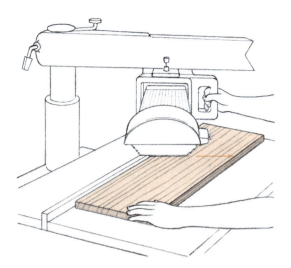

**Gehrungsschnitte** für Bilderrahmen und Türverkleidungen können auf einer Radialkreissäge sehr genau durchgeführt werden. Arbeiten Sie aber aus Sicherheitsgründen mit einem Hilfsanschlag, den Sie am Anschlag der Maschine befestigen. Legen Sie die Profilleiste an den Hilfsanschlag. Der Abschnitt hat jetzt Platz und kann sich vom rotierenden Sägeblatt wegbewegen. Wegen seiner Keilform besteht immer die Gefahr, daß er sich in die Lücke zwischen Blatt und Anschlag klemmt – das ist unter Umständen sehr gefährlich.

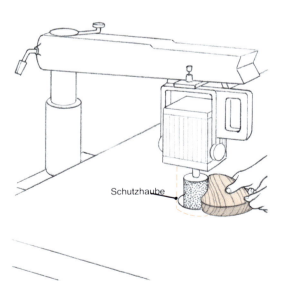

**Zum Schleifen und Bohren** gibt es ein Bohrfutter. Klemmen Sie beim Bohren das Werkstück auf den Sägetisch. Wenn das Loch tief ist, ziehen Sie den Bohrer bei der Hälfte wieder heraus und entfernen das Sägemehl.

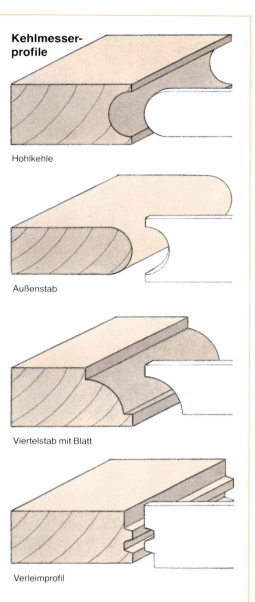

**Kehlmesserprofile**

Hohlkehle

Außenstab

Viertelstab mit Blatt

Verleimprofil

Zumindest ein Radialkreissägen-Fabrikat läßt sich mit einem Kehlmesserkopf ausrüsten. Mit einem dazugehörigen Messersatz können dann die unterschiedlichsten Profile hergestellt werden. Sie lassen sich so sauber bearbeiten, daß sie professionell erzeugten Profilen ebenbürtig sind oder sie sogar übertreffen. Dazu müssen allerdings die Schneiden wirklich scharf sein. Beachten Sie immer die Bedienungsanleitungen. Lieber zweimal prüfen, ob Messer und Schutzvorrichtungen gut befestigt und am richtigen Platz sind. Bei kleinen Profilleisten gehen Sie wie folgt vor: Die Kanten von breiten Brettern werden profiliert, dann die profilierten Kanten abgeschnitten.

# Handoberfräse

Die Handoberfräse ist eine preiswerte und vielseitige Ergänzung der Werkstattausrüstung. Im Grunde besteht sie aus einem Elektromotor mit hoher Drehzahl in einem einfachen Kunststoff- oder Metallfräskorb mit Handgriffen. Die Motorwelle hat am Ende eine Spannzange, die Spezialfräser zum Nuten, Falzen oder Profilieren aufnehmen kann. Es dürfen nur Fräser verwendet werden, die für die Oberfräse hergestellt wurden, weil die hohe Drehzahl bei den falschen Fräsern einen Bruch mit gefährlichen Folgen bewirken kann.

Der Fräskorb der Handoberfräse hat meist eine einfache Klemmvorrichtung zur Bestimmung der Frästiefe im Holz, wenn diese einmal angezogen ist, ist das Fräswerkzeug in dieser Stellung fixiert. Es gibt aber auch eine Tiefeneinstellungsvorrichtung zum Niederdrücken. Sie besteht aus einer Schiebevorrichtung mit Feder, und man kann damit die Fräser auf eine vorher eingestellte maximale Tiefe in das Material eintauchen. Auf diese Weise lassen sich nämlich tiefe Fräsungen in mehreren Gängen durchführen, ohne die Tiefeneinstellung nachzustellen. Es ist auch möglich, saubere eingesetzte Nuten zu fräsen ohne die Schwierigkeiten, die beim Ein- und Aussetzen der Fräse bei laufendem Motor entstehen.

Kleine Oberfräsen sind freihändig benutzbar, wenn leichte Fräsungen durchgeführt werden, etwa beim Schriftenfräsen. Für diese Arbeiten sollte man möglichst einen V-förmigen Adernfräser benutzen.

Nützliches Zubehör für die Handoberfräse ist ein Frästisch, mit dessen Hilfe man die Maschine umgekehrt benutzen und viele Arbeiten wie an der Tischfräse durchführen kann.

Denken Sie daran, die Oberfräse nicht zu überlasten. Dadurch kann die Geschwindigkeit so weit absinken, daß man keine sauberen Oberflächen mehr erhält. Außerdem würde sich die Lebensdauer der Maschine erheblich verkürzen. Ein häufiger Grund für Überlastung ist der Versuch, zuviel Material in einem Durchgang zu entfernen. Tiefe Fräsungen sollten also in mehreren Durchgängen erfolgen. Versuchen Sie als Regel, nicht mehr als 9 mm Tiefe bei 9 mm Breite wegzunehmen.

Eine andere Ursache für Überbeanspruchung ist die Verwendung von stumpfen Fräswerkzeugen. Sowohl Benutzer als auch Maschine sind sicherer, wenn die Werkzeuge richtig scharf sind. Außerdem haben scharfe Werkzeuge eine höhere Lebensdauer, also läßt sich durch sorgsame Pflege Geld sparen.

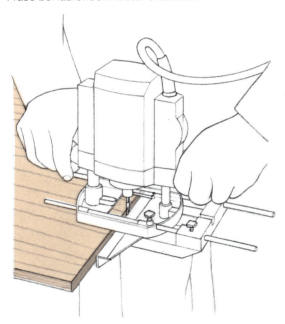

**Das Profilieren von Kanten** wird erleichtert, wenn die zu fräsende Kante mit einer Kerze oder einem Stück Kernseife eingerieben wird. Das vermindert die Reibung und verhindert das Verbrennen der Oberfläche. Klemmen Sie das Werkstück fest auf die Hobelbank oder in einen Workmate. So haben Sie zusätzliche Sicherheit, und die Arbeit geht schneller.

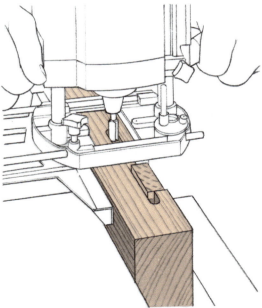

**Wenn Sie einen schmalen Holzstreifen nuten** wollen, klemmen Sie ihn in eine vorgefräste Aussparung, damit Sie eine feste, breite Auflagefläche für die Oberfräse haben. Die hohe Geschwindigkeit der Fräse ergibt saubere Flächen, auch quer zur Faser. Sie können sich auch eine einfache Schablone zur Anfertigung von Zapfenverbindungen bauen.

REISSEN, MESSEN, SCHNEIDEN

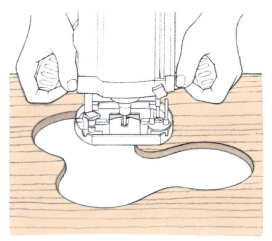

**Kopierfräsen:** Schweifungen können mit der Handoberfräse unter Zuhilfenahme einer Kopierhülse, die an der Grundplatte befestigt wird, durchgeführt werden. Man kann so vorgefertigte Schablonen auf dem Werkstück nachkopieren. Solche Schablonen macht man aus 6- oder 8-mm-Sperrholz und nagelt sie auf das Werkstück. Stoßen Sie mit dem laufenden Fräser durch das Werkstück und führen Sie die Maschine mit der Kopierhülse entlang der Innenkante (unter Umständen auch der Außenkante) der Schablone. Die besten Ergebnisse erzielt man bei einfachen, sanften Kurven.

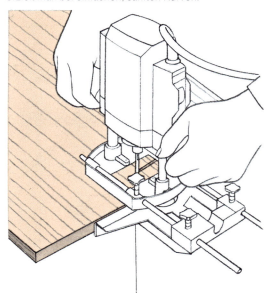

**Parallelanschläge** gehören bei den meisten Handoberfräsen zum Standardzubehör. Damit läßt sich parallel entlang gerader Kanten arbeiten. Improvisieren Sie einen Anschlag, indem Sie eine Latte auf das Werkstück spannen, an der Sie die Oberfräse entlangschieben. Messen Sie den Abstand zwischen der Kante der Leiste und der Schneidkante des Fräswerkzeugs, und richten Sie die Latte entsprechend ein.

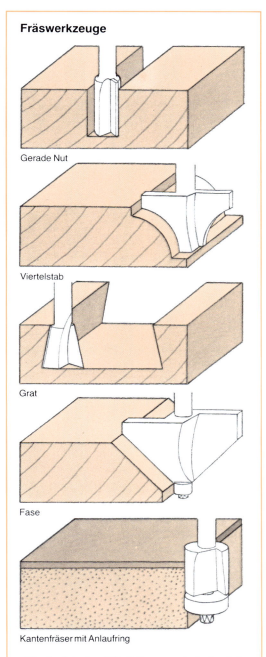

**Fräswerkzeuge**

Gerade Nut

Viertelstab

Grat

Fase

Kantenfräser mit Anlaufring

**Für die Arbeit mit Nutfräsern** muß ein Parallelanschlag eingesetzt werden. Mit *Profilfräsern* (mit Anlaufzapfen oder Kugellager) lassen sich Kanten dekorativ profilieren. Mit dem *Gratfräser* werden Nuten für feste Gratverbindungen hergestellt. Der *Fasefräser* ist beispielsweise für dekorative Fasenprofile an Außenkanten von Kommoden geeignet, die das Ausreißen bei zufälligen Stößen verringern. Zum Verputzen von überstehenden Verbindungen stehen verschiedene *Kantenfräser* zur Verfügung.

## Die Mehrzweckmaschine

Kleine Mehrzweckmaschinen bieten oft die gleichen Möglichkeiten wie eine professionelle Werkstatt. Für den passionierten Heimwerker erweisen sie sich als unschätzbar, besonders wenn er wenig Platz hat.

Eine kleine Universalmaschine besteht aus Kreissäge, Abricht- und Dickenhobel und Fräse mit eigenem Motor. Außerdem gibt es noch Zusatzgeräte, wie z. B. Langlochbohreinrichtungen.

Gute Mehrzweckmaschinen sind meistens aus Baustahl- oder Aluminiumguß. Metallgußmaschinen sind meist stabiler als Geräte aus Stahlblech und liefern im allgemeinen genauere und verläßlichere Ergebnisse.

Die Kreissäge hat meistens eine maximale Schnittiefe von 7,5 cm, sie ist mit präzisem Parallel- und Längsanschlag ausgerüstet.

Die Abricht- und Dickenhobelmaschine hat meist eine maximale Hobelbreite von 20–25 cm und eine Tischlänge von 100 cm. Das reicht für die meisten Abmessungen in einer kleinen Werkstatt.

Die Tischfräse ist besonders vielseitig. Mit der Nutsäge kann man ideal Füllungen einnuten. Kleine Nutsägen mit Hartmetallzähnen gibt es bis 150 mm Durchmesser. Für Falzarbeiten und ähnliches gibt es Falzköpfe in allen Größen.

Ein Zusatzgerät zum Langlochbohren ist verhältnismäßig einfach zu handhaben. Es ermöglicht gute Ergebnisse und beschleunigt alle Arbeiten enorm. Verwenden Sie nur Bohrer bester Qualität.

Alle Holzbearbeitungsmaschinen stellen eine potentielle Gefahr dar, aber eine Fräse kann besonders gefährlich sein. Halten Sie sich immer an die Bedienungsanleitungen bezüglich der Größe von Fräswerkzeugen.

Vor Gebrauch immer die Klemmvorrichtungen und Einstellungen überprüfen. Unterbrechen Sie die Stromversorgung, bevor Sie etwas einstellen.

Achten Sie besonders darauf, daß Sie das Werkstück in der richtigen Richtung vorschieben. Wenn sich die Spindel z. B. entgegen dem Uhrzeigersinn dreht (wie es normal ist), müssen Sie das Stück von rechts nach links vorschieben (Gegenlauf). Wenn Sie es in der anderen Richtung schieben (Gleichlauf), können Sie böse Unfälle verursachen.

Bauen Sie sich nach Möglichkeit einfache, stabile Vorrichtungen zum Festhalten der Werkstücke und arbeiten Sie nie an der Fräse, ohne Spindel und ohne das Fräswerkzeug so weit wie möglich abzudecken.

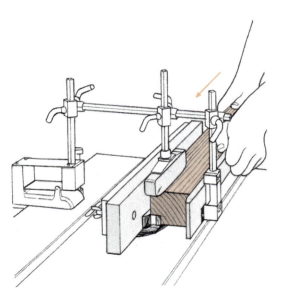

**Zum Falzen arbeiten Sie mit einem Hilfsanschlag,** der auf dem Maschinenanschlag befestigt wird. Einen Falzkopf einsetzen. Beide Anschläge zusammen bei laufender Maschine nach hinten schieben, so daß der Fräskopf durchbricht. Maschine abschalten. Gewünschte Höhe und Breite einstellen, alle Stellschrauben festziehen. Maschine einschalten. Das Werkstück zügig im Gegenlauf durchschieben.

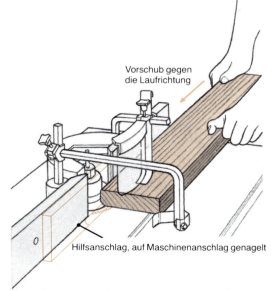

**Wenn Sie mit einer Nutsäge arbeiten,** nageln Sie einen Hilfsanschlag aus 10-mm-Sperrholz auf den Maschinenanschlag. Setzen Sie die Nutsäge ein. Nehmen Sie beide Anschläge mit den Händen und schieben Sie sie nach hinten, bis die Säge durch den Hilfsanschlag bricht. Die Maschine abschalten, alle Stellschrauben anziehen. Den Druckapparat einstellen und das Werkstück mit einem Schiebestock durchschieben. Bauen Sie für noch mehr Sicherheit vorne eine Druckfeder aus Metall oder Sperrholz an.

REISSEN, MESSEN, SCHNEIDEN

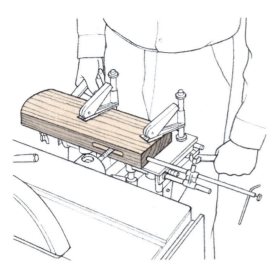

**Der Langlochbohrapparat** hat ein festes Bohrfutter mit Zweischneidenbohrer und gleicht in seiner Wirkungsweise einer waagrechten Bohrmaschine. Klemmen Sie das Werkstück fest auf den Tisch. Das Werkstück auf den Bohrer zubewegen, wobei der Tisch vorwärts und nach beiden Seiten geschoben wird. Ziehen Sie ihn regelmäßig zurück, um zu verhindern, daß Holzspäne den Schlitz verstopfen. Arbeiten Sie mit Gefühl, sonst verlaufen die Bohrer, besonders in Hartholz. Im schlimmsten Fall können sie auch abreißen.

**Arbeiten Sie mit einem Bandschleifer** nie quer zur Faser. Kippen Sie ihn auch nicht über die Kanten des Werkstücks. Viele Bandschleifgeräte lassen sich umgedreht aufstellen und ermöglichen so, die Kanten gerader oder geschweifter Werkstücke auszuarbeiten. Achten Sie auf die richtige Körnung der Bänder.

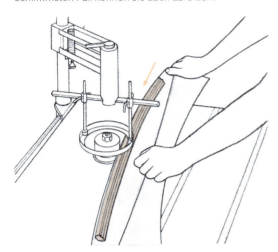

**Zum Fräsen geschweifter, kreisförmiger oder gerader Profile** können Sie Anlaufringe verwenden. Stellen Sie aus 13-mm-Sperrholz eine Schablone in der Form des Stückes her, das Sie profilieren wollen. Lassen Sie ca. 7–8 cm überstehen zum Anlaufen. Das Werkstück grob ausschneiden, damit Sie möglichst wenig wegfräsen müssen. Die Schablone auf das Werkstück schrauben und einen Profilmesserkopf einsetzen. Die Schutzhaube möglichst tief einstellen. Schieben Sie die Schablone langsam fest an den Ring, bis er stehen bleibt. Dann Schablone und Werkstück zügig weiterschieben, die Schablone am Ring entlang. Die Messer fräsen jetzt das Werkstück in der gewünschten Form.

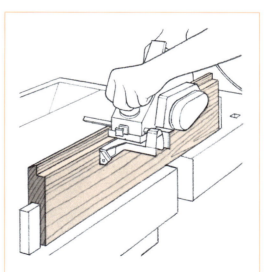

**Der elektrische Handhobel** hat eine Messerwelle mit zwei kleinen Einwegmessern oder Messern zum Nachschärfen. Er ist bei der Wiederverwendung von altem Holz oder anderen schweren Hobelarbeiten, z.B. beim Einpassen von Türen oder Arbeitsplatten, nützlich. Für feine Oberflächen ist er weniger geeignet. Der Hobel produziert Unmengen von feinen Spänen und Staub. Benutzen Sie also möglichst den Staubsack. Die meisten Maschinen haben einen Anschlag zum Falzen und zum Hobeln schmaler Kanten.

73

# Der richtige Hobel

Die ersten richtigen Hobel, wahrscheinlich aus Holz und Bronze, hatten die Ägypter. Die Römer entwickelten sie weiter, und die Briten entdeckten sie im Mittelalter wieder. Metallhobel als Massenprodukte, wie sie heute vor allem in Großbritannien und in den Vereinigten Staaten verwendet werden, gibt es seit dem 1. Weltkrieg. Im Gegensatz dazu bevorzugen die Handwerker auf dem europäischen Festland den hölzernen Hobel. Da gibt es viele Typen, einige davon sind ausgezeichnet, aber in Großbritannien und in den Vereinigten Staaten sind sie fast nur bei spezialisierten Werkzeughändlern zu bekommen. Manchen Handwerkern sind sie lieber, weil sie besser über das Holz gleiten. Aber sie brauchen auch mehr und sorgfältigere Pflege als Metallhobel.

Beim Kauf eines Hobels sollten Sie sich für eine der bekannten Marken entscheiden. Der Markt für Holzbearbeitungswerkzeuge hat stark expandiert und so sind Hobel-Plagiate aufgetaucht, die zwar wie echte Stücke aussehen, aber meistens von minderer Qualität sind.

Der gleiche Grundsatz sollte übrigens beim Kauf jeden Werkzeugs gelten: Ein paar Qualitätswerkzeuge sind mehr wert als ein ganzer Kasten voll schlechter. Außerdem machen sie noch den nächsten paar Generationen Freude.

Es gibt einige brauchbare Hobel mit Einwegmessern, aber den meisten Profis sind die traditionellen Geräte mit Messern zum Schärfen lieber.

Wenn Sie zum ersten Mal einen Hobel zum Schärfen kaufen, sollten Sie sich auch gleich einen Ölstein besorgen. Ein Kombinationsstein ist am besten. Die feine Seite nimmt man zum ständigen Abziehen, mit der groben schleift man gelegentlich die Fase nach. Motoröl, zur Hälfte mit Paraffinöl vermischt, oder Bremsflüssigkeit ergeben gute Schmiermittel für den Ölstein.

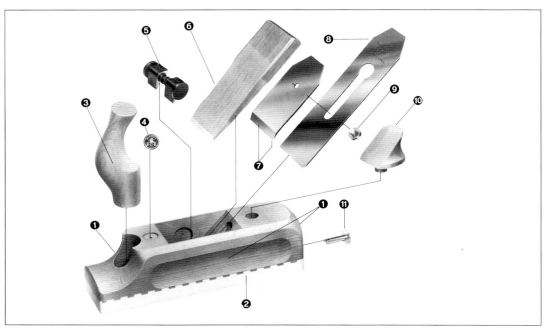

**Explosionsdarstellung eines E·C·E-Qualitätshobels**

① **Hobelkörper** im Griffbereich der linken und rechten Hand abgerundet.

② **Hobelsohle** mit diagonal verlaufenden Nuten eingeleimt. Material: Weißbuche oder besonders gleitfähiges und verschleißfestes Pockholz.

③ **Hobelhorn (Nase)** der Hand angepaßt für ermüdungsfreies Arbeiten. – Eingezapft.

④ **E·C·E-Siegelmarke** aus Metall: Viele der hier aufgeführten Qualitätsmerkmale sind nur an Werkzeugen mit dieser Marke zu finden.

⑤ **Keil-Widerlager** von innen in den Spannkasten eingesetzt, dadurch kein Spleißen des Hobelkörpers bei starkem Ankeilen möglich.

⑥ **Keil** »tailliert«, daher von Hand lösbar.

⑦ **Hobeleisen-Klappe (Spanbrecher)** rückseitig am Ende der Abkantung angeschliffen. Dadurch kein Eindringen von gehobelten Spänen zwischen Hobeleisen und Klappe möglich.

⑧ **Hobeleisen** ganz plangeschliffen, dadurch keine Schwierigkeiten beim Abziehen. Schneidenteil sorgsam gehärtet und angelassen: Endhärte = 62 ($\pm$ 0,5) Rc.

⑨ **Hobeleisenschraube M 8**

⑩ **Handschutz** mit einer griffgerechten Hohlkehle. – Eingezapft.

⑪ **Schlagknopf** mit starkem Zapfen und sich spreizender Spitze, unlösbar mit dem Hobelkörper verbunden.

REISSEN, MESSEN, SCHNEIDEN

**Der Simshobel** dient zum Herstellen, hauptsächlich aber zum Nacharbeiten und Ausputzen von Falzen. Auch hier gibt es die Ausführung als Doppelhobel, das Eisen hat also eine Klappe. Außerdem kann man den vorderen Teil des Hobelkörpers beim doppelten Simshobel verschieben. Das Hobelmaul ist also beliebig fein einstellbar.

### Hölzerne Hobel

Alte englische Hobel aus Holz erzielen heutzutage hohe Preise bei Werkzeugsammlern. Die teuersten modernen Hobel werden aus besonders widerstandsfähigen Hölzern wie Weißbuche und Pockholz hergestellt. Die Nachteile der alten Holzhobel sind das Fehlen von Einstellvorrichtungen und die Neigung, sich zu verziehen. Moderne Holzhobel wie z. B. der E·C·E Primus-Hobel haben eine Einstellschraube für die Stärke der Spanabnahme und sind stabil.

**Der Hirnholzhobel** ist eine einfache Version des Bailey, und man kann ihn mit normalem und besonders flachem Schnittwinkel kaufen. Er ist daher besonders geeignet zum Nacharbeiten quer zur Faser und zum Putzen von Kunststoffbeschichtungen.

**Der Absatzsimshobel** dient als Ergänzung zum normalen Simshobel und unterscheidet sich dadurch, daß das Hobeleisen vor dem Hobelkörper steht. Auf diese Weise kann bis in die Ecken von Falzen und ähnlichem gearbeitet werden.

### Der Grundhobel

dient in erster Linie zum Ebnen von Vertiefungen und Nuten, z. B. wenn Gratleisten eingeschoben werden. Seine Form ist ganz anders als die anderer Hobel. In seinem geschweiften Kasten ist ein Eisen festgespannt, das im Winkel von 100° abgebogen und in der Tiefe verstellbar ist. Es ist in verschiedenen Breiten erhältlich.
Anstelle des Grundhobels wird heute häufig die Handoberfräse verwendet. Viele Arbeiten lassen sich damit leichter und schneller durchführen.

75

# Technik des Hobelns

Ein Hobel funktioniert nur dann richtig, wenn das Eisen scharf ist. Das hört sich zwar wie eine Binsenweisheit an, bedeutet aber in der Praxis, daß das Eisen bei der Bearbeitung harter Hölzer (Rüster, Teak) mehrmals nachgeschärft werden muß. Früher hatte der Schreiner ein halbes Dutzend fertig abgezogener Eisen neben seiner Bank hängen, die er auswechselte, sobald das Eisen im Hobel an Schärfe nachließ.

Die beiden Teile, Hobeleisen und Klappe, sind fest aufeinandergeschraubt. Die Klappe bestimmt unter anderem die Dicke des Spans, der abgenommen wird. Wenn Sie einen neuen Hobel kaufen, sollten Sie darauf achten, daß die Klappe dicht auf dem Eisen aufliegt. Wenn nicht, muß man die Kante nachfeilen, denn bei der kleinsten Lücke stopft der Hobel. Stellen Sie sich beim Hobeln bequem hin. Das Holz muß auf der Hobelbank festgespannt sein. Halten Sie den Hobel gerade, mit der Nase hinunter aufs Holz. Dann gleiten Sie unter leichtem Druck übers Holz. Wenn der Hobel richtig geschärft und eingestellt ist, sollte er feine durchgehende Späne abnehmen. Das Hobeln darf keine Knochenarbeit sein: Wenn doch, dann ist wahrscheinlich der Hobel falsch eingestellt, oder Sie machen etwas falsch.

Vergessen Sie nicht, die Hobelsohle gelegentlich mit etwas Kerzenwachs oder Seife gleitfähiger zu machen. Wenn Sie altes Holz wiederverwenden, achten Sie auf alte Nägel, auf steinharte Farbe und Kitt, damit das Messer keine Scharten bekommt.

Ein neuer Hobel ist eine teure Investition. Er kostet ungefähr so viel wie ein Kassettenrecorder oder eine schöne Armbanduhr. Behandeln Sie ihn auch genauso gut wie diese.

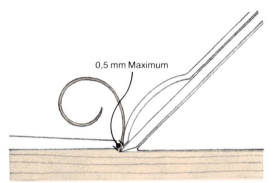

**Der Abstand** zwischen Klappe und Schneide des Hobeleisens ist wichtig. 0,5 mm ist für die meisten Holzarten geeignet.

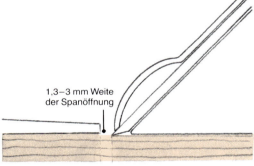

**Ein Hobelmaul zum Einstellen** haben nur die guten Hirnholzhobel. Wenn man es schmaler macht, lassen sich kurzfaserige Holzarten besser bearbeiten. Beim Bailey läßt sich das Messerlager einstellen. Messer und Klappe können dadurch weiter nach vorn gebracht werden.

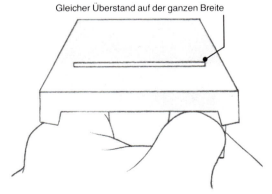

**Zum Einstellen der Spanabnahme** halten Sie den Hobel hoch und schauen entlang der Sohle. Jetzt drehen Sie an der Stellschraube, bis das Messer gerade zum Vorschein kommt. 0,5 mm ist der maximale Überstand. Dann probieren Sie zu hobeln und stellen noch einmal nach, bis ein ganz feiner Span kommt.

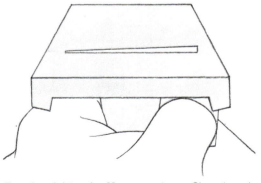

**Zum Ausrichten des Messers** schauen Sie entlang der Sohle und achten darauf, daß das Messer auf der ganzen Breite der Spanöffnung gleich weit vorsteht. Zum Nachstellen betätigen Sie den Seiteneinstellhebel oder klopfen leicht mit dem Hammer.

REISSEN, MESSEN, SCHNEIDEN

**Zum Hobeln langer Bretter** ist auch ein langer Hobel erforderlich. Ein kurzer würde nur die Rundungen und Vertiefungen nacharbeiten. Spannen Sie das Holz ein, mit der hohlen Seite nach unten, und hobeln Sie in festen, gleichmäßigen Stößen. Drücken Sie zu Beginn des Stoßes auf den vorderen, am Ende auf den hinteren Teil des Hobels. Prüfen Sie laufend, ob Sie die Fläche auch eben hobeln. Dazu brauchen Sie aber kein Lineal: Schwenken Sie den Hobel um 45°, und die genau geschliffene Hobelsohle deckt jede Ungenauigkeit auf.

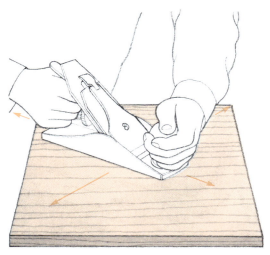

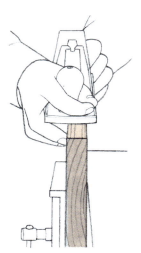

**Zum Hobeln großer Flächen** verwendet man ein Messer mit leicht abgerundeten Ecken. Dann gibt es weniger Scharten. Arbeiten Sie in alle Richtungen und achten Sie darauf, daß Sie von den Ecken nicht zuviel wegnehmen. Das Messer sollte extrascharf sein, damit es beim Hobeln quer zur Faser nicht rutscht.

**Kantenhobeln** ist nicht ganz einfach: Versuchen Sie einen Finger vorne unter die Hobelsohle zu winkeln. Das trägt zur besseren Führung bei.

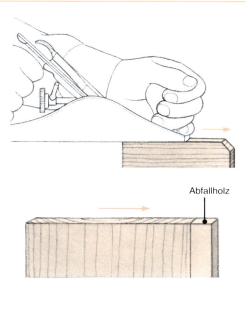

Abfallholz

### Hirnholzhobeln

Eine einfache Methode, das Ausreißen des empfindlichen Hirnholzes an der Kante zu verhindern, ist, die Kante abzuschrägen und dann in Richtung der Abschrägung zu hobeln. Das geht bei manchen Holzarten ganz gut und dazu recht schnell. Bei wertvollem oder sprödem Holz spannen Sie ein Stück Abfallholz auf die Kante, das dann ohne Schaden ausreißen kann. Manche Profis können von beiden Enden zur Mitte hobeln und verhindern so das Ausreißen – eine schwierige Kunst. Auch mit der Bestoßlehre kann man das Ausreißen und Absplittern gut verhindern – siehe Seite 45.

## Der Holzhobel

Im Gegensatz zu den Stahlhobeln angelsächsischer Herkunft haben hierzulande Holzhobel eine lange und erfolgreiche Tradition. Wie bei den Stahlhobeln gibt es auch bei Holzhobeln eine Anzahl verschiedener Typen, also für jede Aufgabe den richtigen Hobel. Die erste Anschaffung wird aber wohl ein Doppelhobel sein. Er ist sehr vielseitig und wird am häufigsten gebraucht.

Der Hobelkasten ist aus Weiß- oder Rotbuchenholz. Die Sohle aus Weißbuche oder Pockholz ist in tiefer, konischer Verzahnung aufgeleimt. An der vorderen Stirnseite ist ein Griff für die linke Hand, die Nase, eingegratet, an der hinteren Stirnseite, für die rechte Hand, der Handschoner.

Das Hobeleisen wird im Hobelkasten festgekeilt. Das Verstellen des Eisens erfolgt durch leichte Schläge auf Eisen und Keil, das Zurückstellen durch leichte Schläge auf den Schlagknopf am hinteren Ende des Hobelkastens. Keil und Eisen löst man mit der Hand, wobei man den Hobel auf die Seite legt. Das Hobeleisen ist aus Stahl. Der Spiegel, die obere flache Seite, ist keilförmig aus vergütetem Werkzeugstahl aufgeschweißt. Bei manchen Spezialhobeln ist das besonders dünne Eisen auch ganz aus Werkzeugstahl.

Das Besondere beim Doppelhobel, wie auch bei Rauhbank, Putzhobel und doppeltem Simshobel, ist die Klappe, die auf die Spiegelseite des Hobeleisens aufgeschraubt wird. Diese Klappe bricht an ihrer vorderen Kante den abgetrennten Span und verhindert, daß das Holz weiter gespalten wird. Die Brechkante der Klappe muß dazu etwa 0,5–1 mm hinterhalb der Schneide dicht aufliegen.

Die Öffnung in der Hobelsohle, durch die die Schneide des Hobeleisens greift, nennt man Hobelmaul. Seine vordere Kante heißt Druckkante, weil sie den Span beim Abheben niederdrückt und dadurch verhindert, daß das Hobelmesser der Faser folgend zu tief ins Holz eindringt.

Wenn sich die Hobelsohle zu sehr abgenützt hat, kann man sie abrichten. Dazu legt man Schleifpapier am besten auf einen Maschinentisch und schiebt den Hobel darauf hin und her. Hobelmesser und Keil bleiben dabei im Hobel, das Messer wird zurückgenommen. Nach dem Schleifen die Sohle einwachsen.

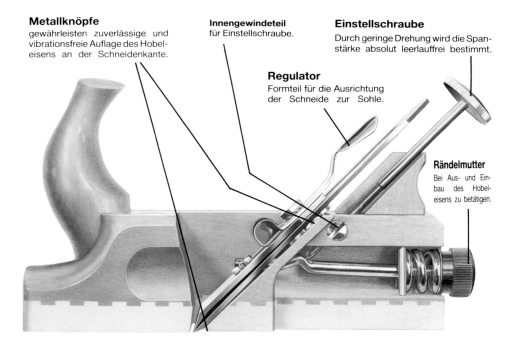

**Metallknöpfe** gewährleisten zuverlässige und vibrationsfreie Auflage des Hobeleisens an der Schneidenkante.

**Innengewindeteil** für Einstellschraube.

**Einstellschraube** Durch geringe Drehung wird die Spanstärke absolut leerlauffrei bestimmt.

**Regulator** Formteil für die Ausrichtung der Schneide zur Sohle.

**Rändelmutter** Bei Aus- und Einbau des Hobeleisens zu betätigen.

**Moderne Holzhobel** wie z. B. der E·C·E Primus-Hobel auf der Funktionsdarstellung oben sind in der Regel keillos. Bei den traditionellen Hobeln muß die Tiefen- und Seiteneinstellung des Hobeleisens durch leichte Hammerschläge auf Eisen und Keil beziehungsweise auf den Schlagknopf an der hinteren Stirnseite des Hobelkastens erfolgen. Beim keillosen Hobel dagegen kann das Hobeleisen durch einfache Drehung der Einstellschraube stufenlos und leerlauffrei verstellt werden.

REISSEN, MESSEN, SCHNEIDEN

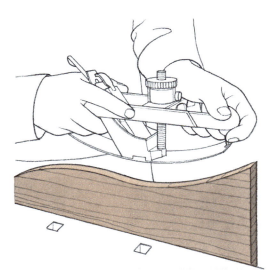

Schabhobel mit flacher Schneide

Schabhobel zum Anfasen von Kanten

Schabhobel mit runder Schneide

In der richtigen Höhe arbeiten: den Hobel *auf sich zu* ziehen

**Der Schiffhobel** ist das Gerät, mit dem man grob ausgeschnittene Schweifungen nacharbeitet. Er hat Messer und Klappe wie der Bailey, aber die Sohle besteht aus einem flexiblen Stahlstreifen, der mit einer Einstellschraube gebogen werden und damit einem Innen- oder Außenradius angepaßt werden kann. Am besten stellt man die Sohle nach einer Schablone ein.

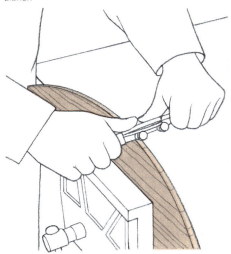

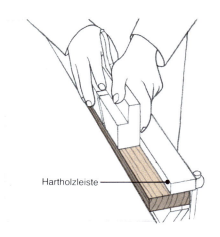

Hartholzleiste

**Der hölzerne Profilhobel** hat ein Messer in einer bestimmten Form zum Anstoßen eines Profils. Wenn man die verschiedenen Profilhobel kombiniert und zusammen mit einem Falzhobel einsetzt, läßt sich fast jedes Profil in fast jeder Größe herstellen. Reiben Sie die Sohle vor Gebrauch mit Leinöl ein und nehmen Sie Holz mit geradem Faserverlauf, bis Sie die nötige Übung haben. Schneiden Sie das Werkstück länger ab als benötigt. Es ist schwierig, die Enden so hinzukriegen, wie man sie haben will. Manchmal kann es notwendig sein, eine Führungsleiste aufzuklemmen.

### Schabhobel

Schabhobel gibt es in vielen verschiedenen Formen. Am häufigsten werden der Hobel mit flacher und runder Schneide sowie das Gerät zum Anfasen von Kanten eingesetzt. Der Hobel mit flacher Schneide ist in der Wirkung wie ein Hobel mit breiter und besonders kurzer Sohle. Beim Bearbeiten schmaler Kanten läßt er sich an den Handgriffen sehr genau im rechten Winkel halten; beim Ausarbeiten von Schweifungen ist das Messer wegen der kurzen Sohle immer in Kontakt mit dem Holz. Mit diesem Werkzeug werden nur ebene Kanten und Außenradien bearbeitet. Für Innenradien eignet sich der Hobel mit runder Schneide. Der Schabhobel zum Anfasen wird bei einfacheren Dekorationsarbeiten verwendet.

## Hobelmesser und Stecheisen schärfen

Wie in vielen anderen Handwerksdisziplinen erfordern auch Holzarbeiten Fähigkeiten und Kenntnisse angrenzender Bereiche, etwa Metallarbeiten, Glaserei, Malen, Polieren und, vielleicht am wichtigsten, Schärfen. Das richtige Schärfen von Hobeln und Stecheisen ist genauso wichtig wie ihre richtige Handhabung. An dieser Stelle soll hauptsächlich von Hobelmessern die Rede sein. Die Informationen beziehen sich aber auch auf Stecheisen. Mehr zum Thema Stecheisenschärfen finden Sie auf den Seiten 86 und 87.

Die notwendige Ausrüstung ist ganz einfach. Ein flacher Ölstein, etwa 20 × 5 cm, ist der Grundstock. Am besten ist, Sie kaufen einen Kombinationsstein mit mittlerer und feiner Oberfläche. Dazu brauchen Sie einen feinen, keilförmigen Formstein und natürlich etwas feines Öl, und das Schärfen kann beginnen.

Bauen Sie sich möglichst einen Holzkasten für Ihren Schleifstein. Am besten ist, Sie nehmen ein Stück Massivholz und arbeiten in der Mitte eine Vertiefung aus. Es muß aus einem Stück bestehen, weil das Öl, das man auf dem Stein gebraucht, jede Leimfuge auflösen würde. Den größten Teil der Vertiefung können Sie ausbohren. Befestigen Sie einen Deckel mit Scharnier daran, damit der Stein vor Zerstörung geschützt ist und seine Fläche nicht mit Staub verklebt.

Als Gleitmittel für Schleifsteine eignet sich Öl und Wasser. Im allgemeinen nimmt man Öl, weil es dadurch weniger Probleme mit Rost gibt und Öl den feinen Schleifstaub zu einem schmierigen Satz bindet, der sich leicht wegwischen läßt. Leichtes Haushaltsöl (in kleinen Dosen) ist ideal. Verwenden Sie einen Stein nie trocken – das Metall wird zu heiß und verliert dabei seine Härte. Es läuft an und wird unbrauchbar.

Einen schmierigen oder verklebten Schleifstein macht man mit Caramba oder einem ähnlichen Mittel wieder sauber.

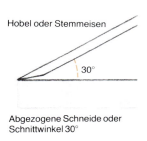

Abgezogene Schneide oder Schnittwinkel 30°

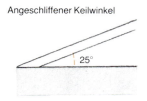

Angeschliffener Keilwinkel

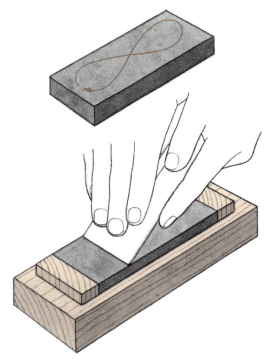

**Der Schnittwinkel** ist der Winkel am scharfen Ende des Hobelmessers. Wenn er zu steil ist, dringt das Messer nicht gut ein. Wenn er zu flach ist, ist die Schneide zu dünn und reißt leicht aus. Der ideale Schnittwinkel für alle allgemeinen Holzarbeiten ist etwa 30°. Manche komplizieren die Sache unnötig und verwenden verschiedene Winkel für verschiedene Messer und Hölzer. Der vom Hersteller angeschliffene Keilwinkel sollte stets 25° betragen.

**Schärfen** ist einfach. Legen Sie den Schleifstein in seinen Kasten und spannen Sie den Kasten ein. Wenn das Messer vollkommen stumpf ist, nehmen Sie zuerst die grobkörnige Seite des Steins und dann die feine. Regelmäßiges Abziehen erfolgt mit der feinen Seite. Die Oberfläche ölen. Das Messer mit der Fase auflegen und anheben, bis die Schneide parallel zum Stein ist. Schleifen Sie es nun unter leichtem Druck in Achterfiguren über den Stein und behalten Sie den Winkel bei. Wenn es auf der Rückseite der Schneide einen Grat gibt, drehen Sie das Messer um, legen es flach auf seine Spiegelseite und schleifen es leicht, bis der Grat weg ist.

REISSEN, MESSEN, SCHNEIDEN

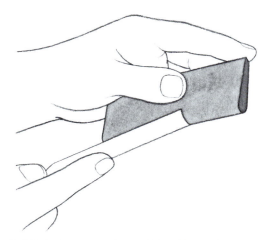

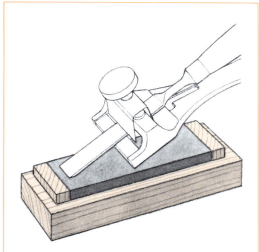

**Hohlbeitel** müssen auf einem feinen Formstein geschliffen werden. Wenn die Fase außen angeschliffen ist, wird das Eisen auf dem Stein vor- und zurückbewegt, dabei hin- und hergedreht und so geschärft. Versuchen Sie, den Winkel von 30° beizubehalten. Am Schluß entfernen Sie den Grat mit dem Formstein von innen. Ist die Fase innen angeschliffen, schleifen Sie mit dem Stein innen hin und her. Der Grat muß dann außen abgezogen werden.

### Abziehvorrichtungen

Eine Abziehvorrichtung ist die richtige Anschaffung für jemanden, der bei der Arbeit mit dem Ölstein unsicher ist. Die Vorrichtung hält die Schneide beim Abziehen im 30° Winkel zum Stein. Es gibt verschiedene Ausführungen. Am besten ist, Sie kaufen ein Gerät aus Metall für Hobelmesser und Stecheisen. Die meisten haben Anleitungen zur Einstellung des Winkels.

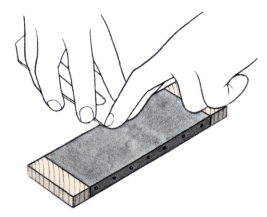

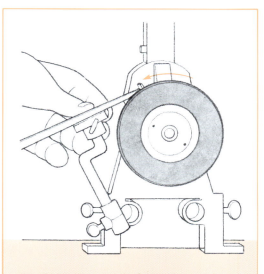

**Bei einigen Holzarten gibt es Probleme:** Sie splittern leicht aus, wenn sie mit einem Hobel oder Stecheisen bearbeitet werden. Die Lösung ist ein Streichriemen. Damit können Sie Ihre Werkzeuge mit einer Schneide versehen, so scharf wie bei einem Rasiermesser, mit der sie dann durch die härtesten Fasern fahren können. Besorgen Sie sich beim Schuster einen kleinen Abschnitt Schuhleder: Sagen Sie ihm, wozu Sie es brauchen, damit er das Richtige aussucht. Nageln Sie es auf ein Brett und geben Sie etwas Ventilschleifpaste darauf. Arbeiten Sie dann genauso wie mit einem Ölstein, und Sie erhalten eine superscharfe Schneide.

### Der Schleifbock (die Schleifmaschine)

Schützen Sie Ihre Augen mit Brille oder Schild und beachten Sie die Sicherheitsvorschriften für Schleifwerkzeuge. Stellen Sie die Haltevorrichtung so ein, daß das Eisen im Winkel von etwa 30° auf der Schleifscheibe aufliegt. Schalten Sie die Maschine ein und schleifen Sie die Fase nach, dabei das Messer sanft gegen den Stein drücken. Arbeiten Sie langsam und prüfen Sie immer wieder, ob das Messer zu heiß wird; ist das der Fall, tauchen Sie es in Wasser ein.

## Feile, Raspel und Ziehklinge

Die **Raspel** ist eine Feile mit langen Zähnen. Sie dient zum schnellen Wegnehmen von Holz, besonders an Stellen, an denen andere Werkzeuge unpraktisch oder einfach nicht das Richtige wären, etwa in der Nähe von Nägeln oder Metallteilen. Holzschnitzer verwenden oft eine kleine Raspel, auch Riffelfeile genannt, für Kerbschnitzereien. Raspeln sollten nur für die grobe Arbeit am Anfang verwendet werden, denn sie nehmen das Holz nicht nur an der Oberfläche gut weg, sondern verursachen auch mit ihren langen Zähnen tiefe Kerben.

**Feilen** lassen sich auch bei Holzarbeiten wirkungsvoll einsetzen: Die Oberfläche wird feiner. Deshalb werden sie auch von Instrumenten- und Modellbauern viel verwendet. Wenn die Zähne der Feile mit Spänen verstopft sind, lassen sie sich schnell mit Wasser reinigen. Vergessen Sie aber nicht, die Feile jedesmal sorgfältig zu trocknen.

Wie bei allen Werkzeugen sind auch bei Feilen bestimmte Sicherheitsmaßnahmen zu beachten. Der besonders harte Stahl, aus dem die meisten Feilen bestehen, ist extrem spröde, und bei jedem Versuch, eine Feile zum Hämmern oder Hebeln zu verwenden, kann sie ohne Vorankündigung in tausend Stücke brechen. Alten Feilen kann man noch einmal neues Leben einhauchen, wenn man sie in *verdünnte* Schwefelsäure taucht.

**Ziehklingen** sind einfache und billige Werkzeuge, die von Amateuren oft übersehen werden. Wenn man erst einmal das Schärfen beherrscht, kann man mit einer Ziehklinge die Oberflächen weitgehend vorbehandeln. Es gibt sie in vielen Formen und Größen zur Bearbeitung von ebenen und gebogenen Flächen und schwierigen Hölzern. Eine scharfe Ziehklinge oder ein Schaber sind oft die Werkzeuge, wenn bei Restaurierungsarbeiten alte Farben und Polituren von Möbelstücken entfernt werden müssen.

Holzfeile  Zweihiebige Feile  Holzraspel

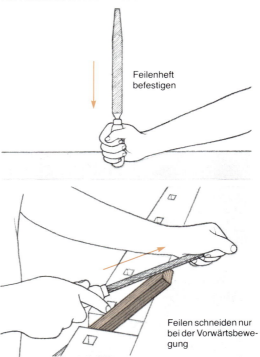

Feilenheft befestigen

Feilen schneiden nur bei der Vorwärtsbewegung

**Die verschiedenen Feilen** haben verschiedene Anordnungen der Zähne, sogenannte Hiebe. Sie werden in die Flächen eingehauen. Die Oberflächen von einhiebigen Feilen sind für feine Arbeiten geeignet, insbesondere zum Schärfen von Sägen oder für andere Arbeiten, die eine saubere Oberfläche erfordern.
Zweihiebige Feilen sind für schwerere Arbeiten. Holzraspeln haben einzelne Zähne eingeschlagen, mit denen man schneller wegnehmen kann und die auch nicht so leicht verstopfen. Nach der Zahl der Hiebe unterscheidet man Grob-, Bastard- und Schlichtfeilen. Für die meisten Werkstattarbeiten genügen drei Feilen.

**Feilenhefte** kann man, für alle Feilengrößen passend, kaufen. Alle Feilen sollten auch aus Sicherheitsgründen mit Heften versehen sein. Stecken Sie die Feile ins Heft, nehmen Sie das Heft fest in die Hand und schlagen Sie es kräftig auf die Bank, damit es fest auf der Feile sitzt.

**Die Zähne** von Feilen sind so geformt, daß sie nur in einer Richtung schneiden, wie eine Säge. Also drücken Sie beim Vorwärtsschieben leicht an und fahren ohne Druck zurück. Metallfeilspäne lassen sich mit einer Drahtbürste entfernen.

REISSEN, MESSEN, SCHNEIDEN

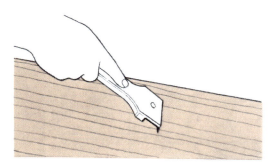

**Schaber** sind handliche Werkzeuge mit Einwegklingen. Sie eignen sich hervorragend zum Entfernen alter Möbelanstriche und anderen Holzarbeiten. Verletzungen der Oberfläche alter und neuer Arbeiten lassen sich gut mit einem Schaber beheben. Wechseln Sie häufig die Klingen, damit Sie bessere Ergebnisse erzielen.

**Hobelfräserfeilen** haben auswechselbare Blätter mit Schlitzen und sind aus gehärtetem Stahl. Sie arbeiten sehr grob und erzeugen wie Raspeln eine rauhe Oberfläche. Sehr gut zur Bearbeitung von Spanplatten und auch von Aluminium, das alle anderen Werkzeuge schnell ruiniert.

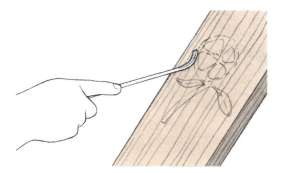

**Riffelfeilen** sind oft von unschätzbarem Wert, wenn bei schwierigen Schnitzarbeiten fein nachgearbeitet werden muß. Sie haben meist zwei gehauene Enden, der Teil in der Mitte ist als Griff glatt belassen. Kaufen Sie sich am Anfang am besten eine runde und messerförmige Riffelfeile.

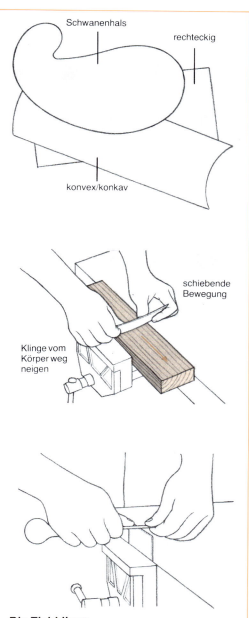

### Die Ziehklinge

Die Ziehklinge wurde erfunden, um Schleifpapier weitgehend zu ersetzen. Sie ist ein billiges Werkzeug zur Oberflächenbehandlung, das man nachschärfen kann. Sie braucht zum Schneiden einen winzigen, hakenförmigen Grat. Mit ihm lassen sich dann ganz feine Späne abziehen. Wenn es nur Staub gibt, ist die Ziehklinge stumpf und muß geschärft werden. Dazu spannt man sie zwischen zwei rechtwinklige Laubholzklötze in die Hobelbank. Die Längskanten werden rechtwinkelig gefeilt und dann Kanten und Flächen mit dem Abziehstein in kreisender Bewegung abgezogen.

83

## Stemmwerkzeuge

Die Klinge eines Stemmeisens muß aus Stahl besonders guter Qualität sein. Das Heft besteht normalerweise aus Esche, Weißbuche oder Kunststoff und ist, um ein Ausreißen zu verhindern, mit Messingzwingen versehen. Kunststoffhefte mit hoher Schlagfestigkeit sind heute schon weit verbreitet: Sie sind sehr robust und widerstehen Hammerschlägen, vorausgesetzt, sie werden mit dem flachen Ende, der Breitbahn, ausgeführt. (Eigentlich ist ein Schreinerklüpfel das richtige Hilfsmittel zum Treiben eines Stecheisens.)

Bei den meisten Stecheisen ist das Heft auf die Angel der Klinge getrieben und so festgemacht. Bei manchen, vor allem ausländischen Typen, steckt es in einer Muffe. Beides funktioniert gleich gut; ob man die eine oder andere Technik vorzieht, bleibt jedem persönlich überlassen.

Es gibt verschiedene Arten von Stemmeisen, die sich in Größe und Form je nach Arbeitseinsatz unterscheiden. Nach der Dicke wird in leichte, mittlere und schwere Stemmeisen eingeteilt. Die Breiten gehen von 2–50 mm. Die genauen Bezeichnungen je nach Form sind in der Tischlersprache Stechbeitel, Stemmbeitel, Lochbeitel und Hohlbeitel.

Die Klinge des Stechbeitels ist seitlich abgeschrägt. Er eignet sich infolgedessen besonders gut zum Aus- und Nachstechen von Zinken und Schwalbenschwänzen. Für stärkere Beanspruchung gibt es Stemmbeitel mit rechteckigem Querschnitt. Die Klinge des Lochbeitels ist dicker als breit. Er dient zum Ausstemmen von Zapfenlöchern. Sein Heft ist besonders groß. Der Hohlbeitel dient zum Nachstechen von Hohlkehlen und zum Einstemmen von runden oder abgerundeten Beschlägen. Der Keilwinkel ist entweder innen oder außen angeschliffen.

Stecheisen sind teuer, also kaufen Sie sich am Anfang nicht gleich zu viele. Ein Satz von sechs leichten Stechbeiteln in den Breiten 6, 10, 12, 16, 20 und 26 mm genügt für den Anfang vollkommen.

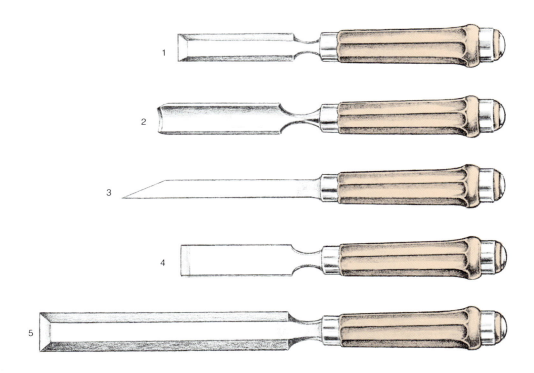

**Stemmbeitel** mit rechteckigem Querschnitt, in Breiten von 2–50 mm, für stärkere Beanspruchung (**4**).

**Stechbeitel** mit abgeschrägten Kanten, in Breiten von 2–50 mm und 3 Dicken, zum Aus- und Nachstechen von Zinken und Schwalbenschwänzen (**1** u. **5**).

**Lochbeitel,** in Breiten von 2–26 mm, zum Ausstemmen von Zapfenlöchern und ähnlichem (**3**).

**Hohlbeitel,** in Breiten von 6–32 mm, zum Nachstechen von Hohlkehlen und zum Einstemmen von runden Beschlägen (**2**).

REISSEN, MESSEN, SCHNEIDEN

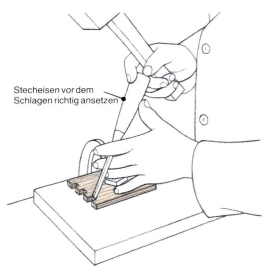

Stecheisen vor dem Schlagen richtig ansetzen

**Vorsicht** bei der Arbeit mit Stecheisen! Wenn sie nicht richtig angesetzt werden, verursachen sie mehr Unfälle als jedes andere Handwerkzeug, das bei Holzarbeiten Verwendung findet.
● Spannen Sie Ihr Werkstück immer fest in die Bankzange oder auf die Bank. Legen Sie zum Schutz der Oberflächen ein Stück Abfallholz zwischen Zange und Werkstück oder Zwinge und Werkstück.
● Benutzen Sie für jede Arbeit das richtige Stecheisen.
● Arbeiten Sie immer mit scharfen Stecheisen: Stumpfe Werkzeuge verursachen Unfälle.

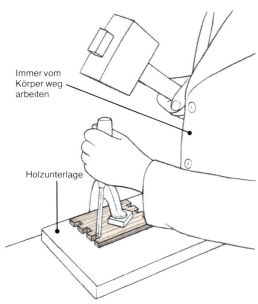

Immer vom Körper weg arbeiten

Holzunterlage

● Setzen Sie das Stecheisen immer genau an und versuchen Sie, entweder mit der Faser oder genau quer dazu zu stechen.
● Arbeiten Sie immer vom Körper weg.
● Stechen Sie immer nur ein bißchen Holz weg.
● Denken Sie daran: Stecheisen können abrutschen.

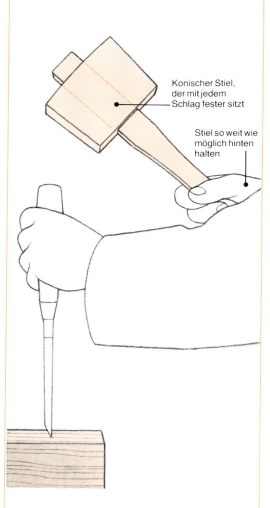

Konischer Stiel, der mit jedem Schlag fester sitzt

Stiel so weit wie möglich hinten halten

**Manche Arbeiten erfordern den Schreinerklüpfel** zusammen mit dem Stecheisen, etwa beim Ausstemmen von Zapfenlöchern mit dem Lochbeitel. Der Schreinerklüpfel ist im wesentlichen ein Holzhammer und sollte anstelle des Eisenhammers benutzt werden, um zu verhindern, daß das Heft des Stecheisens ausreißt. Er ist meist aus Buche oder Esche, der Stiel vorzugsweise aus Esche.
Das Loch im Hammerkopf ist konisch und wird zum breiteren Ende des Kopfes weiter. Der Stiel ist auch konisch. Er wird durch das Loch geschoben und zieht sich selbst fest. Die Aufschlagflächen des Hammerkopfes sind abgeschrägt, so daß sie gerade auf das Stecheisen treffen. Wenn Sie mit Klüpfel und Stecheisen arbeiten, setzen Sie das Stecheisen genau an und arbeiten Sie aus dem Handgelenk, in gut gezielten, gleichmäßigen Schlägen. Den Griff so weit hinten wie möglich halten.

## Arbeiten mit Stecheisen

Ein Stecheisen muß scharf sein, wenn es seinem Zweck dienen soll. Dazu muß es zuerst auf einem Schleifstein geschliffen und dann auf einem Ölstein abgezogen werden. Die Klinge des Stecheisens hat also zwei Winkel: Den angeschliffenen Winkel von 25° und den abgezogenen von 30°. Ein neues Stecheisen ist vom Hersteller nur mit dem angeschliffenen Keilwinkel versehen.

Also ist ein Ölstein eine wesentliche Ergänzung zu einem Satz Stecheisen. Die richtige Größe ist z. B. 20 × 5 × 2,5 cm. Der Handel bietet Kombinationssteine mit mittlerer und feiner Oberfläche an. Nehmen Sie die Fläche mit der mittleren Körnung, wenn das Stecheisen sehr stumpf ist, danach die feine Körnung für eine wirklich scharfe Schneide. Für gelegentliches Abziehen zwischendurch nur die feine Körnung verwenden. Ölen Sie den Stein ein wenig vor Gebrauch: Das verhindert ein Verstopfen der Poren mit dem feinen Schleifstaub. Außerdem dient das Öl als Gleitmittel, damit die Klinge nicht heiß wird und ihre Festigkeit verliert.

Stecheisen müssen nur dann auf ihren ursprünglichen 25°-Winkel geschliffen werden, wenn die Schneide Scharten hat oder wenn sich die Schneide auf dem Ölstein nicht mehr genügend schärfen läßt. Die besseren Schleifmaschinen haben eine Dauerschmierung des Eisens mit Wasser, Öl oder einem Gemisch aus beidem. Der Schleifstein dreht sich meist abwärts, in Richtung auf den Körper und die Schneide.

Stecheisen richtig auf der Maschine zu schleifen ist nicht leicht. Achten Sie darauf, daß alle Schutzvorrichtungen am Schleifstein richtig angebracht sind und tragen Sie einen Augenschutz.

Stellen Sie die Haltevorrichtung auf den gewünschten Winkel ein und führen Sie die Klinge leicht gegen die schmale Fläche des Steins. Wenn Sie zuviel Druck aufwenden, wird die Schneide zu heiß. Sie wird blau, verliert ihre Härte und ist dann nicht mehr zu schärfen; halten Sie die Schneide kühl, indem Sie sie ins Wasser tauchen.

Wenn keine Schleifmaschine zur Verfügung steht, läßt sich ein Stecheisen auch mit einem Ölstein grober Körnung auf seine ursprüngliche 25°-Fase zurückschleifen. Danach muß man es auf einem mittleren und feinen Stein abziehen.

Natürlich sollte man Stecheisen immer scharf halten, und damit das leichter geht, sind die Schneiden normalerweise mit einer Scheide aus Kunststoff versehen. Eine Werkzeugtasche aus Leinen sorgt für zusätzlichen Schutz, wenn die Stecheisen nicht gebraucht werden. Weitere Informationen zum Thema Schärfen, insbesondere Hobelmessern, finden Sie auf den Seiten 80/81.

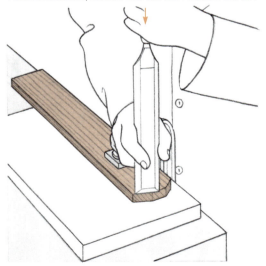

**Zum Ausstechen einer Nut** einen Stechbeitel mit abgeschrägten Kanten verwenden. Achten Sie darauf, daß das Werkstück fest auf die Werkbank gespannt ist. Stechen Sie die Hälfte aus und nehmen Sie jedesmal nur ein wenig Holz weg, bis die gewünschte Tiefe erreicht ist. Dann drehen Sie das Werkstück um und machen die Nut von der anderen Seite fertig. Wenn die Nut groß ist, einen Klüpfel verwenden. Bei breiten Nuten zusätzliche Schnitte mit der Säge anlegen. Stechen Sie von beiden Seiten: Wenn eine Nut nur von einer Seite gestochen wird, kann die Kante der anderen leicht ausbrechen.

**Zum Abstechen einer Ecke** das Werkstück flach auf ein Stück Abfall legen. Spannen Sie beides auf die Bank. Versuchen Sie, immer mit der Faser zu stechen, andernfalls dringt das Stecheisen zu tief ein und spaltet das Holz. Arbeiten Sie nach innen, auf die Mitte des Werkstücks zu. (Wenn beim Abstechen einer Ecke nach außen gearbeitet wird, kann es zu Rissen kommen.) Halten Sie das Stecheisen mit beiden Händen von hinten senkrecht, die rechte Hand oben, und drücken Sie mit dem Daumen nach unten. Stechen Sie jedesmal wenig Holz ab.

REISSEN, MESSEN, SCHNEIDEN

## Einen Schlitz stemmen

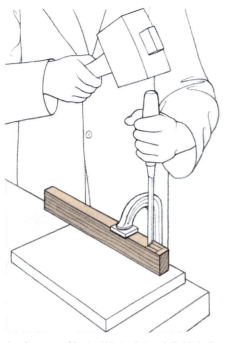

**1** Spannen Sie das Werkstück auf die Hobelbank. Den Lochbeitel (oder das Stecheisen) in die Mitte des Schlitzes setzen. Senkrecht halten, die Fase nach außen.

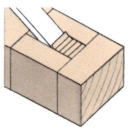
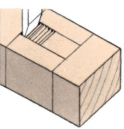

**2** Flache Schnitte ausführen und jedesmal ein bißchen zurückgehen, bis 3 mm vor das Ende des Schlitzes.

**3** Das Stecheisen umdrehen. Arbeiten Sie von der Mitte zum anderen Ende, wieder bis 3 mm vor dem Riß.

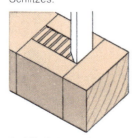
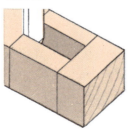

**4** Wiederholen Sie den Vorgang und treiben Sie das Stecheisen in den Schlitz. Abfall entfernen.

**5** Stechen Sie die beiden Enden des Schlitzes sauber ab, wenn die gewünschte Tiefe erreicht ist.

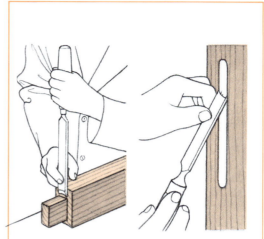

**Beim Arbeiten mit dem Hohlbeitel** sind die gleichen Techniken erforderlich wie bei der Stecheisen-Arbeit. Für Werkstücke mit Innenrundungen, wie beispielsweise das Ende einer Stuhlstrebe, verwenden Sie einen Hohlbeitel mit innen angeschliffener Fase. Damit läßt es sich besser arbeiten als mit einem Eisen mit außen angeschliffener Fase; er ist aber schwieriger zu schärfen. Mit dem außen angefasten Hohlbeitel werden Außenflächen wie Handgriffe bearbeitet.

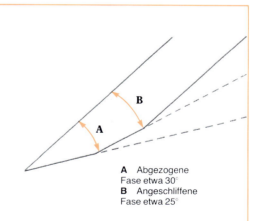

**A** Abgezogene Fase etwa 30°
**B** Angeschliffene Fase etwa 25°

### Abziehen eines Stecheisens

Halten Sie die Klinge im Winkel von 30° zum Ölstein. Schleifen Sie vorwärts und zurück über die ganze Länge und Breite des Steins, bis sich auf der flachen Seite (Spiegelseite) des Eisens ein Grat bildet. Man kann ihn fühlen, wenn man leicht mit der Fingerspitze darüberreibt. Drehen Sie die Klinge um und halten Sie sie ganz flach auf den Stein. Schleifen Sie hin und her, bis der Grat vollkommen verschwunden ist. Der Stechbeitel ist jetzt scharf.

## Die Drechselbank

Drechseln ist die Herstellung runder Werkstücke mit Hilfe einer Drechselbank.

Der wichtigste Schritt zu Beginn der Drechselarbeit ist die Wahl der für jedes Werkstück richtigen Drehzahl. Bei den meisten Drechselbänken stehen vier Umdrehungsgeschwindigkeiten, gemessen in Umdrehungen (lat. »revolutio«) pro Minute = r/min, zur Verfügung. Je größer der Durchmesser des Werkstücks, desto geringer kann die für die Arbeit erforderliche Drehzahl sein: bei Werkstücken bis 2,5 cm Durchmesser 2250 r/min; bei 2,5 bis 10 cm Durchmesser 1330 r/min; bei 10 bis 20 cm Durchmesser 790 r/min; bei Arbeiten über 20 cm Durchmesser 425 r/min – und das ist meist die niedrigste Drehzahl, die einstellbar ist.

Das Drechseln läßt sich in zwei Grundtechniken unterteilen: Längsholzdrechseln (für zylinderförmige Werkstücke) und Querholzdrechseln (für scheiben- oder schalenförmige Arbeiten).

Für die Drechselarbeit sind relativ wenige Werkzeuge erforderlich. Die meisten Arbeiten lassen sich mit Hohlröhre, Schlichtmeißel, Abstecher und Schaber ausführen. Sie müssen mit langen Heften ausgerüstet sein, damit sich mit der Drechselauflage als Achse eine genügend große Hebelkraft erzeugen läßt, die dem Drehmoment des Holzes widerstehen kann. Ebenso wichtig sind scharfe Klingen, und es ist sicherlich keine Zeitverschwendung, die Werkzeuge richtig zu schleifen und abzuziehen. Versuchen Sie nie, die Werkzeuge ohne ordnungsgemäße und richtig eingestellte Auflage einzusetzen. Das Werkstück dreht sich auf den Benutzer zu, und dem Druck nach unten, dem die Schneide dadurch ausgesetzt ist, sind die Hände allein auf keinen Fall gewachsen. Die Höheneinstellung der Drechselauflage richtet sich nach dem Werkstück, aber sie sollte immer so dicht wie möglich am Holz sein, ohne es zu berühren. Steht die Auflage zu weit zurück, nimmt die Hebelwirkung gefährliche Ausmaße an. Beim Längsholzdrehen wird quer zur Faser geschnitten. Beim Querholzdrehen verlaufen die Fasern quer zum Durchmesser des Werkstücks. Auch beim Drechseln sollten Sie einen Schnitt gegen die Fasern vermeiden.

**1 Zum Zurichten für zylinderförmige Drechselarbeiten** das Holz so zuschneiden, daß es quadratisch und ohne Fehler ist. Dann reißen Sie die Mittelpunkte an den Enden mit dem Spitzbohrer an.

**3 Überflüssige Ecken abhobeln.** Damit verhindern Sie, daß der Drechselbeitel aufschnappt und Splitter umherfliegen.

**Die Drechselbank** *(siehe unten)* besteht grundsätzlich aus vier Teilen: dem Spindelstock, der das eine Ende des Werkstücks hält und es dreht; dem Reitstock, der einfach das andere Ende des Materials hält; dem Bett und der Drechselauflage. Beim Langholzdrehen wird das Werkstück zwischen Spindelstock (mit Dreizack) und Reitstock (mit Körnerspitze) gehalten. Beim Querholzdrehen, bei der Herstellung scheibenförmiger Gegenstände, befestigt man das Werkstück auf einer Planscheibe, die ihrerseits auf die Spindel geschraubt wird. Bevor Sie die Drechselbank einschalten, wählen Sie die richtige Drehzahl und drehen Sie das Werkstück einmal von Hand, um den Abstand zur Drechselauflage zu überprüfen.

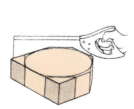

**2 Schneiden Sie das Holz achteckig** zu, das erleichtert die weitere Bearbeitung.

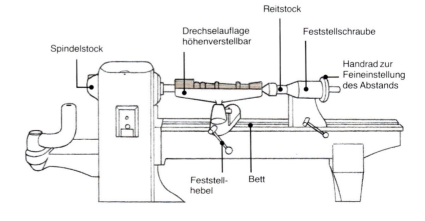

## REISSEN, MESSEN, SCHNEIDEN

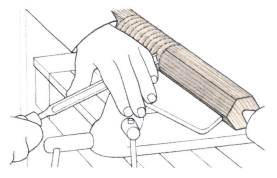

**1  Schruppen ist die erste Arbeit** beim Drechseln eines Zylinders. Das ideale Werkzeug dafür ist eine 20-mm-Hohlröhre. Halten Sie sie mit der rechten Hand am Heft, die Linke quer über die Klinge nah an der Schneide. Zum Schneiden die rechte Hand anheben, nicht aber die Hohlröhre einstechen.

**2  Zum Fertigdrechseln eines Zylinders** einen Schlichtmeißel verwenden. Stellen Sie die Auflage gerade über die Mitte. Beginnen Sie den Schnitt nicht an einem Ende – im Hirnholz fängt sich das Werkzeug leicht. Fangen Sie etwa 2,5 cm vom Ende an und drehen Sie das überschüssige Holz ab, indem Sie nach außen arbeiten. Schneiden Sie mit der unteren Hälfte des Schlichtmeißels. Wenn Sie mit der oberen Hälfte schneiden, passiert es, daß sich das Werkzeug fängt.

### Sicherheit an der Drechselbank
**Das Material zum Drechseln** muß fehlerfrei sein.
**Verwenden Sie nie** stumpfe oder stark abgenutzte Werkzeuge.
**Nehmen Sie die Ecken** bei großen Werkstücken vorher ab.
**Ölen** Sie das Ende des Werkstücks, das an den Reitstock kommt, falls die Körnerspitze nicht drehbar gelagert ist.
**Mitteln** Sie die Werkstücke gut aus.
**Stellen Sie die Drehauflage** nahe ans Material; beim Querholzdrechseln etwas über die Mitte stellen; während des Drechselns laufend nachstellen.
**Die Drechselwerkzeuge richtig halten.**
**Achten Sie darauf,** daß Werkstücke beim Drechseln nicht federn.
**Halten Sie die Finger fern** von drehenden Teilen.
**Niemals** die Drechselbank mit ungeschützten Riemenscheiben laufen lassen.
**Murksen** Sie keinesfalls mit winzigen Stöckchen herum.
**Ziehen Sie die Spitze des Reitstocks wieder gut an,** nachdem Sie Material haben laufen lassen.

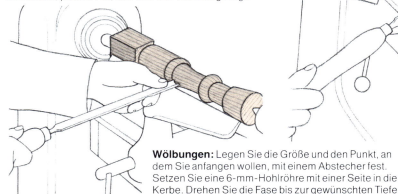

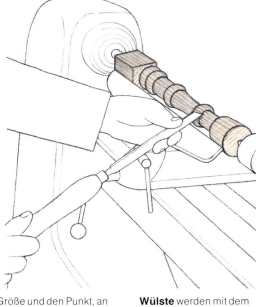

**Wölbungen:** Legen Sie die Größe und den Punkt, an dem Sie anfangen wollen, mit einem Abstecher fest. Setzen Sie eine 6-mm-Hohlröhre mit einer Seite in die Kerbe. Drehen Sie die Fase bis zur gewünschten Tiefe in die Wölbung ein. Wiederholen Sie den Vorgang auf der anderen Seite.

**Wülste** werden mit dem Schlichtmeißel geformt. Arbeiten Sie von der Mittellinie des Wulstes nach außen und drehen Sie die Schneide seitlich bis auf den Grund des Wulstes.

## *Querholzdrechseln – 1. Teil*

Scheiben- und schalenförmige Gegenstände auf der Drechselbank herzustellen, erfordert wieder ganz andere Techniken als die Herstellung von zylindrischen Arbeiten. Man drechselt nicht zwischen Spitzen (Spindelstock und Reitstock der Drehbank), das Drechselmaterial (auch Rohling genannt) wird auf einer Planscheibe festgeschraubt. Die wiederum wird an der Spindel befestigt. Alle folgenden Arbeiten, vom Drechseln über das Schleifen bis zum Polieren, werden also an dem Werkstück ausgeführt, das an der Planscheibe oder einer anderen Haltevorrichtung befestigt ist.

Nachdem der Rohling grob zum Drechseln zugerichtet wurde, nimmt man die Planscheibe von der Spindel und schraubt den Rohling fest darauf. Achten Sie besonders darauf, daß er genau zentriert ist. Das Ganze wird dann auf die Spindel geschraubt und die Drechselbank eingeschaltet.

Bevor es ans Formen geht, muß zunächst der Rohling kreisrund gedrechselt werden. Dafür empfiehlt sich eine 10-mm-Hohlröhre. Falls eine Schale entstehen soll, wird die Außenseite des Rohlings geformt, am besten wieder mit der 10-mm-Hohlröhre. Die Technik beim Arbeiten mit diesem Werkzeug ist ähnlich wie beim Langholzdrechseln. Wird sie richtig angewendet, muß man danach wenig schleifen. Ist die Außenform, die Oberfläche eingeschlossen, fertig, wird das Stück zunächst mit einem sauberen Lappen gereinigt. Danach können Sie es mit irgendeinem Mittel polieren.

Zum Ausdrehen des Schaleninneren muß das Werkstück von der Planscheibe abgenommen und umgedreht werden, so daß der Teil, der der Boden werden soll, wieder aufgeschraubt werden kann. Die Drechselbank wird wieder eingeschaltet, und mit einem Abstecher wird festgelegt, wo der Schalenrand und der Anfangspunkt liegen sollen. Jetzt können Sie beginnen, das Innere auszudrehen, wobei wieder die 10-mm-Hohlröhre verwendet wird, vorausgesetzt, der Durchmesser der Schale ist höchstens 20 cm.

Die Form der Hohlröhre ist beim Ausdrehen problematisch, weil sich das Werkzeug leicht fängt, wenn die Ecken nicht stark abgeschliffen sind. Die »Nase« des Hohleisens sollte wie ein kleiner Finger geformt sein.

Eine Schritt-für-Schritt-Anleitung zum Ausdrehen einer Schale folgt auf den nächsten beiden Seiten.

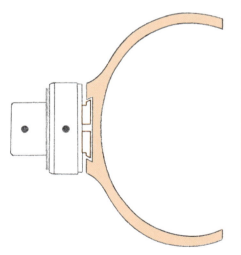

**Das 4-Backenfutter**
Mit dieser vielseitigen Vorrichtung lassen sich Rohlinge verschiedener Formen und Größen in ein passendes Futter einspannen und unansehnliche Schraubenlöcher vermeiden. Eine Schale etwa wird mit den nach außen spannenden Backen befestigt, die fest in einer Vertiefung sitzen, die am Boden des Stückes dafür ausgedreht wurde.

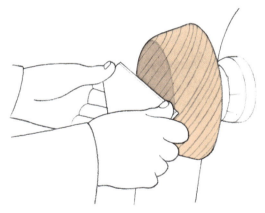

**Beim Zurichten eines Rohlings** zum Querholzdrechseln schneiden Sie ihn quadratisch und ohne Holzfehler aus. Dann entfernen Sie die Ecken, oder besser, schneiden Sie ihn auf der Bandsäge grob rund. Als nächstes zeichnen Sie den Kreis mit einem Zirkel auf. Werkstücke mit großem Durchmesser drechselt man auf der äußeren Planscheibe, denn bei der inneren ist die Größe durch die Spitzenhöhe des Spindelstocks beschränkt. Eine Filzscheibe zwischen Planscheibe und Spindel sorgt dafür, daß sich nichts festfrißt. Stellen Sie die Drehauflage quer zur Schale, etwas oberhalb der Mitte.

REISSEN, MESSEN, SCHNEIDEN

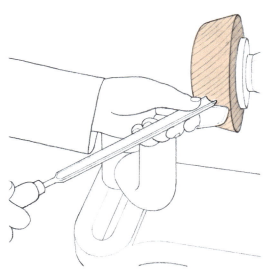

**Abdrehen der Außenseite:** Bevor Sie die Drechselbank einschalten, prüfen Sie den Abstand der Drechselauflage, indem Sie den Rohling einmal von Hand umdrehen. Wählen Sie die richtige Drehzahl und dann drechseln Sie die Außenseite des Rohlings mit einer 10-mm-Hohlröhre zu einem richtigen Kreis. Dann drechseln Sie weiter die gewünschte Form, immer noch mit der 10-mm-Hohlröhre. Achten Sie darauf, daß die Fase über das Holz streicht. Stellen Sie immer wieder die Auflage nach, so daß sie nahe an der Schneide ist. Zur Bestimmung der Schnittiefe, Hohlröhre mit der rechten Hand leicht anheben. Stechen Sie nie das Hohleisen ins Material.

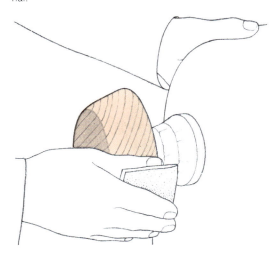

**Glätten** Sie die gedrechselte Oberfläche mit dagegengedrücktem Schleifpapier mit 100er bis 150er Körnung. Feuchten Sie das Stück zwischendurch an, damit auch feinste Fasern aufstehen.

### Werkzeuge schärfen
Drechselwerkzeuge werden einzeln oder in Sätzen geliefert; sie sind formgeschliffen, müssen aber noch abgezogen werden.

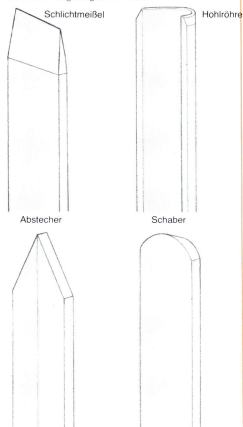

**Schlichtmeißel** werden auf beiden Fasen geschliffen, die miteinander einen Winkel von 30° bilden. Ziehen Sie die vom Hersteller geschliffene Fase ab. Bei **Hohlröhren** sollte auch die angeschliffene Fase abgezogen werden. Die Nase kann beim Längsholzdrechseln gerade sein, aber beim Schalendrechseln müssen die Ecken gut zurückgeschliffen sein. Schleifen Sie sie über die ganze Länge des Schleifsteins in Achterfiguren vor und zurück und drehen Sie sie dabei hin und her. Die Fase muß dabei immer auf dem Stein bleiben. Legen Sie schließlich die Hohlröhre seitlich auf den Stein und schleifen Sie sie durch Hin- und Herbewegungen. **Abstecher** sollten ebenfalls auf beiden Fasen geschärft werden, so daß sie miteinander einen Winkel von 30° bilden. **Schaber** werden in einem Winkel von 80° geschärft, das entspricht auch der angeschliffenen Fase. Entfernen Sie den Grat und halten Sie die Fläche des Schabers flach auf den Stein. Schließlich gehen Sie mit einem Ziehklingenstahl über die Kante, so daß sie in einem Winkel von 10° umgebogen ist.

## Querholzdrechseln – 2. Teil

Nachdem der Rohling richtig auf die Planscheibe montiert wurde, ist alles bereit, um ein schalenförmiges Werkstück zu drechseln. Was dem Neuling vielleicht als erschreckendes Vorhaben erscheint, ist in Wirklichkeit überraschend einfach und macht – das ist weniger überraschend – enorm viel Spaß.

Beim Drechseln von Schalen freut man sich, wenn im ausgewählten Holz dekorative Maserungen oder Zeichnungen sichtbar werden. In der Tabelle *(rechts)* sind einige Holzarten zusammengestellt, die als beste Wahl für gedrechselte Dekorationsstücke gelten. Unabhängig von der Holzwahl ist es meist zweckmäßig, das grob auf Größe gedrechselte Werkstück eine Woche lang in der Werkstatt zu lagern, bevor es endgültig bearbeitet wird. Beim Drechseln werden nämlich innere Holzschichten frei, die vielleicht noch nicht völlig durchgetrocknet sind. Diese Atempause könnte das Stehvermögen des Holzes erhöhen.

---

**Geeignete Drechselhölzer**

Grobporige Hart- und meist auch Weichhölzer sind am wenigsten zum Drechseln geeignet, weil sich ihre Oberflächen unter Umständen aufspalten, wenn die Hölzer in zu engen Rundungen gedrechselt werden. Einige der unten aufgeführten Holzarten wurden ihrer Zeichnung wegen ausgewählt, andere ihrer Feinporigkeit wegen und weil sie sich leicht bearbeiten lassen.

| | |
|---|---|
| Ahorn | Kiefer |
| Birke | Linde |
| Ebenholz | Nußbaum |
| Eibe | Palisander |
| Erle | Teak |
| Esche | Ulme |

---

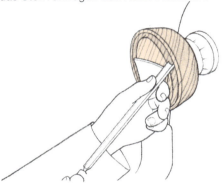

**1** Wenn Sie mit der Außenform der Schale zufrieden sind, nehmen Sie einen Abstecher und markieren Sie den Kreis, von dem aus Sie anfangen, die Schale innen auszudrehen. Arbeiten Sie mit einer Hohlröhre von diesem Kreis zur Mitte.

**2** Nehmen Sie eine 10-mm-Hohlröhre oder einen runden Schaber. Arbeiten Sie auf die Mitte zu, wie gehabt. Achten Sie darauf, daß Sie die Drechselauflage richtig eingestellt haben, daß Sie mit der Fase über das Holz streichen und daß Sie den Schnitt lenken, indem Sie die rechte Hand nach außen führen.

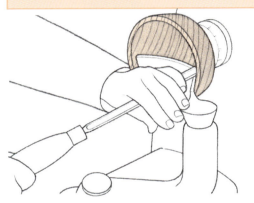

**3** Bevor Sie tief in die Schale schneiden, gehen Sie zurück an den Rand und drehen Sie ihn von innen her sauber.

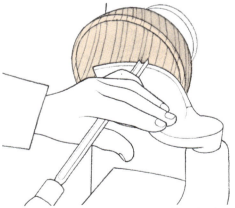

**4** Wenn Sie nun immer tiefer in das Material eindrehen, brauchen Sie immer notwendiger eine speziell geformte Drechselauflage, um den Auflagepunkt des Werkzeugs so nah wie möglich am Schneidepunkt zu haben.

REISSEN, MESSEN, SCHNEIDEN

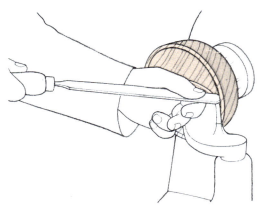

**5** Unschöne Rückstände in einer Schale lassen sich ganz leicht mit einem runden Schaber beseitigen.

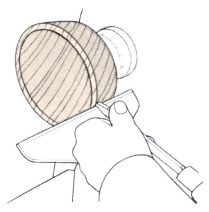

**6** Zu diesem Zeitpunkt wird der Rand von außen fertiggedrechselt. Das richtige Werkzeug dafür ist ein Abstecher. Danach bringen Sie die Oberfläche Ihrer Wahl auf.

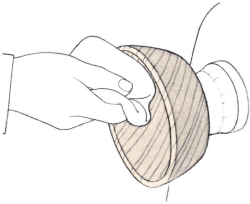

**7** Wenn Sie die Schale für Salate oder andere Lebensmittel verwenden wollen, wird Olivenöl empfohlen. Wachspolitur hat eine dekorativere Wirkung. Bauen Sie die gewünschte Oberfläche auf, indem Sie abwechselnd Material aufbringen und nachpolieren.

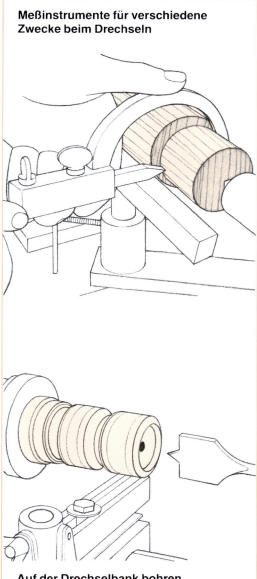

**Meßinstrumente für verschiedene Zwecke beim Drechseln**

**Auf der Drechselbank bohren**

Wenn Sie ohne Unterstützung durch den Reitstock in Hirnholz bohren, befestigen Sie das Material in einem passenden Futter. Das 4-Bakkenfutter mit seinen verschiedenen Befestigungen kann da nützlich sein; für kleine Stücke ein Ringfutter verwenden. Drehen Sie das Holz zuerst längs ab, damit es in das gewählte Futter paßt. Dann wählen Sie das Bohrwerkzeug, das in eine entsprechende Bohreinrichtung montiert wird. Stellen Sie die Bohrerspitze genau auf die Mitte der Bohrstelle. Wählen Sie die richtige Drehzahl und schalten Sie ein. Ziehen Sie den Bohrer hin und wieder heraus und entfernen Sie die Späne. Achten Sie darauf, daß er nicht zu heiß wird. Es gibt Löffelbohrer zum Bohren von Löchern bis zu 60 cm Tiefe.

93

## Verschiedene Futtertypen

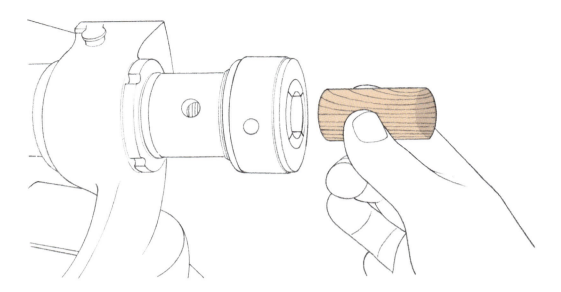

Es gibt verschiedene Typen von Futtern, die kleine oder ungewöhnlich geformte Stücke bequem und sicher zum Drechseln aufnehmen. Das Ringfutter beispielsweise kann kurze, runde Holzstücke zwischen 10 und 38 mm Durchmesser packen. Das bedeutet, daß Werkstücke wie Eierbecher auf der Drechselbank gedrechselt und auch oberflächenbehandelt werden können. Sogar das Abstechen des fertigen Stückes von dem Holzzylinder, aus dem es geformt wurde, kann bei laufender Maschine durchgeführt werden. Eine andere nützliche Vorrichtung, die so ähnlich funktioniert wie das Ringfutter, ist das sogenannte Spundfutter.

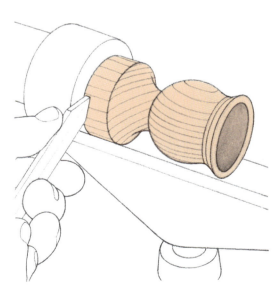

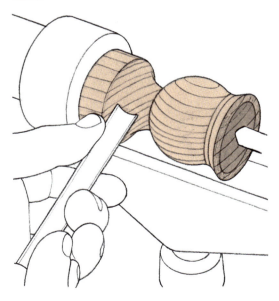

### Einen Eierbecher drechseln
**1** Drechseln Sie ein viereckiges Holzstück längs zu einem Zylinder. Drehen Sie das eine Ende zu einem Zapfen ab, der in das gewählte Futter paßt. Bauen Sie eine Reißlehre aus einem Sperrholzstreifen, durch den Sie Nägel schlagen. Die Lehre an das Holz halten und so die Schweifung anreißen.

**2** Drehen Sie das Innere mit einer Hohlröhre aus, dann formen Sie die Schweifung außen. Schneiden Sie das Werkstück entweder mit dem Abstecher oder mit der Säge ab. Passen Sie aber auf, daß Ihnen das fertige Stück nicht auf den Boden fällt.

REISSEN, MESSEN, SCHNEIDEN

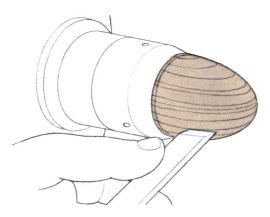

### Eine Eiform drechseln

**1** Suchen Sie einen Hartholzabschnitt aus, 100 × 57 × 57 mm. Drechseln Sie ihn längs zu einem Zylinder, etwas größer als das fertige Ei. Drehen Sie das eine Ende ab, so daß es sicher in dem Futter sitzt, in diesem Falle einem Spundfutter.

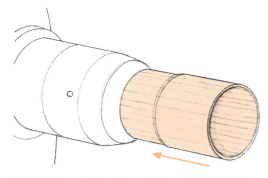

**2** Befestigen Sie das Spundfutter am Spindelstock. Formen und polieren Sie den größten Teil des Eies. Dann drehen Sie sich ein passendes Spundfutter aus Holz, das genau das fertige Ende des Eies aufnimmt. Ein Ende des hölzernen Spundfutters muß in das Metallfutter passen.

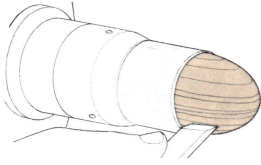

**3** Das gedrechselte Ende des Eis sitzt nun im Holzfutter, und Sie können das Ei fertig formen und polieren.

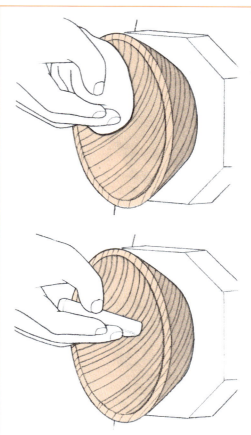

### Oberflächenbehandlung auf der Drechselbank

Die Vorarbeiten sind ganz wesentlich. Halten Sie die Maschine an, suchen Sie nach rauhen Flächen und arbeiten Sie die Stellen nach. Entfernen Sie die Drechselauflage. Passendes Schleifpapier, z.B. 100er-Körnung, verwenden und die Maschine bei mittlerer Geschwindigkeit laufen lassen. Fahren Sie mit dem Schleifpapier auf dem Werkstück hin und her, sonst gibt es Kratzer. Die Oberfläche mit einem nassen Tuch anfeuchten, damit lose Fasern aufstehen. Wenn sie wieder trocken ist, mit 120er oder 150er Papier glätten. Entstauben Sie das Stück. Jetzt kann die Oberfläche aufgebracht werden. Eine einfache, schnelle Oberflächenbehandlung kann mit Wachs erfolgen – dazu sind die üblichen Marken geeignet. Bringen Sie es mit einem weichen Tuch auf und polieren Sie mit einem sauberen Tuch nach; wiederholen, bis die gewünschte Oberfläche erreicht ist. Man kann das Wachs auch mit einem Stück Karnauba aufreiben und zwischendurch polieren, wie oben. Eine geölte Oberfläche ist genauso einfach: Tragen Sie Leinöl oder eine Wachspolitur aus Bienenwachs und Spiritus mit einem Ballen auf. Füllen Sie den Ballen häufig nach, damit Sie einen richtigen Oberflächenaufbau bekommen. Dann lassen Sie es trocknen.

Bei Ausgrabungen von Booten aus der Bronzezeit in England (um 1500 v. Chr.) machte man die Entdeckung, daß die Eichenplanken gewissermaßen miteinander vernäht, bzw. verzurrt waren. Die Bootsbauer von damals hatten gebogene Eibenäste durch Löcher in den Brettkanten gezogen. Obwohl in Nordeuropa zu dieser Zeit im Bootsbau keine Nägel verwendet wurden, war das Problem der Holzverbindung so weit gelöst. Ein Gerät zum Löcherbohren war natürlich eine wesentliche Voraussetzung, und die Bootsbauer der Bronzezeit benutzten wahrscheinlich den Kelten- oder Löffelbohrer, auf den sich römische Quellen aus der Zeit von Julius Cäsars Invasion Britanniens (54 v. Chr.) beziehen. Dieser Löffelbohrer, dessen Fortentwicklungen heute noch Verwendung finden, bestand wohl aus einer geschmiedeten Eisenstange, rund 60 cm lang, mit einer muschel- oder löffelförmigen Schneide. Zum Holzbohren wurde das Ganze mit einem Quergriff gedreht.

Erst im 15. Jahrhundert kam die Bohrwinde in Gebrauch, ursprünglich mit einem festen Bohrer versehen. Im 19. Jahrhundert wurde dann die Handbohrmaschine erfunden.

Bei den Römern war, im Gegensatz zu den nordeuropäischen Barbaren, die Verwendung von geschmiedeten Eisennägeln weit verbreitet. Sie mußten unter großem Aufwand Stück für Stück mit der Hand geschmiedet werden und waren daher kostspielig. Aber sie waren auch widerstandsfähig, denn Schmiedeeisen ist in hohem Maße rostfest. Es gibt viele Anzeichen dafür, daß dieselben Nägel immer wieder Verwendung fanden. Weil Nägel so teuer waren, wurden an ihrer Stelle oft harte hölzerne Stifte verwendet, die man durch Löcher in Holzverbindungen schlug. Diese Stifte werden in manchen Berichten als Baum- oder Holznägel bezeichnet. Erst im 19. Jahrhundert wurden Maschinen zur Massenherstellung von Nägeln entwickelt, wie man das heute kennt.

Es gibt viele frühe Darstellungen von Zimmerleuten, die zum Einschlagen von Nägeln Hämmer verwenden. Diese frühen Hämmer hatten ähnlich den heute verwendeten eine Breitbahn (Kopf) mit quadratischem Querschnitt und entweder eine keilförmige Finne oder eine Klaue.

Schrauben sind eine viel spätere Entwicklung in der Geschichte der Verbindungstechniken. Sie tauchten erstmals im 17. Jahrhundert auf und waren, genau wie die Nägel, handgemacht. Eine Schraube herzustellen war zeitraubend – die Gewinde mußten von Hand gefeilt werden. Sie waren ungleichmäßig und eher rund als scharf. Die Schrauben hatten keine Spitze, und der Schlitz im Kopf war nicht tief genug und lag oft außerhalb der Mitte.

Natürlich war die Herstellung sehr teuer, und sie wurden auch nur in besten Arbeiten verwendet. Gleichzeitig mit den Schrauben kamen auch Schraubenzieher auf. Die erste Massenproduktion von Schrauben erfolgte erst im 19. Jahrhundert.

# Verbindungs-techniken

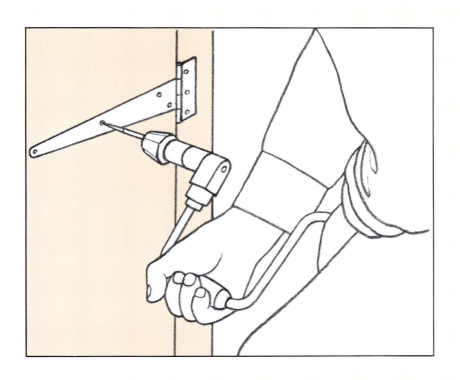

# Nägel

Nageln ist eine schnelle, einfache Art, eine Verbindung zwischen zwei Hölzern herzustellen, sie ist aber nicht immer die beste Lösung.

Im allgemeinen hält eine Nagelverbindung dann am wenigsten, wenn die beiden Teile auf Zug belastet werden. Sie hält besser, wenn sie übereinandergeschoben und auf Druck belastet sind. Wenn ein Nagel ins Holz geschlagen wird, drückt er die Fasern auseinander, und der Reibungswiderstand zwischen diesen Fasern und dem Nagelschaft bewirkt die Haltekraft. Nägel, die nicht rund sind, spalten auch das Holz nicht so leicht, aber sie sollten mit ihrer Achse parallel zur Faser eingeschlagen werden.

Die Wirksamkeit von Nagelverbindungen kann unter Umständen nur 15 % betragen, im Vergleich zu 100 % bei einem starken Leim. Für größte Haltbarkeit und Wirksamkeit den richtigen Typ mit der richtigen Länge, Schaftdicke und Oberfläche wählen. Wenn Sie beispielsweise in Hirnholz nageln, das von Natur aus wenig Halt bietet, verwenden Sie zur Erhöhung der Festigkeit einen Nagel mit aufgerauhtem Schaft oder Nagelschrauben. Achten Sie beim Nageln immer darauf, daß sich die Hammerschläge nicht auf der Holzoberfläche abzeichnen und die Verbindung dann schadhaft aussieht.

Nageln kommt dann nicht in Frage, wenn die Verbindung später aus irgendeinem Grund einmal auseinandergenommen und wieder zusammengesetzt werden muß.

Nägel haben Kopf, Schaft und Spitze und sind meistens aus ungehärtetem Flußstahldraht. Es gibt verschiedene Oberflächen, z. B. verzinkte für Außenverwendung. Achten Sie darauf, daß die Oberfläche zweckentsprechend ist. Drahtnägel verursachen zum Beispiel Flecken in Eichenholz. Die Größe der Nägel wird durch Schaftdicke und Nagellänge bestimmt. Sie sind durch Zahlen gekennzeichnet: 14 × 30 bedeutet Schaftdicke 1,4 mm, Nagellänge 30 mm.

Wenn sich ein Nagel umbiegt, ziehen Sie ihn wieder heraus. Verwenden Sie einen neuen Nagel und fangen Sie an einer Stelle gleich daneben noch einmal an. Ziehen Sie Nägel entweder mit den Klauen des Hammers heraus oder mit der Beißzange. Legen Sie ein Stück Holz unter den Hammerkopf oder die Zangenbacken, bevor Sie ziehen, damit die Oberfläche Ihres Werkstücks nicht beschädigt wird.

**Nehmen Sie einen Nagel,** der 2½ bis 3mal so lang ist wie die Dicke des oberen Teils, das Sie festnageln.

**Über Kreuz nageln** hält besser als gerade nageln, besonders in Hirnholz. Schlagen Sie die Nägel paarweise gegeneinander schräg ein.

**Nageln sie schräg,** wenn zwei Holzteile rechtwinklig miteinander verbunden werden sollen. Wenn Sie die Nägel ganz einschlagen, achten Sie darauf, daß sie die Holzoberfläche nicht beschädigen.

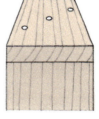

**Nageln Sie versetzt** über die ganze Holzbreite, das mindert weitgehend die Gefahr des Spaltens.

**Um das Spalten** auszuschließen, machen Sie die Spitze stumpf, entweder durch Abfeilen oder indem Sie mit dem Hammer draufschlagen.

**Dicht an der Kante** müssen Sie das Nagelloch vorstechen oder etwas schwächer als die Nagelstärke vorbohren, sonst spaltet sich das Holz.

**Um das Holz nicht zu beschädigen,** den Nagel nur bis knapp über die Oberfläche einschlagen und ihn dann mit einem Senkstift versenken.

**Kleine Stifte** mit einem Kartonstreifen halten. Schlagen Sie den Stift durch den Karton und reißen Sie ihn weg, bevor Sie den Stift ganz einschlagen.

VERBINDUNGSTECHNIKEN

**Die meisten Nägel** sind aus hellem Flußstahl. Es gibt aber auch Nägel mit rostfreien Oberflächen für die Verwendung im Freien. Gewöhnlich werden sie nach Gewicht verkauft. Oft gebrauchte Sorten und Größen gibt es aber auch abgepackt in Schachteln und Paketen. Die bei Holzarbeiten am meisten verwendeten Stift- und Nagelsorten sind folgende:

**Drahtnagel mit Flachkopf.** Mit rundem Schaft und geriffeltem Kopf für Schreinerarbeiten. Größen 12 bis 150 mm.

**Wagnerstift mit Senkkopf.** Diesen Nagel kann man aufgrund seiner Form gut in die Oberfläche einschlagen. Größen 12 bis 150 mm.

**Nagelschrauben.** Diese korrosionsfesten Nägel verwendet man zur Befestigung in Sperrholz. Größen 20 bis 80 mm.

**Paneelstift.** Für allgemeine Schreinerarbeiten, wie z. B. Befestigung von Sperrholz und Leisten. Größen 12 bis 50 mm.

**Furniernagel.** Zum Festhalten von Furnieren, bis der Leim anzieht.

**Drahtnagel mit Stauchkopf.** Zur Befestigung von Hartfaserplatten und schwachem Sperrholz. Gibt es auch mit viereckigem Schaft. Größen 12 bis 50 mm.

**Glaserstift.** Zum Befestigen von Materialien wie Glas in Bilderrahmen. Hält nichts, wenn man ihn zu weit einschlägt.

**Stahlstift.** Zur Befestigung von Bildern, Leisten und ähnlichem in Mauerwerk. Größen 20 bis 100 mm.

**Krampe.** Zur Befestigung von Draht, Polstermaterial und dgl. Es gibt sie auch eckig zur Verwendung in Tackern.

**Messinggrundkopfstift.** Dieser kleine Nagel ist rostfrei und wird bei Polsterarbeiten verwendet. Größen 10 bis 20 mm.

**Kammzwecke.** Für Polsterarbeiten und beim Verlegen von Bodenbelägen zu verwenden. Erhältlich mit rostfreier Oberfläche. Größen 6 bis 25 mm.

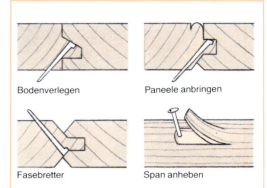

Bodenverlegen — Paneele anbringen — Fasebretter — Span anheben

### Verdeckt nageln

Beim Befestigen von Nut- und Federbrettern, Böden und Verkleidungen nagelt man Senkkopfstifte durch die Feder, und zwar schräg, so daß es die Bretter besser zusammentreibt. Die Nut des nächsten Brettes verdeckt dann einwandfrei den Nagelkopf. Für allgemeine Nagelarbeiten kann mit Stemmeisen oder Hohleisen ein Holzspan angehoben und der Nagel daruntergeschlagen werden. Der Nagelkopf wird verdeckt, indem der Holzspan wieder festgeleimt wird.

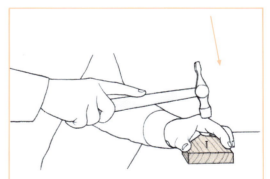

### Die Technik des Hämmerns

Der Warrington oder der Tischlerhammer mit seiner konischen Schmalbahn wird von Schreinern dem Klauenhammer vorgezogen, der besser für schwere Arbeiten geeignet ist. Tischlerhämmer gibt es in verschiedenen Größen, der kleinste wird auch Stifthammer genannt. Schlagen Sie kleine Nägel zuerst mit der Schmalbahn (Finne) des Hammers sanft an und dann mit der Breitbahn ganz ein. Wenn Sie genau nageln wollen, müssen Sie sich Mühe geben. Schauen Sie immer auf den Nagel und achten Sie darauf, in welchem Winkel er ins Holz eindringt. Wenn der Hammer auftrifft, sollte der Stiel im rechten Winkel zum Nagel stehen. Achten Sie darauf, daß die Breitbahn immer sauber ist; wenn nötig, mit einem Schleifpapier polieren (schmutzige Aufschlagfläche kann Nägel umbiegen).

# Bohrwerkzeuge

Die Bohrwerkzeuge für Holzarbeiten sind in zwei Hauptgruppen eingeteilt: Zur einen Gruppe gehören die Spiralbohrer, zur anderen die Schlangenbohrer, Forstnerbohrer, Zentrumbohrer, Lochsägen und ähnliche. Mit der einen Gruppe werden verhältnismäßig kleine Löcher gebohrt, mit der anderen größere.

Spiralbohrer sind aus Werkzeugstahl oder auch aus HSS (hochlegierter Schnellarbeitsstahl), der länger scharf bleibt und mit dem man in Metall bohren kann. Ihr Vorzug ist die Tiefe, das heißt, man kann mit ihnen Löcher bohren, die 10mal so tief sind wie der Durchmesser. Für noch tiefere Löcher gibt es Bohrer mit Sonderlängen.

Spiralbohrer werden in Hand- oder Elektrobohrmaschinen verwendet. Die meisten Handbohrmaschinen haben einen Doppelritzelantrieb – also ein Zahnradgetriebe (bei manchen Modellen verkleidet), das durch eine Kurbel angetrieben wird. Zum Halten des Bohrers dient ein verstellbares Spannfutter zur Aufnahme von Bohrern bis 8 mm. Ein Elektrobohrer leistet die gleiche Arbeit wie ein Handbohrer, nur viel bequemer und schneller.

Für kleine Löcher, bis etwa 6 mm Durchmesser, ist ein Spiralbohrer in der Hand- oder Elektrobohrmaschine die richtige Ausrüstung. Für Bohrungen von 6 mm bis 50 mm verwendet man Schlangen- oder Zentrumsbohrer in einer Bohrwinde. Das ist im wesentlichen ein gekröpfter (kurbelartiger) Schaft, der gedreht wird und damit auch das Bohrfutter antreibt. Die meisten Bohrwinden sind mit einer Knarre ausgerüstet; das ist wichtig bei Arbeiten im beengten Raum. Außerdem haben die meisten ein 2-Backenfutter, das nur zum Halten von viereckigen Bohrschäften geeignet ist. Bohrwinden mit Universalspannfutter nehmen Bohrer mit viereckigen und runden Schäften auf.

Größere Bohrungen lassen sich auch mit einem Flachbohrer durchführen, der speziell für die Verwendung in der Elektrobohrmaschine hergestellt wird.

Für Bohrungen mit einem Durchmesser von mehr als 50 mm werden verstellbare Zentrumbohrer oder eine Lochsäge eingesetzt (für Löcher bis 75 mm Durchmesser geeignet).

Bohrer schneiden nicht sauber, wenn sie nicht scharf gehalten werden. Eine goldene Regel beim Bohrerschärfen, an die man sich halten sollte, besagt: Behalten Sie immer die ursprünglichen Winkel bei allen Schnittflächen bei und nehmen Sie so wenig Metall weg wie möglich.

**Präzise bohren** ist nicht leicht. Bohren Sie mit Spitzbohrer oder Körner vor. Spiralbohrer haben keine scharfen Spitzen. Achten Sie darauf, daß der Bohrer senkrecht eindringt; zur Kontrolle einen Winkel neben das Loch stellen. Wenn Sie in das Hirnende eines Tisch- oder Stuhlbeines bohren, spannen Sie einen Holzstreifen auf jede Seite, damit Sie für Bohrer und Bohrwinde eine Führung haben.

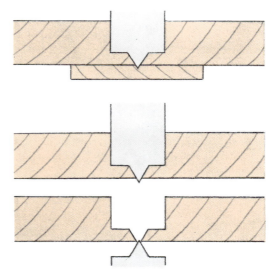

**Um ein Ausreißen der Bohrung** auf der Unterseite zu vermeiden, spannen Sie eine Zulage auf und bohren Sie durch. Die Zulage verhindert, daß der Bohrer das Werkstück aufreißt. Sie können aber auch einfach durchbohren, bis die Spitze des Bohrers sichtbar wird. Dann drehen Sie das Werkstück um. Setzen Sie den Bohrer in das kleine Loch, das sichtbar geworden ist, um die Bohrung zu vervollständigen.

VERBINDUNGSTECHNIKEN

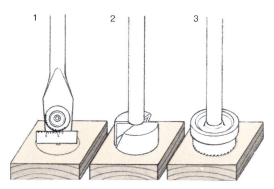

**Spezialbohrer:** Zur Durchführung von Bohrungen verschiedener Durchmesser in Weichholz verwendet man einen verstellbaren Zentrumbohrer. **1** Er ist in 2 Größen erhältlich: 19–32 mm und 22–75 mm. **2** Der Forstner-Bohrer macht eine präzise Bohrung mit flachem Grund. **3** Verwenden Sie eine Lochsäge für schwaches Holz und Plattenware. Man kann kreisförmige Sägeblätter mit verschiedenen Durchmessern mittig am Schaft eines Spiralbohrers befestigen.

## Bohrer schärfen

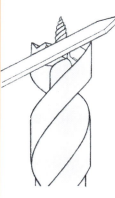

**Schlangenbohrer, Form Jennings:** Nehmen Sie eine feine Feile und schärfen Sie die Vorschneider nur auf der Innenseite. Nie die Außenseite des Bohrers bearbeiten, denn das würde seinen Durchmesser verändern. Dann schärfen Sie die Schnittflächen der Spanabheber. Achten Sie aber darauf, daß Sie das Einzugsgewinde in der Mitte nicht beschädigen.

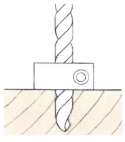

**Einen Tiefenanschlag** am Bohrer befestigen, wenn Sie Löcher mit der gleichen Tiefe zu bohren haben. Es gibt Metall- oder Kunststoffanschläge.

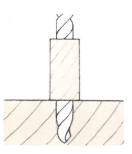

**Einen hölzernen Tiefenanschlag** aus einem vorgebohrten Stück Weichholz herstellen.

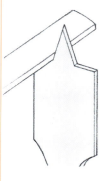

**Flachbohrer:** Verwenden Sie einen kleinen Schleifstein oder eine sehr feine Feile. Schärfen Sie die Schneiden, nie die Seiten. Behalten Sie den ursprünglichen Schnittwinkel bei und achten Sie darauf, daß die Schnittflächen oben sind. Nehmen Sie auf beiden Seiten gleichviel weg.

**Holzspiralbohrer:** Schärfen Sie Vorschneider und Spanabheber mit einem kleinen Schleifstein oder einer kleinen dreieckigen Sägefeile. Feilen Sie die Vorschneider nur auf der Innenseite, und nehmen Sie bei Spanabhebern und Vorschneidern jeweils gleichviel weg.

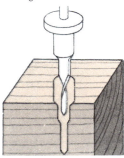

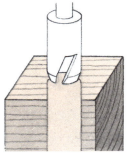

**Mit einem Stufenbohrer** können Sie ein Führungsloch bohren, eine Bohrung für den Schraubenschaft und eine Senkung für den Schraubenkopf.

**Mit einem Zapfenschneider** lassen sich Querholzplättchen zum Verdecken von entsprechend eingebohrten Schrauben ausbohren.

**Spiralbohrer:** Wird auf einer Schleifmaschine geschärft. Es erfordert beträchtliche Übung, die richtigen Spitzwinkel beizubehalten und daß die Spitze in der Mitte bleibt. Wahrscheinlich ist es am besten, eine Schleifvorrichtung zu kaufen, mit der sich das Schärfen richtig ausführen läßt.

## Schrauben

Vielleicht ist es für den unerfahrenen Hobbytischler nicht so ganz offensichtlich, wieviel besser Schrauben zur Herstellung haltbarer Verbindungen zwischen Holzteilen und zum Befestigen von Metallteilen auf Holz sind als Nägel.

Schrauben greifen viel besser als Nägel. Eine Schraube wird angezogen, ihr Kopf sitzt auf der Holzoberfläche. Sie zieht mit Zwingenwirkung die beiden Teile zusammen. Die Haltekraft von Nägeln dagegen beruht nur auf der Reibung zwischen Holz und Metall.

Ein anderer großer Vorteil der Schrauben besteht natürlich darin, daß sie ganz leicht heraus- und wieder eingeschraubt werden können, ohne die Holzoberfläche zu beschädigen.

Eine Schraube besteht aus dem Kopf (in verschiedenen Ausführungen) und dem Schaft – dem Teil mit Gewinde. Der Durchmesser des Schafts bestimmt die Schraubengröße. Die meisten Schrauben sind aus ungehärtetem Flußstahl, sie können aber auch aus Messing, Siliziumbronze, Aluminium und Edelstahl bestehen. Sie können eine Reihe verschiedener Oberflächen haben, entweder zu dekorativen Zwecken oder aus Gründen der Korrosionsbeständigkeit. Es gibt brünierte, vermessingte, verzinkte und vernickelte Schrauben.

Wenn Sie Schrauben kaufen, geben Sie immer genau die Dicke an, die Länge, den Typ, das Material und die gewünschte Oberfläche.

Obwohl die Schraube scheinbar ein recht einfacher Gegenstand ist, kann es kompliziert sein, für die anstehende Arbeit den richtigen Typ zu wählen. Es ist zum Beispiel nicht besonders sinnvoll, Stahlschrauben in Eiche zu verwenden: Die Gerbsäure im Holz korrodiert die Schrauben, und das Holz bekommt Flecken. Da erscheint Messing schon eher passend, aber Messing ist weich und Eiche ist hart, und es besteht große Gefahr, daß es Bruch gibt. Die Lösung des Problems: Man dreht Stahlschrauben in die Eiche; wenn man mit dem Gegengewinde in den Schraublöchern zufrieden ist, werden die Stahlschrauben herausgedreht und durch Messing- oder vermessingte Stahlschrauben ersetzt.

Ein anderer Faktor, der die Sache noch komplizierter macht, ist das Aufkommen der Spanplattenschraube. Sie hat ein spezielles Doppelganggewinde und eignet sich infolgedessen besonders zur Verwendung in Plattenmaterial.

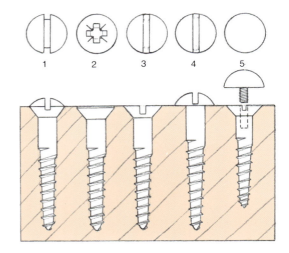

**Um ein Spalten des Holzes** zu verhindern, bohren Sie durch das zu befestigende Teil vor in das Teil, auf dem es befestigt werden soll. Hart- und Weichholz muß mit unterschiedlichen Durchmessern vorgebohrt werden. Bohren Sie nie die ganze Länge der Schraube vor. Den Rest, den man nicht vorbohrt, nennt man Überstand. Verwenden Sie bei Schrauben mit Senkkopf einen Versenker, mit dem Sie eine passende Vertiefung für den Schraubenkopf herstellen.

**1 Linsenkopfschraube:** Für Beschläge mit anspruchsvoller Oberfläche, die gelegentlich entfernt werden müssen. Der Linsenkopf verhindert mögliche Beschädigungen des Holzes. **2 Kreuzschlitzschraube:** Viele Schrauben werden mittlerweile mit dem Pozidrive-Kreuzschlitz hergestellt, der das Abrutschen verringert. **3 Flachkopfschraube:** Für Holz auf Holz, Metallbeschläge auf Holz; flächenbündig. **4 Rundkopfschraube:** Für Metallbeschläge, wenn die Befestigung nicht flächenbündig sein muß. **5 Flachkopfschraube mit Zierkappe:** Verchromte Messingzierkappe zum Einschrauben in Innengewinde der Flachkopfschraube.

## VERBINDUNGSTECHNIKEN

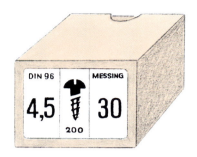
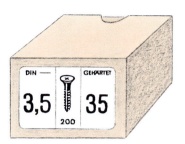
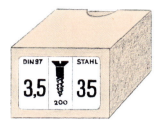

Holzschrauben kommen in Paketen zu 200 Stück in den Handel. Die Aufkleber auf den Schraubenpaketen zeigen die Schraubenform und geben die Schraubengröße an (die erste Zahl ist die Schaftdicke, die zweite die Schraubenlänge). Von links nach rechts: 200 Stück Messing-Rundkopfschrauben, 4,5×30 mm; 200 Stück gehärtete Kreuzschlitzschrauben 3,5×35 mm, 200 Stück Stahl-Senkkopfschrauben 3,5×35 mm.

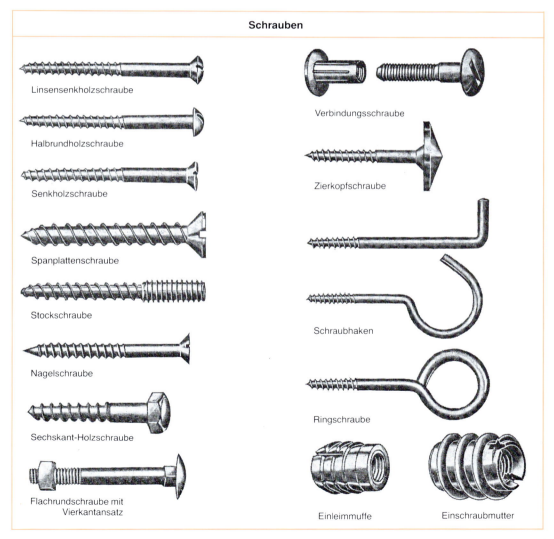

Schrauben: Linsensenkholzschraube, Halbrundholzschraube, Senkholzschraube, Spanplattenschraube, Stockschraube, Nagelschraube, Sechskant-Holzschraube, Flachrundschraube mit Vierkantansatz, Verbindungsschraube, Zierkopfschraube, Schraubhaken, Ringschraube, Einleimmuffe, Einschraubmutter

# Schraubenzieher

Die Verbindungstechniken bei Holzarbeiten werden mit der Entwicklung neuer Materialien immer vielfältiger. Die neuen Techniken erfordern nicht nur neue Schraubentypen, sondern auch moderne Schraubenzieher oder Schraubendreher, wie die offizielle Bezeichnung nach DIN lautet.

Der Versuch, mit einem einzigen alten Schraubenzieher mit runder, abgenutzter Klinge für Dutzende von Schraubengrößen und -typen auszukommen, wird wohl in einer Katastrophe enden. Allein für konventionelle Schlitzschrauben benötigt man mindestens drei Schraubenziehergrößen: einen ganz schweren Schraubenzieher für Schaftdicken von 8–10 mm, einen mittleren für Schaftdicken von 4–7 mm und schließlich einen kleinen für Schaftdicken von 1,5–3 mm, ein langer, dünner Elektriker-Schraubenzieher ist dafür genau richtig.

Zusätzliche Schraubenziehertypen kann man sich bei Bedarf besorgen. Dazu gehört wahrscheinlich ein kurzer Vergaserschraubenzieher mit stummelartigem Heft, mit dem man in begrenztem Raum arbeiten kann, ein Winkelschraubenzieher, oder auch ein spezieller Schraubenzieher zur Verwendung für Kreuzschlitzschrauben.

Es gibt jede Menge billige Schraubenzieher zu kaufen. Sie sollten aber bedenken, daß Sie es beim täglichen Gebrauch mit beträchtlichen Kräften zu tun haben. Schraubenzieher werden leider auch oft mißbraucht, etwa zum Anheben der Deckel von Lackdosen. Es zahlt sich auf jeden Fall aus, Schraubenzieher besserer Qualität zu kaufen. Die Spitze bricht nicht so schnell ab wie bei den billigen, und der Schaft biegt sich nicht bei wiederholter starker Belastung.

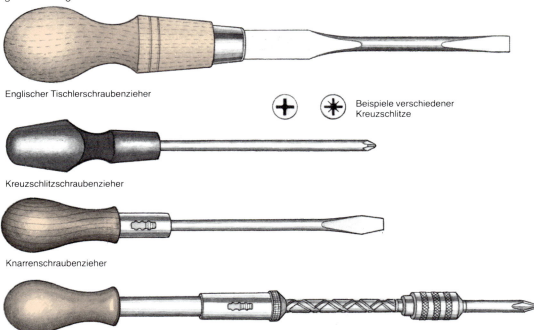

Englischer Tischlerschraubenzieher

Beispiele verschiedener Kreuzschlitze

Kreuzschlitzschraubenzieher

Knarrenschraubenzieher

Drillschraubenzieher oder Yankee-Schraubenzieher

**Der traditionelle Tischlerschraubenzieher** hat ein rundes Holzheft, das angenehm und griffig in der Hand liegt. Der Londoner Schraubenzieher ist ganz ähnlich, aber die Klinge ist flach statt rund, und das Heft ist abgeflacht, so daß man es besser greifen kann.

**Kreuzschlitzschraubenzieher** sind für Arbeiten mit Spanplattenschrauben und all den anderen Schrauben mit Kreuzschlitzen erforderlich. Was für normale Schraubenzieher gilt, gilt auch hier: Für die verschiedenen Schaftdurchmesser braucht man verschiedene Schraubenziehergrößen.

**Der Knarrenschraubenzieher** ist sehr nützlich, weil er mit einer Hand bedient werden kann; man braucht den Griff am Heft nicht zu lockern und kann deshalb mit der anderen Hand das Werkstück halten. Sehr nützlich ist er auch zum Schrauben an schwer zugänglichen Stellen.

**Beim langen Drillschraubenzieher** braucht man das Heft nicht mehr zu drehen, um eine Schraube einzudrehen. Er lohnt sich ohne Zweifel dann, wenn größere Mengen Schrauben eingedreht werden müssen. Die Arbeit geht schnell und ohne Anstrengung. Es gibt dazu auch auswechselbare Klingen.

VERBINDUNGSTECHNIKEN

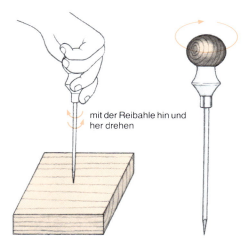

**Bohren Sie immer vor beim Schrauben.** Für kleine Schrauben genügt ein Spitzbohrer oder eine Reibahle, für größere muß man ein Loch bohren. Die Spitze des Spitzbohrers ist rund, die der Reibahle konisch viereckkig. Damit lassen sich auch vorgebohrte Löcher erweitern.

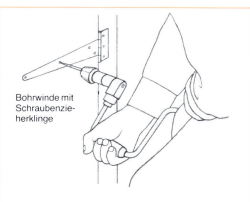

### Lösen fester Schraubverbindungen
Fremdkörper aus dem Schlitz entfernen und dadurch für einen sicheren Griff sorgen. Verwenden Sie Schraubenzieher in der richtigen Größe. Die Spitze senkrecht im Schlitz halten und gleichmäßig drücken. Vielleicht hilft es auch, wenn Sie die Schraube mit der Spitze eines Lötkolbens anwärmen. Sie können auch nachhelfen, indem Sie den Schraubenzieher mit einem Schraubenschlüssel oder einer Zange packen, aber mit einer Bohrwinde erzielen Sie die beste Hebelwirkung.

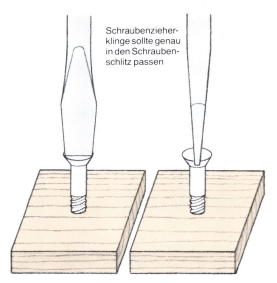

**Bei der Wahl des richtigen Schraubenziehers** geht es darum, daß die Breite der Klinge genau der Länge des Schlitzes im Schraubenkopf entspricht. Wenn die Klinge zu schmal ist, verrutscht sie oder bricht aus. Wenn sie zu breit ist, rutscht sie leicht heraus, und wenn die Schraube fast festgeschraubt ist, fangen die vorstehenden Ecken an, das Holz um die Schraube zu verkratzen. Eine Schraubenzieherklinge sollte immer saubere Flächen und gerade Kanten haben.

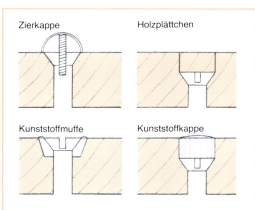

### Schraubenkopf-Abdeckungen
Wenn der Schraubenkopf verdeckt werden muß, gibt es verschiedene Möglichkeiten. *Zierkopfschrauben* haben verchromte Kappen, die in ein Innengewinde im Schraubenkopf geschraubt werden. *Kunststoffkappen* drückt man in eine Aufnahmescheibe unter dem Schraubenkopf. *Holzplättchen* werden mit Zapfenschneidern aus passendem Holz ausgebohrt. Das Schraubenloch wird entsprechend ausgebohrt und das Plättchen eingeleimt. *Holzkitt* ist die letzte Möglichkeit, die man nur dann anwendet, wenn die Fläche gestrichen wird.

# Holzverbindungen

Die frühesten Holzverbindungen bestanden wahrscheinlich aus einer einfachen Kerbe am einen Ende eines ungesägten Holzstammes. Das Ende eines anderen Stammes wurde im rechten Winkel in die Kerbe gelegt und der Stamm an seinem Platz festgehalten. Weitere Stämme, die in ähnlichen Kerben gehalten wurden, bildeten die Wände primitiver Blockhütten. Die Überblattung, eine verfeinerte Form der Kerbe, könnte gut die nächste Entwicklungsstufe gewesen sein.

Einrichtungsgegenstände großer früher Kulturen des Indus-Beckens, des alten Ägyptens und später Griechenlands und Roms sind Zeugen der nächsten Verbesserungen der Holzverbindung; sicher hatten einige frühe Tische dieser Kulturen einfache Schlitz- und Zapfenverbindungen.

Die Technik der Holzverbindung wurzelt zwar in der Vorgeschichte, aber in der Zeit vom Untergang der antiken Welt bis zum Ausgang des 15. Jahrhunderts entwickelte sie sich nur langsam fort. Bis dahin waren Werkzeuge und Technik der Schreinerei nicht weit genug entwickelt, um als selbständiges Handwerk bestehen zu können. Erst als das der Fall war, entwickelten sich die verschiedenen Arten von Holzverbindungen sehr schnell weiter.

Die Entwicklung brachte es mit sich, daß man Rahmenverbindungen mit Dübeln verstärkte und Füllungen in Nuten paßte, in denen sie frei schwinden und sich ausdehnen konnten. Dann, Mitte bis Ende des 18. Jahrhunderts, begannen sich in England und Frankreich Chippendale, Sheraton und zahlreiche andere Handwerker auf die Kunstschreinerei zu verlegen. Sie erfanden eine ganze Reihe von Holzverbindungen, wie Zinken, Gehrungen und verdeckte Verbindungen, oder paßten sie ihren speziellen Bedürfnissen an. Der dritte Abschnitt in der Geschichte des Holzhandwerks hatte begonnen.

Zimmerleute, Bauschreiner und Kunstschreiner arbeiten alle mit Holzverbindungen. Ihre Handwerksformen unterscheiden sich hauptsächlich durch die unterschiedlichen Verbindungstechniken voneinander. Ein Zimmerer stellt Verbindungen her, die Kräfte aufnehmen. Der Bauschreiner befaßt sich mit Türen, Fenstern, Einbauten und dekorativen Verkleidungen: Dabei kommt es ihm hauptsächlich auf Aussehen, Vorkehrungen gegen Schwinden und darauf an, daß Hirnholz so wenig wie möglich dem Wetter ausgesetzt ist. Im Gegensatz dazu arbeitet der Kunstschreiner mit Holzverbindungen, die für dreidimensionale Korpuskonstruktionen geeignet sind, für Kistenkonstruktionen, flache Rahmen wie Bilderrahmen und Arbeiten mit Beinen und Sprossen, wie sie bei Tischen und Stühlen vorkommen.

Eckverbindung auf Gehrung mit fremder Querholzfeder

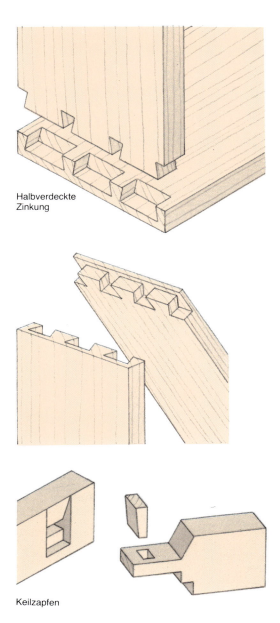

Halbverdeckte Zinkung

Keilzapfen

VERBINDUNGSTECHNIKEN

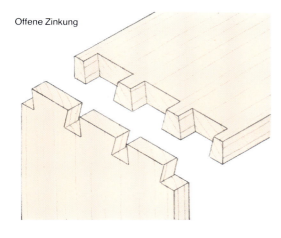

Offene Zinkung

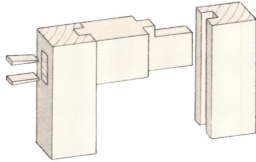

Gestemmtes Rahmeneck mit Nut und Nutzapfen

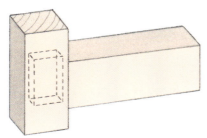

Eingestemmter Zapfen

Einseitig abgesetzte Zapfenverbindung

Gestemmtes Tischeck mit Nutzapfen

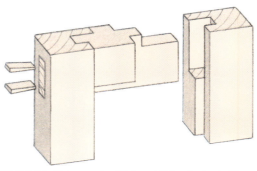

Gestemmtes Rahmeneck mit Falz und Nutzapfen (verkeilt)

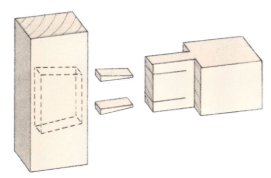

Eingestemmter Zapfen, innen verkeilt

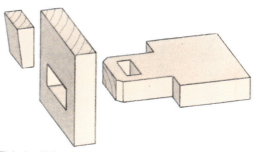

Einfacher Keilzapfen

107

# Stumpfe Verbindungen und Gehrungen

**Stumpfe Verbindung auf Stoß**

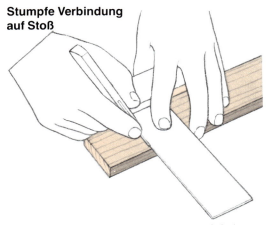

Die einfachste Form einer Holzverbindung; sie ist bequem herzustellen, aber nicht besonders fest, weil sich Hirnholz nicht gut verleimen läßt.
**1** Als erstes beide Enden genau im rechten Winkel mit Winkelmaß und Spitzbohrer anreißen.

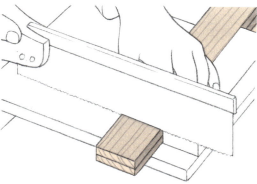

**2** Beide Enden genau im rechten Winkel mit der Rückensäge abschneiden.

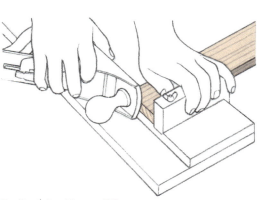

**3** Bestoßen bis zum Riß.

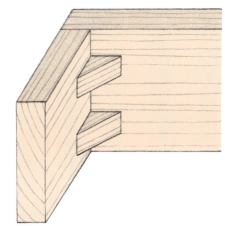

**4** Nageln und leimen. Wenn möglich mit Leimklötzchen verstärken. Man kann stumpfe Eckverbindungen auch nageln oder dübeln, damit sie fester werden.

**Stumpfe Verbindung auf Gehrung**

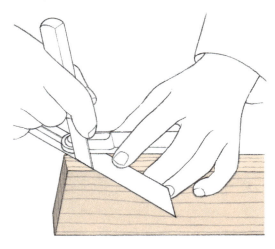

**Eine einfache Verbindung auf Gehrung** ist nicht besonders fest und wird, wie die stumpfe Verbindung auf Stoß, hauptsächlich für Eckverbindungen bei einfachen Rahmen, furnierten Arbeiten, leichten Konstruktionen, kleinen Kisten und Truhen verwendet. Reißen Sie genau mit dem Gehrungsmaß an und schneiden Sie mit der Rückensäge. Verstärken Sie die Verbindung durch schräg eingeschlagene Nägel.

VERBINDUNGSTECHNIKEN

## Eckverbindung auf Gehrung mit Falz

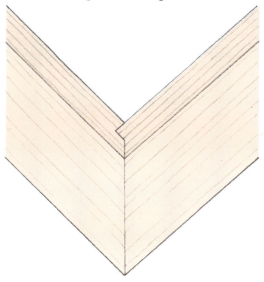

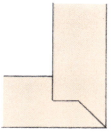

**Sie ist fester** als eine einfache Verbindung auf Gehrung und bewährt sich z. B. bei Sockeln; geeignet, wo man sie nicht aus der Nähe sieht, sie aber viel Gewicht tragen muß.

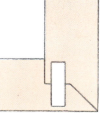

**Ein Verdübeln** der Eckverbindung, wie es die Abbildung zeigt, erhöht die Festigkeit beträchtlich.

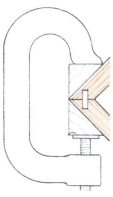

**Zum Einspannen** von Verbindungen mit unregelmäßigen Formen leimen Sie dreieckige Klötze auf jede Seite, damit Sie parallele Angriffsflächen für die Zwinge haben. Eine Papierlage zwischen Klotz und Holz erleichtert das spätere Entfernen der Klötze.

## Verstärkte Gehrungen

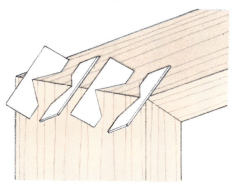

Eine stabile Verbindung, ideal für Bilderrahmen, Uhrengehäuse, Kastenkonstruktionen und ähnliches. Nägel und Schrauben werden völlig vermieden. Sägen Sie die Gehrungsverbindung ein und leimen Sie Federn aus Furnierstreifen oder schwachem Sperrholz ein.

Ein anderes Verfahren zur Verstärkung einer einfachen Gehrungsverbindung ist das Einfügen einer Hartholzfeder. Die Nut mit der Oberfräse oder einem Nuthobel ausheben. Querholzfedern brauchen Sie zum Verbinden von Massivholz.

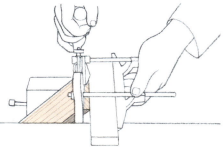

Die Brettkante ist meist nicht breit genug, um eine sichere Auflagefläche für die Handoberfräse oder einen Nuthobel zu bieten. Mit einem zusätzlichen Brett, auch auf Gehrung geschnitten, können Sie zusätzlich Breite gewinnen.

## Gefalzte und gefederte Verbindungen

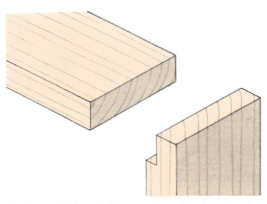

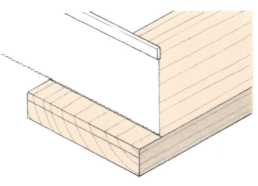

**3** Schneiden Sie den Falz entlang der Linien mit einer scharfen Rückensäge ein.

Die Falzverbindung heißt so aus dem einfachen Grund, weil das gefalzte oder abgesetzte Teil das Ende des anderen Teils aufnimmt. Dabei entsteht nicht nur eine größere Leimfläche als bei einer einfachen, stumpfen Verbindung, sondern auch Festigkeit gegen Druck nach innen. Man kann in beide Richtungen nageln.

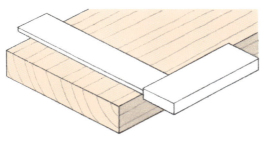

**1** Reißen Sie die Falzverbindung zuerst auf der Fläche genau im rechten Winkel an. Der Abstand vom Brettende wird durch die Dicke des anderen Teils bestimmt.

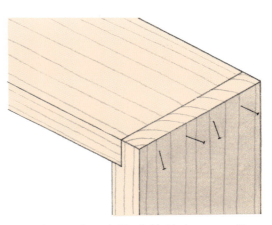

**4** Leimen und nageln Sie die Verbindung, wenn Sie wollen, in beide Richtungen.

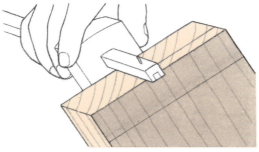

**2** Reißen Sie mit dem Streichmaß ⅓ der Dicke auf dem Querholz an.

**Merkpunkte**
● Spannen Sie das Werkstück zum Schneiden dieser einfachen Verbindungen in eine Werkbank ein (siehe S. 44–45); das hilft wirklich, die Arbeit präzise durchzuführen.
● Halten Sie die Rückensäge am Anfang in einem Winkel von etwa 30°. Wenn Sie weiterschneiden, die Säge in die Waagerechte senken.
● Es ist leicht, gefalzte Verbindungen so anzulegen, daß sie verdeckt in einer Korpuskonstruktion liegen *(links)*.

VERBINDUNGSTECHNIKEN

## Eckverbindung mit Nut und Feder

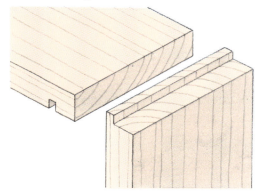

Diese Holzverbindung ist verhältnismäßig fest, aber die kleine Nutwange im Hirnholz kann bei starker Beanspruchung leicht ausbrechen.

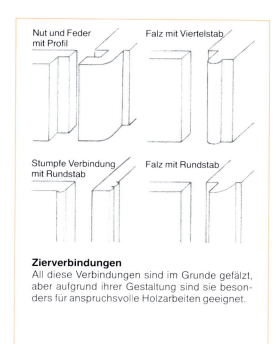

### Zierverbindungen

All diese Verbindungen sind im Grunde gefälzt, aber aufgrund ihrer Gestaltung sind sie besonders für anspruchsvolle Holzarbeiten geeignet.

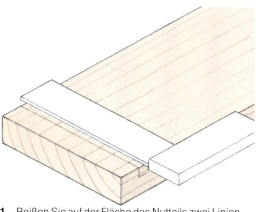

**1** Reißen Sie auf der Fläche des Nutteils zwei Linien rechtwinklig an, die eine im Abstand der gesamten Dicke des Federteils, die andere bei ⅔. Mit dem Streichmaß reißen Sie die Nuttiefe an – ¼ der Holzdicke.

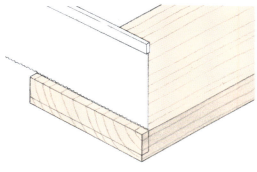

**3** Schneiden Sie mit der Rückensäge die Nut aus, und zwar innerhalb der Risse, damit die Feder stramm sitzt. Arbeiten Sie mit dem Stecheisen nach. Dann setzen Sie die Feder ab und arbeiten mit dem Simshobel nach.

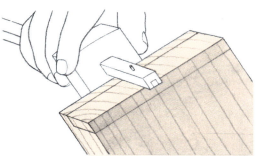

**2** Reißen Sie auf der Fläche des Federteils die Federlänge an, ¼ der Holzdicke. Auf dem Querholz reißen Sie dann die Federdicke an – ⅓ der Holzdicke.

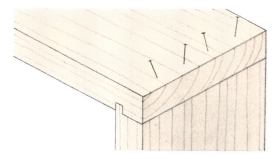

**4** Leimen und nageln Sie die Verbindung zusammen.

## Überblattungen

**Eine Überblattung** wird dadurch hergestellt, daß man von beiden Teilen je die Hälfte der Holzdicke absetzt.

Die hier geschilderten Überblattungen verwendet man für einfache Rahmenkonstruktionen und Längsverbindungen von Ständern, wenn Sie beispielsweise einen Schuppen bauen.

Alle diese Verbindungen lassen sich leicht und schnell herstellen und sind oft genauso gut geeignet wie kompliziertere Verbindungstechniken. Achten Sie darauf, daß die Einschnitte beim Absetzen nicht zu weit auseinanderliegen. Es ist besser, die Verbindung zu stramm zu haben – dagegen kann man etwas tun – als zu locker. Für mehr Festigkeit leimen und schrauben.

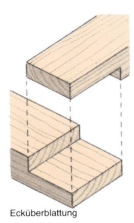

Ecküberblattung

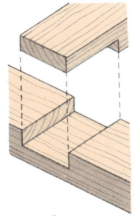

T-förmige Überblattung

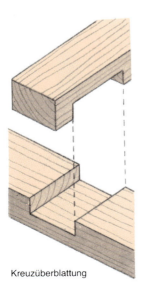

Kreuzüberblattung

### Herstellen einer Ecküberblattung

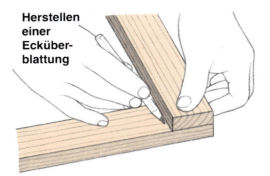

**1** Reißen Sie die Breite der Überblattung rechtwinklig auf der Fläche an.

**2** Übertragen Sie diese Risse mit dem Winkel auf die Kanten. Dann reißen Sie mit dem Streichmaß von der Fläche die halbe Holzdicke auf Kante und Ende an.

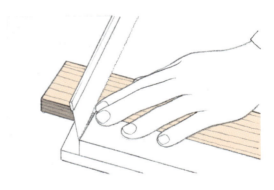

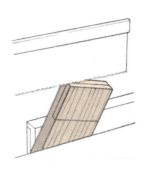

**3** Schneiden Sie mit einer Rückensäge, das Werkstück in der Hobelbank eingespannt. Schneiden Sie entlang der Risse, auf der Seite, die wegfällt, damit die Verbindung später stramm paßt. Arbeiten Sie mit dem Stecheisen nach. Prüfen Sie mit Lineal oder Winkel, ob alles eben ist, dann verleimen und nageln Sie die Verbindung.

VERBINDUNGSTECHNIKEN

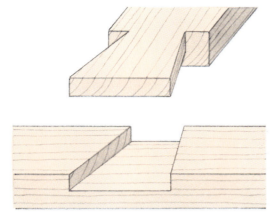

**Schwalbenschwanzüberblattung:** Diese Verbindungstechnik widersteht Beanspruchungen auf Schub und auf Zug.

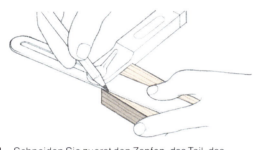

**1** Schneiden Sie zuerst den Zapfen, das Teil, das eingepaßt wird. Auf allen Seiten die notwendigen Risse für Breite und Dicke mit Spitzbohrer und Winkel anbringen, genau wie bei der T-förmigen Überblattung. Sägen Sie den Zapfen aus und arbeiten Sie mit dem Stecheisen nach. Dann reißen Sie die Schrägen für den Schwalbenschwanz an, und zwar im Verhältnis 1:6. Schneiden Sie ihn aus und arbeiten Sie mit dem Stecheisen nach.

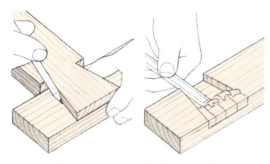

**2** Halten Sie den Zapfen auf das Querteil. Reißen Sie Kanten und Tiefe an.

**3** Stemmen Sie aus. Prüfen Sie, ob es paßt und eben ist, dann leimen und schrauben.

Schräge Längsüberblattung

schräge Ecküberblattung

schräge Ecküberblattung

Diese besonders haltbaren Überblattungen widerstehen Zugbeanspruchung in einer Richtung und die schräge Ecküberblattung sogar in zwei Richtungen. Schräge Längsüberblattungen werden zur Verlängerung von Querbalken, Dachsparren und Wandkonstruktionen in der Zimmerei verwendet. Die anderen beiden Techniken werden für schwere Konstruktionen, etwa im Hausbau bei Rahmenbauweise, eingesetzt. Reißen Sie alle schrägen Überblattungen wie die geraden an, außer der Tiefe. Sie wird mit einer Schablone aus einem schrägen Stück Holz angerissen.

## *Eingenutet – eingegratet*

**Herstellung einer durchgehenden Nut**

Tiefe der Nut: 1/3 der Dicke des aufrechten Teils.

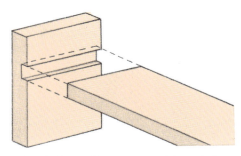

**Durchgehende Nut:** für Rahmenkonstruktionen bei Hütten, Unterteilungen und als Auflage von Regalböden.

**Die allgemeinen Regeln für die Herstellung einer durchgehenden Nut gelten bei allen Nutverbindungen.** Denken Sie daran, daß Fachböden nicht so lang sein dürfen, daß sie sich durchbiegen und die Verbindungen locker werden.

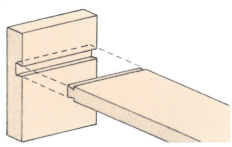

**Durchgehende Gratnut:** nimmt Zugkräfte auf. Kann bei Bedarf abgesetzt werden.

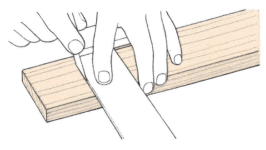

**1** Mit Winkel und Spitzbohrer reißen Sie zunächst die Nut senkrecht, in parallelen Linien, auf das aufrechte Teil an. Die Nut muß die gleiche Dicke haben wie der Boden, damit er stramm paßt. Übertragen Sie die Risse auf die Kanten.

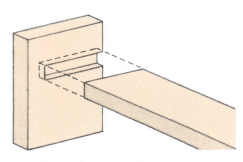

**Abgesetzte Nut:** als Auflage von Regalböden, in Bücherschränken und bei Treppenstufen.

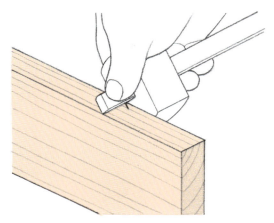

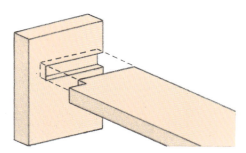

**Nut und Boden abgesetzt:** für die gleichen Zwecke wie bei abgesetzter Nut, aber die Nut ist hier sauber verdeckt.

**2** Stellen Sie das Streichmaß auf 1/3 der Dicke des aufrechten Teils. Reißen Sie von der Fläche die Nuttiefe auf beide Kanten zwischen die Linien an.

VERBINDUNGSTECHNIKEN

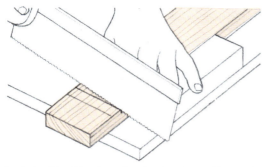

**3** Schneiden Sie mit der Schlitzsäge bis zum Tiefenriß. Achten Sie darauf, daß Sie im Abfall schneiden. Bei besonders breiten Nuten schneiden Sie zusätzlich mehrmals in den Abfall, damit Sie ihn besser ausstechen können.

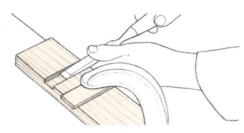

**4** Stechen Sie von der einen Seite auf die Mitte der Nut zu, und nehmen Sie jedesmal nur ein wenig Holz weg. Drehen Sie dann das Holz herum und stechen Sie von der anderen Seite zur Mitte. Arbeiten Sie weiter, immer von beiden Seiten zur Mitte, bis alles entfernt ist.

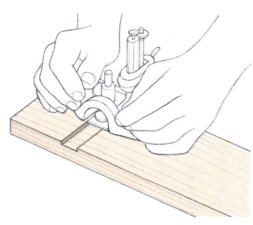

**5** Arbeiten Sie mit einem Grundhobel bis zu den Tiefenrissen nach. Geben Sie Leim auf die Innenseite der Nut und stecken Sie den Fachboden hinein. Befestigen Sie ihn mit Nägeln oder Schrauben.

**Verwendung einer Handoberfräse für Nutverbindungen**

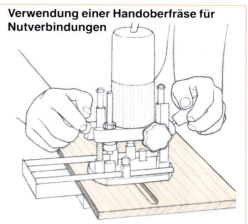

**Verwenden Sie eine Handoberfräse** zur Herstellung von Nutverbindungen längs und quer zur Faser. Stellen Sie die Tiefe so ein, daß Sie die Nut in mehreren Stufen ausfräsen.
Etwas Holz am Werkstück befestigen, damit die Nut nicht ausreißt. Klemmen Sie eine Leiste als Fräsanschlag auf Werkstück und Hobelbank, damit die Fräse eine Führung hat, wenn kein Parallelanschlag vorhanden ist.

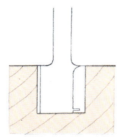

**Einen geraden Fräser** für Nuten mit geraden Kanten einsetzen. Für Massivholz nimmt man HSS-Fräser, für Spanplatten hartmetallbestückte Fräser.

**Für Gratverbindungen** einen Gratfräser und einen Anbautisch verwenden.

**Die Rundung,** die die Oberfräse bei einer abgesetzten Nut hervorruft, wird mit dem Stecheisen gerade gestochen und so entfernt.

# Gestemmte Verbindungen

Ein Zapfen ist im Allgemeinen die stärkste Verbindung zwischen dem Ende eines Holzteils und der Kante eines anderen (Längs- und Querholz). Der vorstehende *Zapfen* wird an das *Querfries* oder *Zargenquerteil* geschnitten. Er wird in ein Langloch, das *Zapfenloch,* am aufrechten *Fries* bzw. am *Stollen* eingepaßt.

Die Verbindungen reichen vom einfachen eingestemmten Zapfen über das schon kompliziertere gestemmte Rahmeneck, das man für sehr haltbare Türkonstruktionen nimmt, bis zur Stegverbindung mit Keilloch und Keil.

Wegen ihrer zahllosen Variationen werden die gestemmten Verbindungen auch am häufigsten eingesetzt. Bei hochwertigen Bauschreinerarbeiten sind sie hervorragend geeignet für Fensterrahmen, Türen, Türrahmen, Treppen und auch bei Dachkonstruktionen. Bei der Möbelherstellung sind sie für viele Konstruktionen ideal, in Rahmen- oder Stollenbauweise.

Die gestemmten Verbindungen sind äußerst haltbar, und wenn sie richtig und genau ausgeführt sind, brauchen sie auch nicht mit Nägeln, Schrauben oder anderen Befestigungsmitteln aus Metall verstärkt zu werden. Sie können aber durch Nutzapfen, Holznägel oder Keile (entweder in den Zapfen oder im Zapfenloch) noch stabiler gemacht werden. Dadurch wird eine Verdrehung der Verbindung verhindert. Die gleiche Funktion haben auch die abgesetzten Zapfenbrüstungen. Wenn Sie eine wirklich feste Verbindung haben wollen, muß der Zapfen stramm in seinem Loch sitzen.

Genau wie bei den meisten anderen Holzverbindungen ist das Größenverhältnis zwischen den beiden Teilen von besonderer Bedeutung. Als Grundregel gilt, daß die Zapfendicke ⅓ der Holzdicke und daß die Zapfenbreite nicht mehr als viermal die Zapfendicke betragen sollte. Wenn der Zapfen breiter ist, kann er zu stark schwinden und locker werden. Bei einem einfachen eingestemmten Zapfen, dessen Loch nicht durchgeht, sollte die Tiefe etwa ⅔ der Fries- oder Stollenbreite betragen.

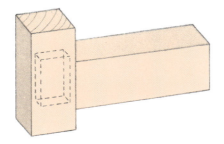

**Eingestemmte Zapfen:** Der Zapfen ist nur zum Teil in das aufrechte Fries oder den Stollen eingestemmt, man sieht also kein Hirnholz. Er kann mit Holznägeln oder Keilen verstärkt werden. Wird für Mittelfriese beim Rahmenbau oder beim Stollenbau verwendet.

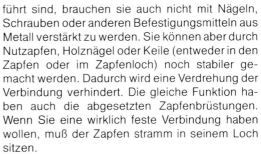

**Durchgestemmter Zapfen:** Eine der haltbarsten Verbindungen für Eck- und Mittelverbindungen; wird oft (über Hirn) verkeilt. Er wird verwendet, wenn besondere Stärke und besonderes Stehvermögen erforderlich sind. Den Zapfen ganz durch Fries oder Stollen durchstemmen.

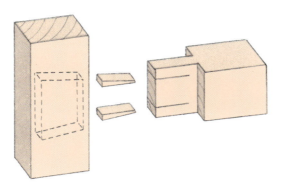

**Eingestemmter Zapfen,** innen verkeilt: Der Zapfen wird durch Keile, die sich in sein Hirnende treiben, im Zapfenloch auseinandergedrückt. Er ist etwas weniger lang als das Zapfenloch tief. Das Zapfenloch ist hinten etwas breiter als vorn.

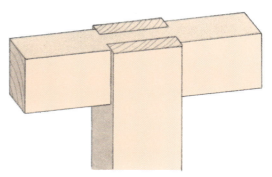

**Mittenverbindung:** Nimmt Druck von oben und von den Seiten auf und wird bei der Möbelherstellung im Stollenbau verwendet. Kann mit Holznägeln verstärkt werden. Bohren Sie die Löcher dafür leicht versetzt.

VERBINDUNGSTECHNIKEN

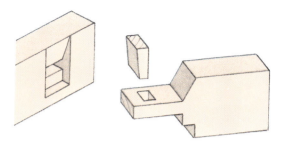

**Keilzapfen:** Eine sehr starke, aber etwas komplizierte Verbindung, die in der Zimmerei bei Bodenkonstruktionen verwendet wird. Der Zapfen steht an der Längsseite über und wird von einem Keil festgehalten.

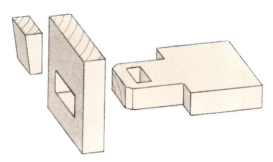

**Diese einfachere Form einer Keilverbindung,** die Stegverbindung, läßt sich häufig bei Bauerntischen finden.

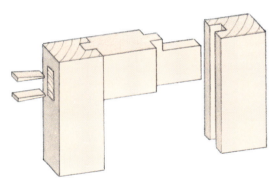

**Gestemmtes Rahmeneck mit Nut und Nutzapfen.** Der Zapfen ist um die Nuttiefe schmaler. Wird für Rahmen und Füllung bei Türen und Korpussen verwendet. Die Füllungen werden nicht eingeleimt, damit sie arbeiten können. Sie sollten auch nicht zu streng sitzen.

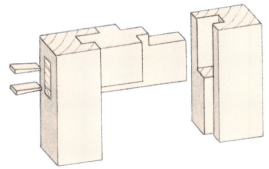

**Gestemmtes Rahmeneck mit Falz und Nutzapfen.** Die Zapfenbrüstungen sind unterschiedlich lang. Wird für Rahmen verwendet, die eingeglast werden. Das Glas wird im Falz mit Leisten oder Kitt festgehalten.

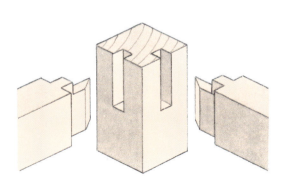

**Gestemmtes Tischeck mit Nutzapfen.** Das Zapfenende ist auf Gehrung geschnitten, damit der Zapfen möglichst lang wird. Die beiden Zapfen sollten sich nicht berühren. Wird im Möbelbau für die Verbindung von Stollen und Zarge verwendet.

**Mittelverbindung mit einseitig abgesetztem Zapfen.** Wird beispielsweise bei Stühlen oder Hockern verwendet, deren Fußenden über die Sitzfläche vorstehen.

# Einfache gestemmte Verbindungen

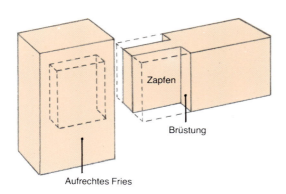

Zapfen
Brüstung
Aufrechtes Fries

**1** **Der einfache Zapfen** wird gebraucht, um zwei eher schmale Holzteile im rechten Winkel miteinander zu verbinden. Als Faustregel gilt: Zapfendicke ist ⅓ Holzdicke.

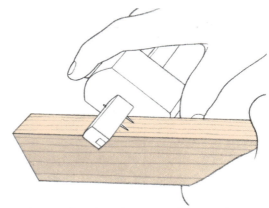

**4** Stechen Sie mit den Dornen des Streichmaßes zwei Löcher in die Frieskante, damit sie nicht über den Riß für die Lochbreite hinausrutschen. Dann reißen Sie, von der Friesfläche aus, die parallelen Linien für die Lochbreite an. Arbeiten Sie dabei vom Körper weg. Bei einem durchgestemmten Zapfen müssen Sie auch die gegenüberliegende Kante und die Lage der Keile anreißen.

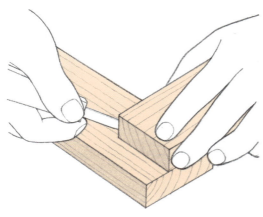

**2** Den Zapfen so anlegen, daß er nur ⅔ ins Fries geht. Zuerst die Breite des Zapfenlochs mit dem Winkel auf die Fläche des Frieses reißen und die Risse dann auf seine Kante übertragen.

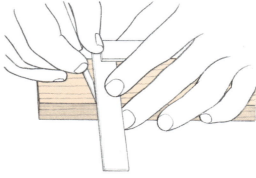

**5** Von der abgerichteten Kante des Querfrieses aus reißen Sie jetzt die Zapfenlänge an. Dann mit Winkel und Spitzbohrer die Brüstungen auf beide Flächen und beide Kanten des Frieses anreißen.

**6** Von der Fläche aus Linien von der Brüstung hinauf zur Kante, übers Querholz und wieder hinunter zum Brüstungsriß anreißen.

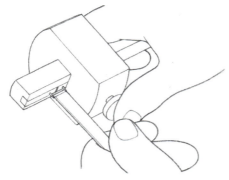

**3** Die Dorne des Zapfenstreichmaßes auf die Breite des Lochbeitels einstellen (das sollte ⅓ der Holzdicke sein).

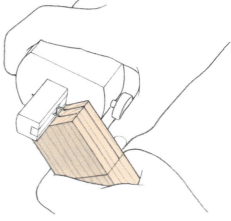

VERBINDUNGSTECHNIKEN

## Das Zapfenloch ausstemmen

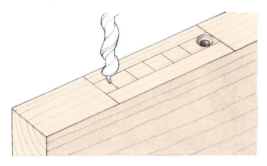

**1** Spannen Sie das Fries mit Zulage fest in die Hobelbank ein. Bevor Sie stemmen, bohren Sie das meiste aus – das spart Zeit. Setzen Sie dann den Lochbeitel senkrecht innerhalb des inneren Lochrisses an. Eine Reihe von Schnitten anlegen, jeweils 3 mm auseinander, bis etwa 3 mm vor den äußeren Lochriß.

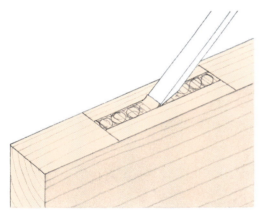

**2** Den Abfall herausheben. Dann gehen Sie mit dem Stecheisen wieder an den inneren Lochriß und machen das gleiche noch einmal. Stemmen Sie immer nur so tief, wie der Lochbeitel eindringt, ohne steckenzubleiben. Zwischendurch die Lochtiefe überprüfen.

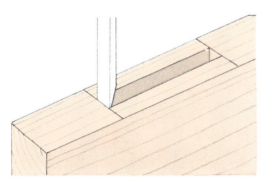

**3** Sobald die richtige Tiefe erreicht ist, die Enden mit dem senkrechten Lochbeitel gerade abstechen: Prüfen Sie nochmals die Tiefe.

## Einen Zapfen schneiden

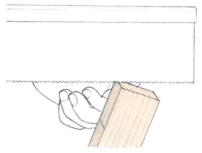

**1** Neigen Sie das Fries weg vom Körper und spannen Sie es in die Hinterzange. Schneiden Sie mit der Schlitzsäge, wie gezeigt, beidseitig des Zapfens hinunter bis zum Brüstungsriß. Achten Sie darauf, daß Sie im abfallenden Holz schneiden. Drehen Sie das Fries um und wiederholen Sie alles.

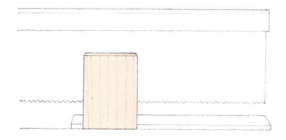

**2** Jetzt spannen Sie das Fries senkrecht ein und sägen horizontal bis zu den Brüstungsrissen hinunter.

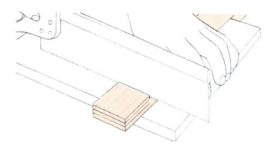

**3** Nehmen Sie das Fries aus der Bankzange und legen Sie es in eine Sägelehre. Die Querschnitte in die Teile legen, die abfallen sollen. Die andere Seite genauso bearbeiten. Exakten Sitz überprüfen. Mit dem Simshobel nacharbeiten.

# Spezielle gestemmte Verbindungen

## Verkeilte Zapfenverbindung
**Methode 1**

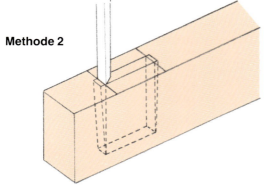

Schneiden bzw. stemmen Sie Zapfen, Zapfenloch und Keile. Schneiden Sie zwei keilförmige Schlitze in den Zapfen, 6 mm von beiden Außenkanten. Von beiden Außenkanten des Zapfenloches stemmen Sie jetzt 3 mm schräg nach unten. Die Verbindung zusammenleimen und einspannen. Schließlich die Keile eintreiben und mit dem Hobel verputzen.

**Methode 2**

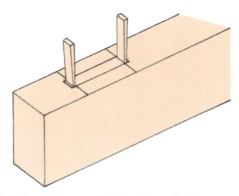

**1** Zapfen und Zapfenloch herrichten. Wie oben das Zapfenloch nach innen abschrägen. Passende Keile schneiden und den Zapfen in das Zapfenloch leimen.

**2** Die Keile einleimen und in die schrägen Schlitze treiben. Die Keile auf beiden Seiten gleichmäßig einschlagen, damit sich der Zapfen nicht verschiebt. Verputzen Sie die Keile mit dem Hobel.

## Stemmzapfen mit Holznagel

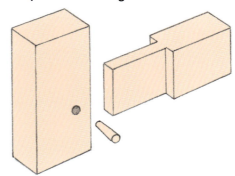

**Diese Technik** wird immer dann eingesetzt, wenn eine gestemmte Verbindung vielleicht einmal auseinandergenommen werden muß und man keine Zwingen ansetzen kann. Die Lage der beiden Löcher durch Zapfen und Zapfenloch ist ganz wichtig – wenn sie zu weit voneinander entfernt sind, kann es sein, daß der Zapfen oder der Nagel bricht.

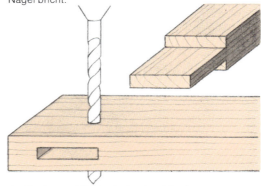

**1** Zapfen und Zapfenloch schneiden bzw. stemmen.
**2** Bohren Sie ein Loch durch das Zapfenloch. Stecken Sie die Verbindung ohne Leim zusammen. Markieren Sie das Loch auf dem Zapfen, dann nehmen Sie die Verbindung auseinander.

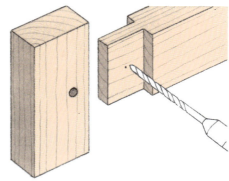

**3** Das Loch etwas weg von der Markierung auf dem Zapfen in Richtung Brüstung anreißen und ausbohren. Dann stecken Sie die Verbindung zusammen und treiben den leicht gespitzten Nagel ein, damit die Verbindung zusammengezogen wird.

VERBINDUNGSTECHNIKEN

## Rundum abgesetzter Stemmzapfen

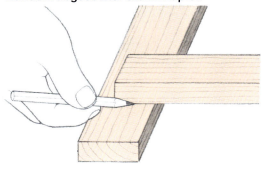

**1** Markieren Sie die Lage des Zapfenlochs auf der Kante. Dann reißen Sie senkrechte Linien, die Zapfenbreite weniger 5 mm, auf jeder Seite. Stellen Sie Ihr Streichmaß auf ⅓ der Friesbreite oder die Breite Ihres Lochbeitels ein. Reißen Sie von der Friesfläche aus. Das Zapfenloch bis zu einer Tiefe von ⅔ der Friesbreite ausstemmen.

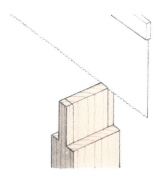

**2** Reißen Sie den Zapfen vom rechtwinklig abgelängten Ende des Querfrieses an, wie gehabt. Die vier Schnitte anlegen. Arbeiten Sie mit dem Simshobel nach.

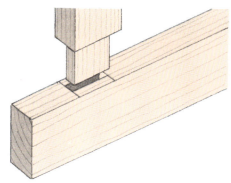

**3** Spannen Sie das Querfries senkrecht in die Hobelbank und stechen Sie den Zapfen auf beiden Seiten gleich ab, bis er in das Zapfenloch paßt. Die Verbindung zusammenbauen und je nach Erfordernissen mit Leim, Keilen oder Holznägeln verstärken.

## Mittelverbindung

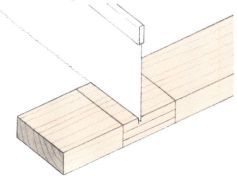

**1** Reißen Sie den Zapfen an und übertragen Sie die Linien auf die Kanten. Stellen Sie das Streichmaß so ein, daß Sie das Material in drei gleiche Teile teilen können. Reißen Sie von der Fläche aus die Tiefe der Ausklinkung auf beide Seiten an. Zwei Schnitte im abfallenden Teil bis zum Tiefenriß anlegen. Das Teil herumdrehen und von der anderen Seite bearbeiten.

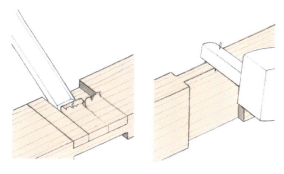

**2** Stechen Sie den Abfall aus. Prüfen Sie mit Winkel oder Streichmaß, ob alles eben ist.

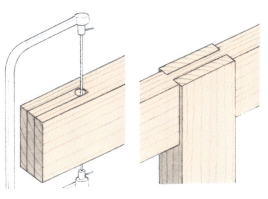

**3** Reißen Sie die Schlitztiefe auf dem Stollenteil an. Die Linien auf die Kanten winkeln. Reißen Sie mit dem Streichmaß, mit der gleichen Einstellung wie bei **1** Linien von der Fläche aus um das ganze Ende herum. Mit der Laub- oder Feinsäge einschneiden und ausstemmen.

121

# Gestemmte Verbindungen mit Nutzapfen

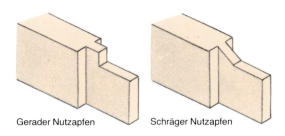

Gerader Nutzapfen    Schräger Nutzapfen

**Anfertigung eines Nutzapfens**

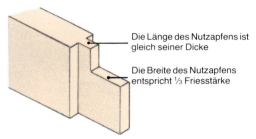

Die Länge des Nutzapfens ist gleich seiner Dicke

Die Breite des Nutzapfens entspricht 1/3 Friesstärke

**1** Wenn Sie das Zapfenloch anreißen, lassen Sie etwas Holz (das später abfällt) überstehen, damit die Verbindung nicht ausreißt, wenn Sie am Hirnende ausstemmen. Reißen Sie dann mit dem Streichmaß das Zapfenloch in der gesamten Zapfenbreite an, ebenso auf dem Querholz für die Zapfennut.

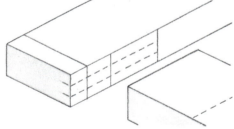

**2** Stemmen Sie das ganze Zapfenloch aus, außer dem Teil für den Nutzapfen. Bei einem durchgestemmten Zapfen das Zapfenloch von beiden Seiten stemmen und zur Aufnahme von Keilen abschrägen. Reißen Sie dann die Tiefe der Zapfennut auf dem Querholz an.

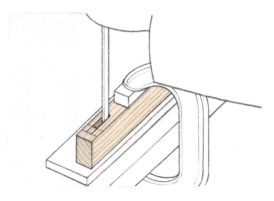

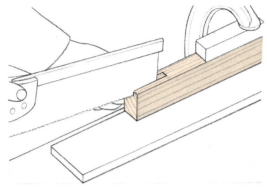

**3** Das Fries einspannen. Mit der Schlitzsäge die Zapfennut innerhalb der Risse ausschneiden.

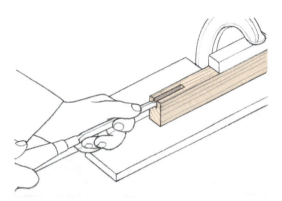

**4** Das Fries mit Zulage auf die Hobelbank spannen. Die Zapfennut ausstemmen.

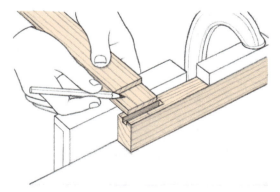

**5** Reißen Sie den Zapfen an und schneiden Sie ihn auf die ganze Breite zu, also einschließlich Nutzapfen. Den Zapfen an das Zapfenloch legen und die Lage des Nutzapfens nach der Zapfennut anreißen. Reißen Sie dann Länge und Breite des Nutzapfens an.

## VERBINDUNGSTECHNIKEN

**Keile**

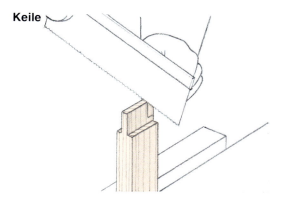

**6** Das Fries einspannen. Vorsichtig mit einer Schlitzsäge den Nutzapfen ausschneiden. Schneiden Sie dann 2 Hartholzkeile.

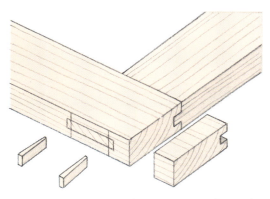

**7** Die Verbindung ohne Leim zusammenstecken und Paßgenauigkeit überprüfen; dann verleimen. Treiben Sie die Keile abwechselnd und gleichmäßig ein, damit der Zapfen gerade im Zapfenloch bleibt. Wenn der Leim getrocknet ist, schneiden Sie den Überstand am aufrechten Fries und die vorstehenden Keile ab.

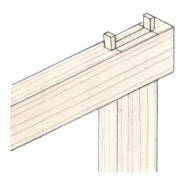

**Bei der Bauschreinerei** werden gestemmte Verbindungen meistens verleimt und verkeilt. Die Keile sollten aus Hartholz sein, und man sollte sie so formen, daß sie das Zapfenende gleichmäßig auseinandertreiben. Wenn sie ganz eingeschlagen sind, sollten sie auf ihrer ganzen Länge gut sitzen.

**Herstellung von Rahmen und Füllung**

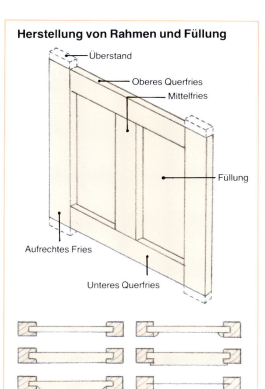

**Türen, Wand- und Deckenverkleidungen haben oft Füllungen.** Rahmen- und Füllungskonstruktionen können aus vielen Feldern bestehen, können flach oder abgeplattet sein. Die Rahmenfriese haben entsprechende Nuten oder Falze. Da sich so breite Holzteile gerne verziehen, sollte Holz für Füllungen in Rift- oder Viertelschnitt eingeschnitten werden (erkennbar an den stehenden Jahresringen). Füllungen werden nicht eingeleimt und dürfen nicht fest im Rahmen sitzen. Profile und Stäbe werden am Rahmen befestigt und nicht an der Füllung.

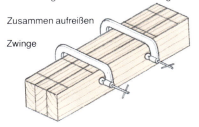

**Sich wiederholende Arbeiten,** z.B. bei Rahmen, lassen sich schnell und genau ausführen, wenn man die Friese zusammenspannt und gleichzeitig anreißt. Schablonen aus Messing, Sperrholz, schwachem Holz oder Hartfaserplatten sind ebenfalls sehr hilfreich, etwa bei Schwalbenschwanzverbindungen. Wenn Sie Serien von Löchern bohren, eine Dübellochlehre verwenden.

# Zinkenverbindungen

Die Zinkenverbindung ist eine Abwandlung der gestemmten Verbindung. Sie erreicht große Festigkeit, ohne einen langen Zapfen zu brauchen. Bei dieser Verbindung wird ein keilförmiger Zapfen oder Zinken in eine entsprechende Aussparung oder ein entsprechendes Loch eingepaßt, so daß die Verbindung nach allen Richtungen, außer einer, schlüssig ist. Die fächerförmigen Teile, die zwischen Aussparungen für die Zapfen liegen, nennt man Schwalbenschwänze. Bei anspruchsvollen Arbeiten sind die Zinken meistens schmaler als die Schwalbenschwänze. Aber bei einfachen Arbeiten oder in maschinell hergestellten Verbindungen haben Zinken und Schwalbenschwänze die gleiche Breite. Normalerweise stemmt man die Zinken in das dickere Teil und die Schwalbenschwänze in das dünnere. Schwalbenschwänze sind für Kastenverbindungen im Möbelbau vor allem dann ideal, wenn die Holzdicke sehr gering ist, etwa bei Schubladen.

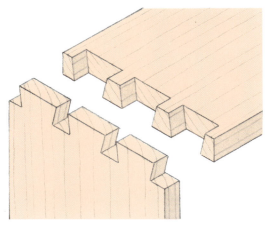

**Die offene Zinkung** ist die einfachste Zinkenverbindung und ziemlich leicht herzustellen. Sie wird für einfache Kisten und Schubladenhinterstücke verwendet, aber auch als dekoratives Element bei Möbeln. Die beiden Teile sollten die gleiche Dicke haben.

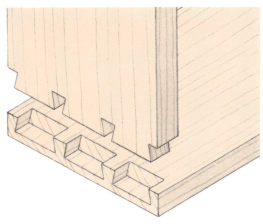

**Die halbverdeckte Zinkung** wendet man bei der Verbindung von Schubladenseiten und -vorderstücken an, weil Hirnholz dann nur an den Seiten zu sehen ist. Das Vorderteil ist meist dicker, und die Länge der Zinken entspricht der Dicke der Seiten.

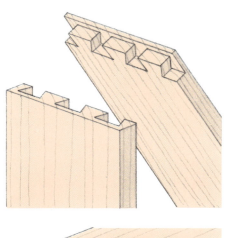

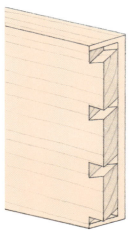

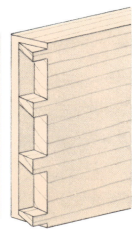

**Doppelt verdeckte Zinkung** *(links)*. Die Zinken können in jedes der beiden Teile gestemmt werden, aber bei Schubladen macht man sie ins Vorderteil.

**Gehrungszinken** ergeben ebenfalls eine ganz verdeckte Verbindung *(oben)*. Sie sind zwar die eleganteste Lösung, aber sehr schwierig herzustellen.

## Halbverdeckte Zinkenverbindung fräsen

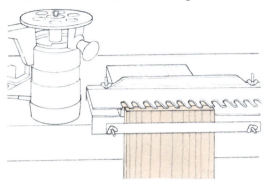

**Halbverdeckte Zinken** können unter Verwendung eines speziellen Fräsers, einer entsprechenden Vorrichtung und einer Schablone mit einer Handoberfräse hergestellt werden. Die Holzteile werden in die Vorrichtung gespannt, das eine senkrecht, das andere waagerecht, und zwar um die halbe Zinkenteilung versetzt.

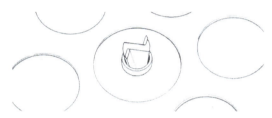

**Die Handoberfräse** muß mit einer Führungshülse ausgerüstet sein, die zwischen den Enden der Frässchablone läuft. Der Zinkenfräser selbst sollte auf die richtige Tiefe eingestellt sein. Dazu benutzt man eine Einstelllehre, die vom Hersteller mitgeliefert wird.

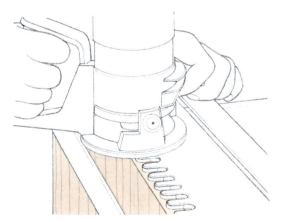

**Die Handoberfräse wird von Hand** entlang der Schablone geführt und fräst dabei gleichzeitig Zinken und Schwalbenschwänze aus.

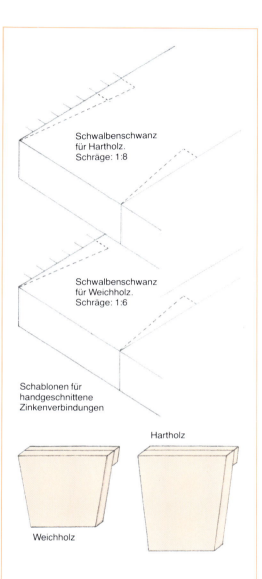

Schwalbenschwanz für Hartholz. Schräge: 1:8

Schwalbenschwanz für Weichholz. Schräge: 1:6

Schablonen für handgeschnittene Zinkenverbindungen

Hartholz

Weichholz

### Die Schrägen bei Zinkenverbindungen

Die Haltbarkeit einer Zinkenverbindung hängt unter anderem von der Schräge der Zinken ab. Wenn die Schräge zu flach ist, bietet sie wenig Haltekraft, und die Verbindung ist infolgedessen schwach. Ist die Schräge zu steil, besteht die Gefahr, daß der Zinken beim Zusammenbauen bricht. Die richtige Schräge ist 1:6 für Weichhölzer und 1:8 für Harthölzer: Weichhölzer lassen sich leichter zusammendrücken, deshalb machen sie einen steileren Winkel erforderlich. Es gibt Schablonen für unterschiedliche Zinkenformen.

# Zinken stemmen

## Herstellung einer offenen Zinkung

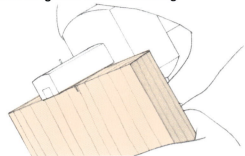

**1** Die Holzteile müssen zunächst gehobelt und die Kanten im Winkel bestoßen werden. Stellen Sie das Streichmaß genau auf die Holzdicke ein.

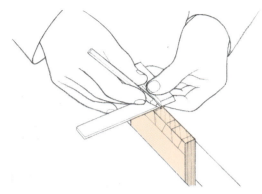

**4** Jetzt nehmen Sie den Winkel und reißen die Einteilung senkrecht auf die Hirnenden. Dann reißen Sie mit der Schmiege (besser noch mit Schablonen) die Schrägen.

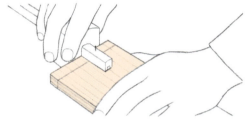

**2** Reißen Sie damit beide Flächen und Kanten jedes Teils. Das sind die Brüstungsrisse für die gesamte Tiefe der Zinken und der Schwalbenschwänze.

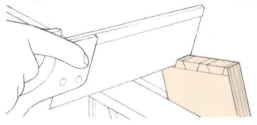

**5** Spannen Sie das Schwalbenteil in die Bank ein und sägen Sie mit dem Fuchsschwanz die Schrägen hinunter bis zum Brüstungsriß, und zwar auf der Verschnittseite der Linie.

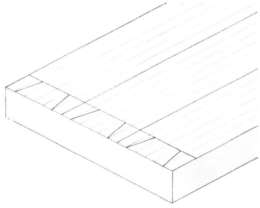

**3** Die Anzahl der Zinken und ihre Breite im Verhältnis zu den Schwalbenschwänzen festlegen. Die Teilung auf dem Schwalbenteil auftragen und mit Bleistift aufreißen. Die folgende Methode ergibt auf einer Materialbreite von 108 mm 3 Schwalben, doppelt so breit wie die Zinken. Teilen Sie die 108 mm in 18 Teile à 6 mm. 1 Teil bekommt der halbe Zinken am Ende, 4 Teile der Schwalbenschwanz, 2 Teile der Zinken und so weiter. Alle Teile zusammen ergeben wieder 108 mm.

**6** Spannen Sie das Zinkenteil senkrecht in die Bank ein, die Außenseite auf Sie gerichtet. Legen Sie einen Hobel als Unterlage auf die Seite und spannen Sie das Zinkenteil so ein, daß seine Oberkante auf dieselbe Höhe kommt. Jetzt legen Sie das Schwalbenteil mit einem Ende auf das Zinkenteil, das andere Ende unterstützen Sie mit dem Hobel. So kommt es waagerecht mit der Außenseite nach oben zu liegen. Halten Sie es gut fest und reißen Sie mit der Säge durch die Sägeschnitte im Schwalbenteil auf das Hirnholz des Zinkenteils darunter.

VERBINDUNGSTECHNIKEN

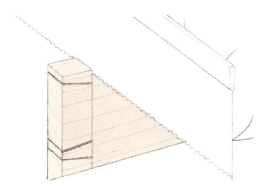

**7** Mit dem Winkel senkrecht auf die Fläche des Zinkenteils und von den Sägerissen herunter auf die Brüstungsrisse anreißen. Schneiden Sie dann wieder auf den abfallenden Teilen, also im Verschnittholz.

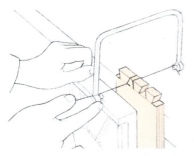

**8** Das Schwalbenteil in die Bank einspannen, den Abfall mit einer Laub- oder Feinsäge bis auf den feinen Riß einsägen und mit einem schmalen scharfen Stecheisen nachstechen. Die Aussparungen für die beiden halben Zinken sollten Sie mit einem Fuchsschwanz abschneiden. Den Zinkenteil ebenso bearbeiten; nehmen Sie hier aber ein möglichst breites Stecheisen zum Nachstechen. Ein Übungsstück ist ratsam!

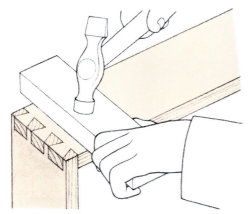

**9** Die beiden Teile vorsichtig mit Hammer und Zulage zusammenklopfen und die Verbindung auf Paßgenauigkeit überprüfen. Arbeiten Sie etwas nach, wo nötig. Dann geben Sie Leim an und spannen die Verbindung zusammen.

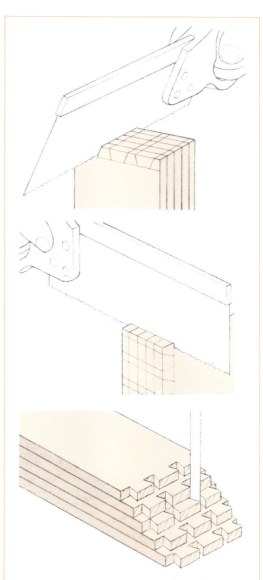

### So macht es der erfahrene Schreiner

Wenn man mehrere Ecken gleichzeitig zinkt, kann man alle Teile auf einmal bearbeiten: Man reißt mit einem sehr spitzen Bleistift Teilung, Schräge und Tiefe an, sägt im abfallenden Teil bis zum Tiefe-Riß ein und sägt die äußeren Abfallteile einzeln oder im Block ab; dann spannt man sie stufenartig auf die Bank und stemmt den Abfall bis etwa zur Mitte aus, wendet und bearbeitet das einzelne Stück auf einer Zulage entsprechend. Die fertige Schwalbenseite wird kantenparallel an ihr Gegenstück gehalten, das Profil der Seite mit einem spitzen Bleistift und die Tiefe mit dem Strichmaß übertragen. Weiteres Bearbeiten der Zinkteile analog wie bei den Schwalben.

# *Breitenverbindungen*

Mit diesen Verbindungen fügt man Bretter Kante an Kante. Sie brauchen infolgedessen keine großen konstruktiven Kräfte aufzunehmen, aber sie sind haltbar. Die einfachste und zweckmäßigste ist die stumpfe Leimfuge. Sie ist ideal für die Herstellung von Tischplatten und erfordert keine teuren Zwingen. Die Nutverbindung mit fremder Feder ist fest genug für breite Treppenstufen. Sie ist auch geeignet für Verbindungen in Spanplatten, die für eine Spundung (Nut und Feder) nicht fest genug sind. Die Spundung ist eine andere gute Breitenverbindung, ebenso eine gedübelte Fuge oder eine Fuge mit Schrauben und Schlitzen. Was die Festigkeit anbelangt, so gibt es zwischen diesen Verbindungen wenig Unterschiede. Man wählt einfach die, die sich gerade am leichtesten herstellen läßt. Wenn man die Möglichkeit hat, genaue Dübellöcher zu bohren, wird man sich für die gedübelte Fuge entscheiden.

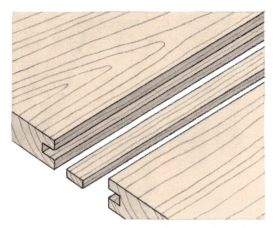

**Nutverbindung mit fremder Feder:** Nuten Sie beide Bretter gleich breit und gleich tief, etwas tiefer als die Federbreite. Geben Sie Leim an und spannen Sie die beiden Bretter ein.

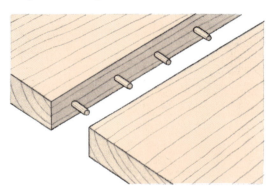

**Gedübelte Fuge:** Reißen Sie die Lage der Dübel auf die Brettkanten. Die Löcher bohren. Leim angeben und die Dübel in die Löcher eines Bretts stecken. Geben Sie Leim in die Löcher des anderen Brettes. Setzen Sie beide zusammen und spannen Sie beide Bretter ein.

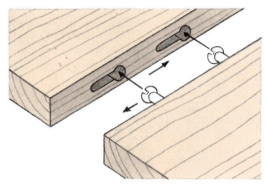

**Verbindung mit Schrauben und Schlitzen:** Schrauben bis auf 10 mm in die eine Kante drehen. Löcher für die Schraubenköpfe bohren und Schlitze für die Schäfte anlegen. Leim auf die Kanten geben. Die Schraubenköpfe in die Löcher stecken und zusammentreiben.

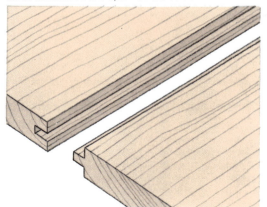

**Spundung:** Reißen Sie ⅓ der Brettdicke mit dem Streichmaß auf die Kanten. Mit dem Nuthobel stellen Sie die Nut her, so tief wie die halbe Holzstärke. Dann stoßen Sie die Feder mit dem Falzhobel an. Geben Sie Leim an und spannen Sie die Teile zusammen.

**Achten Sie auf Farbe und Faserverlauf,** wenn Sie Bretter für Breitenverbindungen auswählen. Nehmen Sie nach Möglichkeit Bretter vom Viertelschnitt, denn sie werfen sich weniger. Seitenbretter sollten Sie stürzen, einmal die Innenseite oben, einmal die Außenseite oben. Dann bleibt die ganze Breite besser stehen. Bretter mit Dicken von 20−40 mm sind am besten für diese Verbindungen geeignet. Achten Sie darauf, daß an den Kanten keine schwarzen Äste oder andere Holzfehler sind. Wählen Sie Bretter, die in Farbe und Faserverlauf zusammenpassen. Die Fasern der Bretter sollten in die gleiche Richtung laufen, sonst müssen Sie beim Putzen in einer Richtung gegen die Faser hobeln.

VERBINDUNGSTECHNIKEN

## Herstellen einer stumpfen Leimfuge

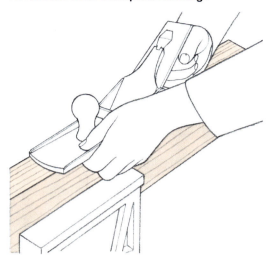

**1** Beide Bretter in die Hobelbank spannen. Die Kanten mit der Rauhbank abrichten. Drücken Sie mit den Fingerspitzen zur Führung gegen die Brettflächen. Den letzten Span auf der ganzen Länge abnehmen.

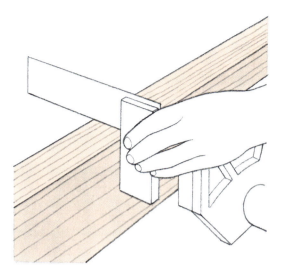

**2** Kontrollieren Sie zwischendurch immer wieder mit Winkel und Lineal.

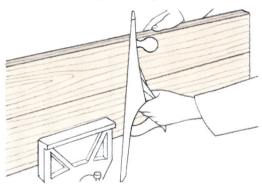

**3** Auch die Flucht muß überprüft werden. Die Bretter hochkant aufeinanderlegen. Sie sollten vollkommen gerade und eben sein, kein Licht darf durchscheinen.

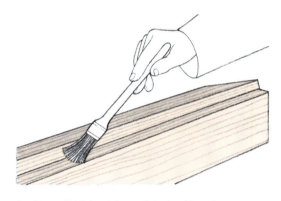

**4** Guten Kaltleim nicht zu dick einseitig auftragen.

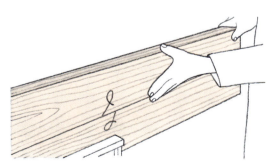

**5** Reiben Sie beide Kanten aufeinander, damit der Leim in die Poren eindringt. Sobald es etwas schwerer geht, fängt der Leim an zu ziehen. Immer wieder den überschüssigen Leim entfernen.

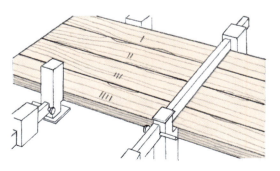

**6** Richten Sie die Bretter aus. Wenn Sie drei und mehr Bretter gleichzeitig verleimen, Zwingen einsetzen. Eingespannt lassen, bis der Leim abgebunden hat. Das dauert bei Zimmertemperatur etwa 30 Minuten.

# Gedübelte Verbindungen

Dübel, einfache Massivholzstangen mit vollkommen rundem Querschnitt, erfreuen sich bei Hobbytischlern wie Berufsschreinern allgemeiner Beliebtheit. Sie eignen sich zum Verbinden von Holzteilen, ohne daß komplizierte Verbindungstechniken angewandt werden. In die zu verbindenden Holzflächen die Löcher so bohren, daß die Holzdübel streng passen. Dann kann die Verbindung verleimt werden. Dübel gibt es in verschiedenen Größen und für alle Anwendungsbereiche. Damit sie besonders fest sind, macht man sie aus Rotbuche.

Für die richtige Anwendung muß man auf einige Dinge achten. Die erste Überlegung betrifft das Verhältnis zwischen dem Dübel und den Holzteilen, die verbunden werden sollen. Der Dübeldurchmesser sollte etwa ⅓ der Holzdicke betragen. Die Dübellänge sollte etwa 1½mal die Holzdicke sein und 6 mm weniger als die Tiefe beider Bohrlöcher zusammen.

Dann kommt das Hauptproblem: Das genaue Anreißen jeder Bohrung auf den einzelnen Holzteilen. Es gibt alle möglichen Lehren zu kaufen, die diese Arbeit erleichtern. Aber auch selbstgebaute Lehren erfüllen in den meisten Fällen ihren Zweck.

Zunächst einmal müssen die Dübellöcher genau und sauber gebohrt werden. Etwas tiefer als notwendig ausbohren, damit die Dübel auch ganz sicher völlig eindringen und etwas Platz für überschüssigen Leim ist. Die Kanten der Bohrungen sollten ganz leicht abgeschrägt werden, damit die Dübel leichter in die Löcher hineinrutschen. Wenn die Dübel geriffelt sind, können Luft und Leim beim Zusammenpressen der Verbindung besser entweichen.

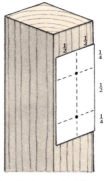

**Eine Kartonschablone** ist zum Anreißen der Lage von Dübeln sehr praktisch, etwa bei Türrahmen, wenn man nur zwei oder drei Dübel braucht.

Schneiden Sie ein Stück steifen Karton rechteckig, in den Abmessungen des Holzquerschnitts, aus. Reißen Sie die Mittellinie und je eine Linie bei ¼ und ¾ quer dazu an. Für Rahmen mit einer Breite von mehr als 75 mm verwenden Sie 3 Dübel, einen davon genau in der Mitte. Stechen Sie mit einem spitzen Bleistift bei den Schnittpunkten durch den Karton und nehmen Sie die Löcher zum Anreißen beider Flächen.

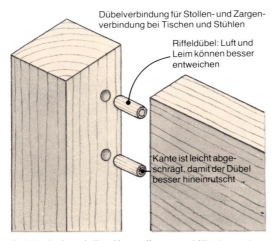

Dübelverbindung für Mittelböden, Tisch- und Hockerkonstruktionen

Dübelverbindung für Stollen- und Zargenverbindung bei Tischen und Stühlen

Riffeldübel: Luft und Leim können besser entweichen

Kante ist leicht abgeschrägt, damit der Dübel besser hineinrutscht

**Bei der industriellen Herstellung** von Möbeln werden Dübel immer häufiger verwendet. Man kann mit ihnen bequem eine verstärkte stumpfe Verbindung herstellen, und das ist in der Massenproduktion erheblich billiger als herkömmliche Holzverbindungen, wie beispielsweise Stemmzapfen.

### Dübelabmessungen und -abstände

| | |
|---|---|
| Kastenbau (Schrankkorpusse) | Setzen Sie die Dübel 10 cm auseinander; mindestens 3 Stück verwenden. |
| Notwendige Dübeldurchmesser für verschiedene Plattendicken | bei 12-mm-Platten 6-mm-Dübel; bei 16-mm-Platten 8-mm-Dübel; bei 19-mm-Platten und mehr 10-mm-Dübel. |
| Türen bzw. Türrahmen | Setzen Sie die Dübel 2,5–5 cm auseinander; mindestens 2 Stück verwenden |
| Notwendige Dübeldurchmesser bei Rahmen | Bei Rahmendicke von 19–22 mm Dübeldicke 10 mm; 35 mm und darüber Dübeldicke 12 mm. |

VERBINDUNGSTECHNIKEN

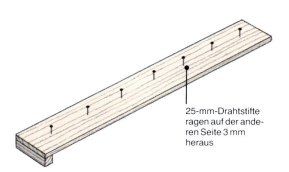

25-mm-Drahtstifte ragen auf der anderen Seite 3 mm heraus

Diese Lehre ist ganz einfach in der Werkstatt herzustellen. Man kann damit Sperrholz und Spanplatten für Schrankkorpusse (Kastenbau) präzise anreißen.

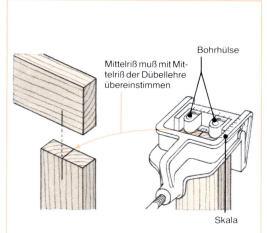

Bohrhülse

Mittelriß muß mit Mittelriß der Dübellehre übereinstimmen

Skala

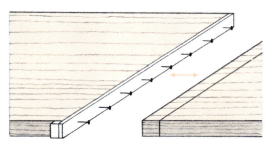

**1 Wenn Sie die Lehre verwenden,** richten Sie die Nagelspitzen auf das Hirnende der Platte, die verdübelt werden soll. Schlagen Sie etwas auf den Rahmen der Lehre, damit sich die Nagelspitzen auf dem Holz gut sichtbar abzeichnen.

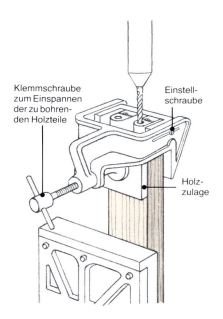

Klemmschraube zum Einspannen der zu bohrenden Holzteile

Einstellschraube

Holzzulage

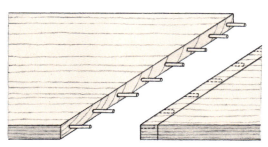

**2 Bohren** Sie die Dübellöcher in die Nagelabdrücke. Die andere Platte genauso bearbeiten. Ein Holzspiralbohrer ist mit seiner Führungsspitze für Bohrungen in Querschnittflächen besonders geeignet, weil er nicht abwandert. Stecken Sie die Dübel hinein. Die Enden abschrägen, damit sie besser hineinrutschen.

### Dübellehren

Dübellehren mit ihren Präzisionsteilen aus Metallguß erlauben schnelles und genaues Bohren von Dübellöchern. Bohrhülsen mit verschiedenen Innendurchmessern zum Bohren von Löchern verschiedener Durchmesser werden mitgeliefert. Die Lage der Bohrhülsen ist verstellbar, und bei den Holzteilen muß nur die Mitte angerissen werden. Die Hölzer lassen sich mit einer Klemmschraube festspannen, wobei eine Holzzulage vor Beschädigung schützt.

# Verarbeitung von Plattenmaterial

Platten sind billiger als Massivholz; sie sind verhältnismäßig einfach zu verarbeiten, weil sie nach dem Zusammenbau gut stehen bleiben, und sie sind in großen Abmessungen erhältlich. Sie sind infolgedessen für große, flache Bauteile, wie Füllungen, Fachböden und Türen, geeignet.

Die Oberflächen dieser Platten sind vom Hersteller vorbehandelt, man sollte sie also nicht hobeln. Die Kanten können aber gehobelt werden, und zwar von den Enden nach innen, damit die Kanten nicht ausbrechen.

Die Plattenkanten sind häßlich und werden leicht beschädigt, deswegen sollte man rechteckige Massivholzleisten (vorzugsweise aus Laubholz) aufleimen. Manche Spanplatten, Multiplexplatten und Stabplatten sind porös, und man muß sie gut grundieren, bevor die endgültige Oberfläche aufgebracht wird. Wenn Sie Hartfaserplatten tapezieren wollen, müssen Sie mit einer passenden Grundierung vorarbeiten.

Multiplexplatten können mit Nägeln, Stiften, Schrauben oder Klebern befestigt werden. Behandeln Sie alle Schrauben- und Nagelköpfe mit Ölfarbe, sonst rosten sie, und man sieht sie durch einen Dispersionsanstrich hindurch. Nehmen Sie Schrauben und Nägel in der richtigen Größe, damit sie im Untergrund richtig fest halten.

Nageln oder schrauben Sie nicht in Spanplatten- oder Sperrholzkanten, auch nicht in die Schmalflächen von Tischlerplatten, es sei denn, sie sind mit Massivholz verstärkt oder Sie haben einen Hartholzdübel eingeleimt, in dem die Nägel oder Schrauben fest sitzen. Ebensowenig sollte zwischen die Mittellagen in Stabplatten geschraubt oder genagelt werden. Nägel mit Stauchköpfen und Rundkopfschrauben geben in Hartfaserplatten den besten Halt. Auch die meisten Holzleime sind für ungehärtete Hartfaserplatten geeignet. Wenn Sie die glatte Seite verleimen, die Oberfläche aufrauhen, damit sie besser klebt. Wenn Sie mit Hartfaserplatten arbeiten, vermeiden Sie Beschädigungen der Oberfläche. Kein Nacharbeiten, und sei die Mühe noch so groß, kann die ursprüngliche Oberfläche wiederherstellen.

Hartfaserplatten und 3schichtiges Sperrholz sind am leichtesten zu biegen. Hartfaserplatten sind besonders flexibel, wenn sie mit der geprägten Seite nach außen gebogen werden. Niemals 3schichtige oder Multiplexplatten biegen, die bereits in der Breite verleimt sind.

**Die Handkreissäge** ist das schnellste und wirksamste Werkzeug zum Zuschneiden von Plattenmaterial. Verwenden Sie für Stabplatten, Sperrholz und Spanplatten hartmetallbestückte Sägeblätter. Da die Handkreissäge nach oben schneidet, müssen Sie die obere Fläche der Platte entlang der Schnittlinie vorritzen, damit der Schnitt nicht ausreißt. Legen Sie ein langes Brett über zwei Böcke und unterstützen Sie es mit zwei Holzplatten, die fest neben die Schnittlinie geklemmt werden. Legen Sie auch immer etwas unter den Abschnitt, damit er nicht am Ende des Sägeschnitts abbricht. Achten Sie darauf, daß Sie beim Schneiden die Ecken nicht beschädigen.

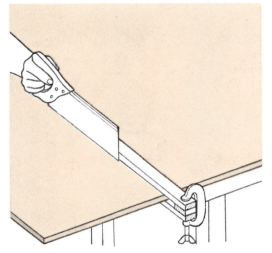

**Eine Schlitzsäge oder einen Fuchsschwanz** mit feiner Zahnung für Plattenmaterial verwenden, wenn keine Handkreissäge zur Verfügung steht. Halten Sie eine Ersatzsäge zum Schneiden von Platten bereit, denn der Leim in den Platten macht die Zähne schnell stumpf. Vor allem in Spanplatten ist besonders viel Leim. Um ein Ausreißen des Schnitts zu verhindern, ritzen Sie auf beiden Seiten die Schnittlinie vor oder kleben Sie einen Klebstreifen darüber. Schneiden Sie immer mit dem Abwärtsstoß in die Platte, nie mit dem Zug. Nicht mit den Zähnen über die Oberfläche ritzen, wenn Sie die Säge zurückziehen, dann reißt der Schnitt auch nicht aus.

VERBINDUNGSTECHNIKEN

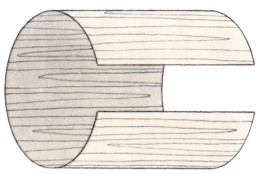

**Sperrholz** läßt sich zu einer Kurve oder sogar zu einem Kreis biegen, da es äußerst elastisch ist. Je dünner das Sperrholz ist, desto besser kann man es biegen. Wenn Sie eine sehr enge Biegung machen wollen, nehmen Sie das Sperrholz so, daß die Faser außen quer dazu verläuft. Feuchten Sie die äußeren Lagen der Biegung leicht an. Spannen Sie das gebogene Teil auf eine Form und lassen Sie es trocknen.

**Aufleimen von Massivholzkanten**

Ecke auf Gehrung

**Beim Aufleimen von Kanten an Spanplatten** geben Sie Leim an und spannen Sie die Kante auf. Wenn der Leim trocken ist, hobeln Sie die Kante mit der Plattenoberfläche bündig.

**Bei Sperrholz oder Stabplatten** befestigt man die Kanten mit einer Nut-und-Feder-Verbindung (die Feder an die Platte) oder mit Leim und Zwinge. Leimen Sie die Kante so auf, daß sie etwas über die Oberfläche der Platte vorsteht. Bündig hobeln, sobald der Leim abgebunden hat. Nägel möglichst vermeiden.

Kanten bestehen aus Holzstreifen, die man zum Schutz auf die Kanten von Plattenmaterial aufbringt. Sie verdecken auch Hirnholz oder andere Mängel. Kanten sollten etwas breiter als die Holzstärke sein. An den Ecken stoßen sie stumpf aufeinander oder sind auf Gehrung geschnitten.

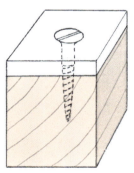 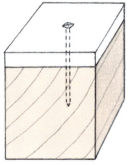

**Wenn sie Sperrholz verschrauben,** vorbohren und den Schraubenkopf versenken. Die Schraube nicht zu fest anziehen, besonders bei weichem Sperrholz.

**Befestigen** Sie die Platten mit Nägeln, wenn Sie verleimen. Lassen Sie die Köpfe vorstehen, damit Sie sie leicht wieder herausziehen können, wenn der Leim abgebunden hat.

**Wenn Sie Hartfaserplatten verschrauben,** grundieren Sie den Schraubenkopf, damit er nicht rostet. Die Schrauben nicht zu fest anziehen.

**Zum Nageln von Hartfaserplatten** sind Stauchkopfnägel am besten geeignet, wenn möglich mit viereckigem Schaft und verzinkt.

## Verbindungen in Plattenmaterial

Für Plattenmaterial mit seinem faserigen oder geleimten Aufbau kommen traditionelle Holzverbindungen kaum in Frage. Viele dieser Verbindungsprobleme lassen sich mit sogenannten Schrankverbindern lösen. Das sind Beschläge aus Metall oder Kunststoff, die besonders für furnierte Spanplatten, Sperrholz oder Tischlerplatten (verleimte Platten mit einer Mittellage aus Massivholzstreifen) geeignet sind.

Die Schrankverbinder sind ziemlich leicht einzubauen und vereinfachen die Möbelherstellung ganz erheblich. Dem Hobbytischler bietet sich dadurch die Möglichkeit, umfangreichere Projekte in Angriff zu nehmen, die ohne diese Beschläge seine Fertigkeit überfordert hätten. Außerdem bieten Schrankverbinder den Vorteil, daß sich fertige Werkstücke schnell zusammenbauen und wieder zerlegen lassen.

Die große Auswahl an Schrankverbindern läßt sich in drei Gruppen einteilen: Verbinder mit Gewinde, ineinandergreifende Verbinder und Schrankverbinder mit einem beweglichen Bolzen.

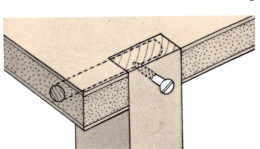

**Verstärken Sie die Kanten von Spanplatten,** die Sie mit Massivholz verbinden wollen, durch einen rechtwinklig eingesetzten Holzdübel. Verwenden Sie nach Möglichkeit Rundkopfschrauben.

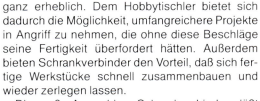

**Kunststoffeinleimmuffe:** Zur Eckverbindung von zwei Spanplattenteilen. Leimen Sie eine Kunststoffmuffe in die eine Kante, dann drehen Sie die Schraube ein.

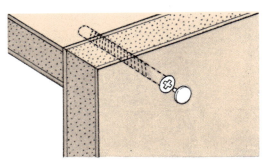

**Konfirmatschraube:** Zur Verbindung von rechtwinkligen Kastenkonstruktionen. Eine sehr feste Verbindung.

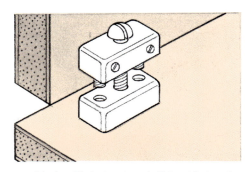

**Trapezverbinder:** Für feste, stumpfe Eckverbindung im rechten Winkel; geeignet für Kastenbau. Schrauben Sie ein Kunststoffklötzchen auf jedes Teil, richten Sie die Bolzen aus und schrauben Sie die Teile zusammen.

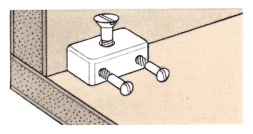

**Einteiliger Schrankverbinder:** Für rechtwinkelige, stumpfe Verbindungen bei leichten Konstruktionen, Fachbödenauflagen, Sockeln und Verkleidungen für Vorhangstangen.

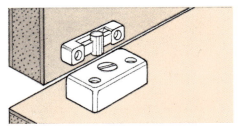

**Exzenterverbinder:** Für schnelles Zusammenbauen und Zerlegen von rechtwinkligen Verbindungen in Bauteilen. Die beiden Teile werden durch eine halbe Bolzendrehung nach rechts zusammengespannt.

## Verbindungen in Sperrholz

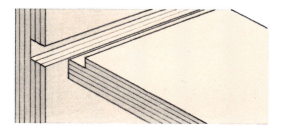

**Alle Nutverbindungen,** gestemmte Verbindungen und Zinkenverbindungen können zur Verbindung von Sperrholzteilen verwendet werden. Schrauben Sie nie in die Kanten von Sperrholz, sonst spalten Sie die Lagen.

**Eingezapfter Boden:** Für Verbindungen, die sehr fest sein müssen. Verwenden Sie Hartholzkeile für noch größere Festigkeit. Achten Sie darauf, daß jeder Zapfen mindestens 12 mm breit ist.

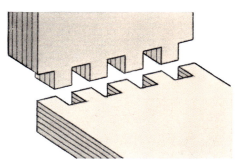

**Fingerzinken:** Für Kästen und Schubladen. Beide Sperrholzteile sollten gleich breit und dick sein.

**Halbverdeckte Zinken:** Für Schubladen, entweder halbverdeckte oder offene Zinkung. Die Sperrholzenden sind oft schwer zu schleifen.

## Verbindungen in Tischlerplatten

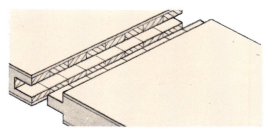

**Nut- und Federverbindung:** Wenn Sie zwei Teile aus Tischlerplatten, wie gezeigt, längs verbinden wollen. Fertigen Sie diese Verbindung nur quer zu den Mittellagenstreifen.

**Massivholzeck:** Wird dann angewandt, wenn zwei Teile aus Stabplatten stumpf über Eck mit Massivholz verbunden werden. Leim, Schrauben oder Leimklötzchen verwenden.

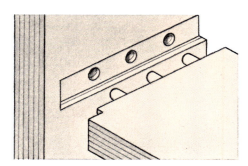

**Dübelung mit abgesetzter Quernut:** Geeignet für Böden. Bohren Sie die Dübel in das Ende der Stabplatte und achten Sie darauf, daß die Massivholzmittellage (Blindholz) längs des Fachs läuft.

**Nutverbindung:** Für Fachböden geeignet. Für besondere Festigkeit darauf achten, daß die Blindholzstreifen längs des Fachbodens laufen.

# Rahmenbau

Es ist ganz erstaunlich, wie oft ein Werkstück, das tage- und möglicherweise wochenlang mit großer Mühe entworfen und hergestellt wurde, beim Zusammenbauen und Verleimen durch Unachtsamkeit ruiniert wird.

Man sollte jede Verbindung eigens probieren, ob sie auch richtig zusammengeht. Dann sollte man Stücke teilweise zusammenbauen, wie etwa das Längsfries und die beiden Querfriese unten, und sie sorgfältig prüfen, bevor man sie verleimt.

Räumen Sie alle Werkzeuge von der Hobelbank und decken Sie sie vor dem Verleimen mit Zeitungspapier ab, das die Tropfen aufnehmen kann.

Öffnen Sie die Zwingen auf die gewünschte Länge und achten Sie darauf, daß kein getrockneter Leim von alten Arbeiten daran klebt.

Eine Zwinge, die auch nur leicht angezogen ist, kann schon häßliche Abdrücke auf der Holzoberfläche verursachen, die unter Umständen schwer zu entfernen sind. Also sind Zulagen ganz wichtig. Schneiden Sie die Zulagen auf die genaue Länge. Darauf achten, daß der Druck auch auf die Verbindung wirkt, daß die Seiten auf dem Werkstück aufliegen und daß alle Flächen der Zwinge parallel sind. Andernfalls kann das fertige Stück verdreht sein.

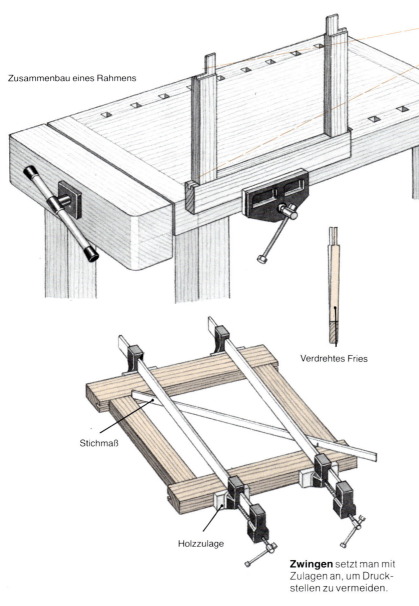

Fluchtlinien

Zusammenbau eines Rahmens

Verdrehtes Fries

Stichmaß

Holzzulage

**Zwingen** setzt man mit Zulagen an, um Druckstellen zu vermeiden.

**Vor dem Zusammenbau** überprüfen, ob Teile des Rahmens nicht verwunden, also eben sind, indem Sie über die beiden Querfriese sehen. Wenn sie nicht in einer Flucht liegen, sind wahrscheinlich entweder die Zapfen oder die Zapfenlöcher schief. Prüfen Sie das durch ein über die Verbindung gelegtes Lineal nach.

Möglichst auf die Mitte der Brüstungslinien der Verbindungen bringen. Sie müssen parallel zu den Friesen liegen, sonst wird der Rahmen aus dem Winkel gezogen. Überprüfen Sie, ob der Rahmen nicht verwunden ist, indem Sie von zwei Seiten darüberschauen. Zweimal diagonal mit dem Stichmaß prüfen, ob er im Winkel ist. Die Zwingen nicht zu fest anziehen, sonst biegen sich die Seiten des Rahmens auf.

# VERBINDUNGSTECHNIKEN

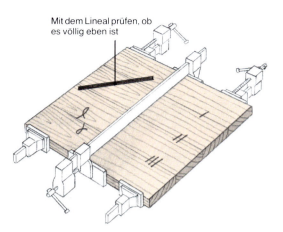

Mit dem Lineal prüfen, ob es völlig eben ist

**Beim Verleimen von Massivholzplatten** müssen Sie besondere Vorkehrungen treffen. Zunächst sollte der Faserverlauf bei jedem einzelnen Teil gleich sein, die Kernseite einmal oben einmal unten liegen und die Maserung zusammenpassen, damit die Oberfläche gut aussieht. Reißen Sie die Fugen an und richten Sie die Kanten gerade und im rechten Winkel ab. Probieren Sie jede Fuge abwechselnd: Es darf keine Lücken geben. Geben Sie Leim an, spannen Sie mit Zwingen und prüfen Sie, ob die Fläche eben ist. Aufbiegen und Krümmen kann man verhindern, wenn man mindestens eine Zwinge von oben ansetzt. Kratzen Sie überschüssigen Leim ab, sobald er etwas angezogen hat.

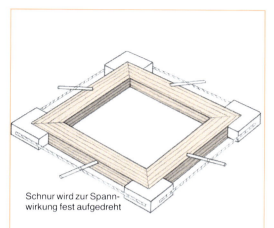

Schnur wird zur Spannwirkung fest aufgedreht

## Spannschnur

Eine solche Spannschnur läßt sich leicht improvisieren und ist ganz besonders nützlich zum Zusammenbauen von Bilderrahmen und kleinen Kästen mit Eckverbindungen auf Gehrung. Für die Zulagen ein Loch mitten durch die Klötze bohren. Dann schneiden Sie Quadrate aus, damit sie an den Ecken halten, und legen kleine Kerben für die Schnur an.

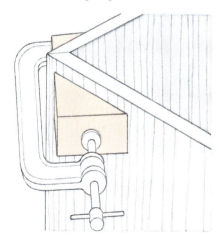

**Teile mit unregelmäßigen Formen zusammenzuspannen,** etwa Ecken, die keinen rechten Winkel bilden, scheint schwierig, aber die einfache Lösung ist folgende: Man leimt passend geformte Klötze auf die Teile, bekommt dadurch parallele Kanten, und kann mit einer Zwinge die Verbindung zusammenziehen. Die spätere Entfernung der Klötze wird erleichtert, wenn vor dem Leimen Papier zwischen Klotz und Werkstück gelegt wird.

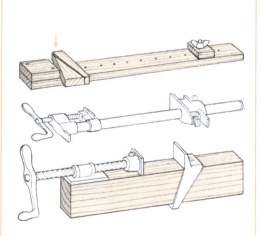

## Selbstgebaute Zwingen

Zwingen sind ziemlich teuer, deshalb ist es bestimmt keine schlechte Idee, ein paar Zwingen im Eigenbau herzustellen. Ein Holzriegel wird an einem Ende mit einem festen oder verstellbaren Klotz versehen. Durch zwei Keile, die gegen einen entsprechend angebrachten Klotz am anderen Ende geschlagen werden, läßt sich leicht genügend Druck zum Verleimen erzeugen. Der Handel bietet auch Zwingengarnituren an, die auf einen Hartholzriegel oder ein Installationsrohr montiert werden.

137

# Leime und Kleber

Die Begriffe Leim und Kleber werden oft verwechselt. Leim bezieht sich auf natürliche Produkte, wie Glutin- oder Kaseinleime, und Kleber auf die modernen synthetischen Produkte.

Es ist manchmal schwierig, die richtige Wahl unter der außerordentlichen Vielfalt von Leimen und Klebern zu treffen, die dem Schreiner zur Verfügung stehen. Manche sind nur für das Kleben von Holz geeignet, andere wieder für alle möglichen anderen Materialien. Um eine vernünftige Wahl treffen zu können, muß sich der Schreiner über zwei Dinge klar werden: Was muß geklebt werden? Und wo wird das Produkt schließlich verwendet? Man könnte sich auch fragen, ob Leim überhaupt notwendig ist. Holzteile können ja auch durch Nägel und Schrauben zusammengehalten werden. Für den Fall, daß man ein Stück irgendwann zum Reparieren auseinandernehmen muß, sollte man es gar nicht erst verleimen.

Die Verwendung des richtigen Leims für eine bestimmte Arbeit hat aber ganz gewisse Vorteile. Unter Umständen kann eine gute Leimfuge 100 % Festigkeit erreichen im Vergleich zu 15 % bei einer dürftigen Nagelverbindung.

Leim ist in solchen und anderen Fällen die einfachste Lösung, beispielsweise wenn schwache Hölzer, die leicht brechen, eine solide Holzverbindung unmöglich machen, oder wenn zum Nageln oder Schrauben kein Platz ist.

Feuchtes Holz mit einem Feuchtegehalt von über 20 % läßt sich nicht zufriedenstellend leimen. Wenn das Holz draußen gelagert war, sollte es einen oder zwei Tage bevor es verleimt wird drinnen untergebracht werden.

Holz, das schmutzig, staubig oder schmierig ist, läßt sich gar nicht leimen. Im Idealfall sollten Holzverbindungen am gleichen Tag verleimt werden, an dem sie hergestellt werden. Bei manchen öligen Hölzern, wie Teak, muß die Verbindung innerhalb weniger Stunden verleimt werden, sonst kommen die natürlichen Öle an die Oberfläche, und es gibt keine Adhäsion zwischen Holz und Leim. Wenn nötig, kann ölhaltiges Holz auch mit Lösungsmittel, wie Zelluloseverdünnung, entölt werden. Vorausgesetzt, die Leimflächen sind frisch geschnitten, gesägt oder gehobelt, besteht keine Notwendigkeit, sie aufzurauhen oder abzuzahnen, bevor man verleimt. Achten Sie aber darauf, daß stumpfe Schneiden die Oberfläche nicht poliert oder sogar leicht verbrannt haben. Vermeiden Sie, wenn es geht, Querholzverleimungen. Der Leim wird von den offenen Poren sehr schnell absorbiert. Wenn es unumgänglich ist, streichen Sie die Hirnholzflächen mit verdünntem Leim ein, um die Oberfläche zu schließen: Sobald er trocken ist, verleimen Sie wie gewöhnlich.

| Name | |
| --- | --- |
| Glutinleim, Knochenleim | Polyvinylacetat (PVAc) |

| **Verwendung** | |
| --- | --- |
| Für traditionelle Schreinerarbeiten und Hammerfurniere. Gleich zu Beginn gute Klebeeigenschaften, wenn der Leim abkühlt. Durchfeuchtet allerdings die Oberflächen. | Montage- und Flächenverleimungen, gute Tropfzeit. Für Innenarbeiten. |

| **Abbindezeit** | |
| --- | --- |
| 1–24 Stunden | 20–60 Minuten |

| **Festigkeit** | |
| --- | --- |
| gut | gut |

| **Wasserfestigkeit** | |
| --- | --- |
| gering | gering |

| **Fülleigenschaften** | |
| --- | --- |
| gut | gering |

| **Hitzebeständigkeit** | |
| --- | --- |
| gering | gering |

| **Reinigungsmittel** | |
| --- | --- |
| warmes Wasser | Wasser |

| **Markenbezeichnung** | |
| --- | --- |
| | z. B. Ponal, Kleiberit |

VERBINDUNGSTECHNIKEN

| Schmelz-kleber | Harnstoff-Form-aldehydharz-Leim | Resorcin-Form-aldehydharz-Leim | Epoxydharz-kleber | Neopren-Kontakt-Kleber |
|---|---|---|---|---|
| Wird in elektrischer Klebepistole verwendet. Klebt bei hohen Temperaturen (200°C) Fliesen auf Holz. | Aufgrund guter Wasserfestigkeit auch in feuchter Umgebung verwendbar. Gute Montageverleimungen durch besondere Fülleigenschaften. Begrenzte Lagerfähigkeit. | Ausgezeichnet beim Bootsbau und bei der Herstellung von Möbeln und anderen Holzarbeiten für außen. Färbt Holz. Begrenzte Lagerfähigkeit. | 2-Komponenten-Kleber. Brauchbar für Holz/Metall/Glas-Verklebungen. Verliert beim Abbinden nicht an Volumen. Nicht hautverträglich. Teuer. | Gut geeignet zum Verkleben von Kunststoffbeschichtungen und Furnieren auf Holz. Elastische Fuge. Die meisten Typen haben leicht entzündbare Dämpfe. |
| bis zu 1 Minute | 3 Minuten bis 24 Stunden. Je nach Typ und Temperatur. | 3 Minuten bis 24 Stunden. Je nach Typ und Temperatur. | 5 Minuten bis 24 Stunden. Je nach Typ und Temperatur. | 5–11 Minuten. |
| sehr gut | ausgezeichnet | ausgezeichnet | ausgezeichnet | befriedigend |
| gut | sehr gut | ausgezeichnet | ausgezeichnet | befriedigend |
| gut | gut | gut | gut | gering |
| gering | sehr gut | sehr gut | ausgezeichnet | gering |
| Schleifpapier oder ähnliches | Vor dem Abbinden: Aceton, warme Seifenlösung | Vor dem Abbinden: warme Seifenlösung | Vor dem Abbinden: warme Seifenlösung | Aceton-Pattex-Verdünner |
| | | | Uhu plus | Pattex |

# Arbeiten mit besonderen Formen

Ob Bauernstühle oder Kommoden, geschwungene oder sonstwie besonders geformte Holzarbeiten kommen häufig vor. Bei ihrer Herstellung gibt es wieder ganz spezielle Probleme. Sie bestehen im wesentlichen darin, daß Massivholz unvermeidlich geschwächt wird, wenn man es in Kurven ausschneidet. Außerdem können dünne Holzabschnitte zwar leicht gebogen werden, sie nehmen aber sofort ihre ursprüngliche Form wieder an, wenn sie losgelassen werden. Die beste Methode, Holzarbeiten mit besonderen Formen herzustellen, ist entweder dämpfen und biegen oder formleimen, das bedeutet, eine Anzahl kleinere, dünnere Holzteile aufeinander zu leimen und in eine Form zu spannen.

Dämpfen und biegen kann man tadellos in einem selbstgemachten Dämpfer aus Metall. Er wird mit dem Heizelement eines elektrischen Wasserkessels ausgerüstet, das genügend Hitze zum Biegen von Hölzern bis zu 1 m Länge abgibt.

Formverleimte Schweifungen haben annähernd die doppelte Festigkeit wie Schweifungen, die man aus Massivholz aussägt. Je schwächer die einzelnen Schichten bei einer gegebenen Holzstärke, desto fester die fertige Form: Denken Sie aber auch an den Mehraufwand beim Schneiden und Verleimen, der dabei nötig ist. Suchen Sie gerades Holz mit schlichtem Faserverlauf aus, sonst kann es zu Verwindungen kommen. Buche läßt sich normalerweise gut formverleimen.

**Bögen und Schweifungen**

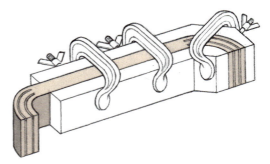

**Furnierstreifen in Sägeschnitte** leimen ist dann eine zufriedenstellende Alternative zur Schichtverleimung, wenn nur die Enden eines dicken Holzteils gebogen werden müssen. Sägen Sie das Teil dort ein, wo die Biegung sein soll. Leimen Sie Furnierstreifen in die Sägeschnitte, und zwar genau in der Stärke der Schnitte. Spannen Sie die Biegung auf eine Form, bis der Leim abgebunden hat.

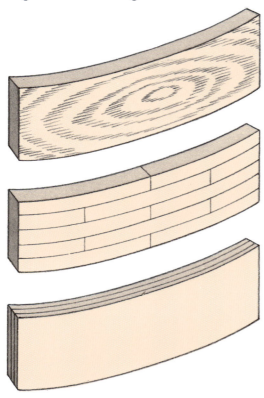

**Bögen** sollten nur dann aus Massivholz geschnitten werden, wenn sie flach sind. In jedem Fall gibt es bei dieser Methode viel Abfall. Wenn der Bogen steil wird, werden die Fasern verkürzt und daher schwach an den Enden. Dem Problem mit den kurzen Fasern kann man aber durch eine Art Ziegelkonstruktion beikommen: Mehrere Lagen kleiner Holzstäbe auf Fuge gut verputzt und vorn und hinten furniert. Die beste Methode ist aber die Herstellung einer Formverleimung.

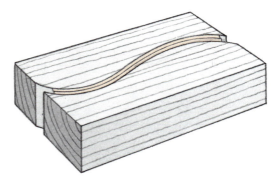

**Stellen Sie Formen aus festem Massivholz** oder anderen Materialien her, etwa aus Klötzen verleimten Spanplatten, schneiden Sie die Formen positiv und negativ so aus, daß sie zusammenpassen und rundum 2,5 cm größer sind als das fertige Teil werden soll. Die Druckflächen der Form einwachsen oder mit Paketband abkleben.

VERBINDUNGSTECHNIKEN

## Formverleimung

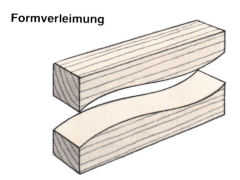

**1** Schneiden Sie die einzelnen Lagen rundum 13 mm größer als das fertige Teil werden soll und so dünn wie nötig, daß man es in die Biegung legen kann. 0,8–3 mm ist eine brauchbare Dicke. Legen Sie ein Stück Gummi auf beide Druckflächen, um Unebenheiten auszugleichen.

**2** Verwenden Sie Kunstharzleim. Geben Sie ihn gleichmäßig auf jede Schicht, am besten mit einem Leimauftragsgerät. Legen Sie das »Sandwich« aufeinander. Der Faserverlauf aufeinanderfolgender Schichten muß nicht im rechten Winkel sein. Fahren Sie fort, bis die gewünschte Materialdicke erreicht ist. Es ist nicht notwendig, wie bei Sperrholz, eine ungerade Zahl von Lagen zu nehmen.

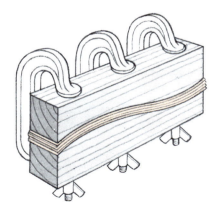

**3** Setzen Sie die Zwingen an, zuerst die in der Mitte. Wischen Sie überschüssigen Leim weg. Wenn der Leim abgebunden hat, können Sie die Kanten bearbeiten.

Ungefähre Kurvenradien, bei denen die Bruchrate 5% kaum übersteigt, wenn man lufttrockenes Holz mit geradem Faserverlauf und einer Stärke von 2,5 cm biegt.

| Sorte | ungefährer Radius | |
|---|---|---|
| | ohne Bandeisen in mm | mit Bandeisen in mm |
| Buche | 330 | 40 |
| Esche | 300 | 75 |
| Birke | 430 | 75 |
| Ulme | 240 | 10 |
| Eiche | 330 | 50 |
| Echtes Mahagoni | 910 | 840 |
| Teak | 710 | 460 |
| Fichte | 810 | 760 |

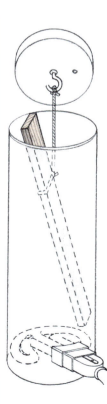

**Dämpfen Sie Massivholz** 1 Stunde pro Zoll = 2,5 cm Dicke. Biegen Sie das gedämpfte Holz entweder mit Hilfe einer Schablone auf die gewünschte Form, oder Sie spannen es um starke Holzdübel, die in einer Grundplatte befestigt sind. Wenn eine enge Kurve gebogen werden muß, verstärken Sie die Außenfläche des zu biegenden Materials mit einem Bandeisen aus Flußoder Federstahl, das Sie auf die Enden festzwingen. Dabei können Sie auch Verlängerungen auf die Enden des Werkstücks spannen, damit Sie bei einer engen Biegung bessere Hebelwirkung haben. Lassen Sie das Werkstück eingespannt, bis es kühl und trocken ist, dann spannen Sie es aus.

Das Bestreben, die Holzarbeit mit einer Oberfläche zu versehen und sie dadurch zu schmücken oder zu schützen, ist so alt wie das Handwerk selbst. Schellack wurde schon vor mindestens 3000 Jahren in Indien verwendet, und andere Lacke vielleicht noch früher in China. Die alten Ägypter verwendeten ganz sicher eine Reihe von Farben und Lacken, sowohl bei der Mumifizierung als auch bei verschiedenen Holzarbeiten.

Lack wurde schon von den Römern hergestellt und verwendet. Während des ganzen Mittelalters stand der Lack den Handwerkern als eine der wichtigsten Holzoberflächen zur Verfügung und in den Händen der italienischen Instrumentenbauer des 18. Jahrhunderts kam er zu ganz besonderer Wirkung. Lack ist ja nichts anderes als Harz in einer Lösung – eine Tatsache, die der heutigen Handwerkergeneration oft nicht klar ist. Er ist auch die Grundlage für viele heute verwendete Holzoberflächen. Viele andere Mittel zur Oberflächenveredelung sollte man genauer als Klarlacke (Versiegelungen) bezeichnen.

Mitte des 19. Jahrhunderts kam es zu der seit Jahrtausenden ersten wirklich grundlegenden Neuerung bei der Holzoberflächenbehandlung. Bis dahin waren alle Oberflächenmaterialien im wesentlichen natürlichen, also tierischen oder pflanzlichen Ursprungs. Nun erfand man künstliche Substanzen, wie Nitrozellulose, und zu Beginn des 20. Jahrhunderts entwickelte der belgische Chemiker Leo Baekeland mit dem Bakelit den ersten Kunststoff. Dieses Ereignis war der erste Schritt auf dem Weg zu den Kunststoffbeschichtungen. Kunstharze, auch die ersten Acryle, folgten in den 20er und 30er Jahren, wiederum Vorläufer vieler moderner Holzoberflächen.

Viele Handwerker sind fälschlicherweise der Ansicht, es gäbe einen unüberbrückbaren Gegensatz zwischen den traditionellen Holzoberflächen mit ihrer jahrtausendealten Herkunft und modernen, synthetischen Materialien. Ohne Zweifel ist französische Politur (Bezeichnung für verschiedene Polituren auf der Basis von Alkohol und gelöstem Schellack) als wichtigste traditionelle Holzoberfläche hinsichtlich der optischen Wirkung noch heute unübertroffen. Bezüglich der Haltbarkeit aber ist sie in vielen Fällen weniger geeignet als moderne Oberflächen.

Furnierarbeiten sind eine andere wichtige Technik, um die es in diesem Abschnitt geht. Auch in dem Fall wäre es falsch, die Rolle moderner Materialien bei diesen ausgesprochen traditionellen Arbeiten zu unterschätzen. Massivholz, früher meist der Unterbau für Furnierauflagen, wird dafür heute kaum noch verwendet. Stattdessen nimmt der Tischler stabilere Plattenmaterialien, mit denen man anspruchsvolle Oberflächen zu einem reellen Preis erzielen und dabei gleichzeitig die zunehmend wertvollere Rohstoffquelle Massivholz schonen kann.

# Oberflächen-behandlung

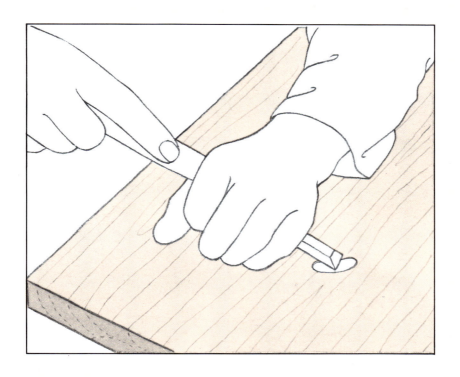

# *Furniere*

Das Furnieren, also Holz mit einer schwachen Lage aus schönem, dekorativem Holz versehen, ist eines der ältesten Handwerke in der Geschichte der Menschheit. Es gibt Beispiele für Furnierarbeiten aus dem antiken Ägypten, die etwa 4000 Jahre alt sind. Zum sachgemäßen Schneiden, Zusammensetzen und Aufleimen von Furnieren braucht man sowohl größte technische Fertigkeit als auch künstlerisches Gespür.

Furnierarbeiten führt man aus verschiedenen Gründen durch. Dekorative Hölzer mit interessanter Textur sind oft zu instabil oder dünn, als daß sie massiv verarbeitet werden könnten. Die Herstellung von Möbeln aus Massivholz besonders schöner Holzarten, wie Rosen- oder Ebenholz, ist aus Kostengründen unmöglich. Die Nachfrage nach Massivholzmöbeln würde den Weltvorrat an dekorativen Harthölzern schnell erschöpfen. Da es in der heutigen Zeit sehr gutes Plattenmaterial gibt, ist es viel sinnvoller, diese nützlichen Eigenschaften durch Furnieren mit einem schönen äußeren Erscheinungsbild zu verbinden.

Nur sehr wenige der rund 30 000 Holzgewächse auf unserem Planeten werden zu Furnieren verarbeitet. Aber dennoch unterscheiden sich Furniere in ihrem Aussehen enorm, weil unterschiedliche Wachstumsbedingungen und Herstellungsverfahren bei ein und derselben Holzart zu verschiedenen Ergebnissen führen. Früher wurden alle Furniere mit einer großen Kreissäge gesägt. Heute werden sie mit Ausnahme der ganz harten Hölzer (wie Ebenholz oder Goldregen) mit Messern geschnitten.

Der erste Schritt bei der Furnierherstellung ist das Einweichen der Stämme. Sie werden in Heißwassertanks eingetaucht oder gedämpft. Dann gibt es verschiedene Methoden zum Schneiden. Furniere für konstruktive Zwecke, etwa für die Sperrholzherstellung, werden durch das Schälverfahren hergestellt: Ein ganzer, entrindeter Stamm wird gegen ein Messer gedreht, das das Furnier in einem ganzen fortlaufenden Stück abschält.

Die meisten Furniere für dekorative Zwecke werden dagegen »gemessert«. Meist wird der Stamm in der Mitte auseinandergeschnitten, auf die dabei entstehende Fläche gelegt, und ein mechanisches Messer trennt Furniere mit dekorativen Herzzeichnungen ab.

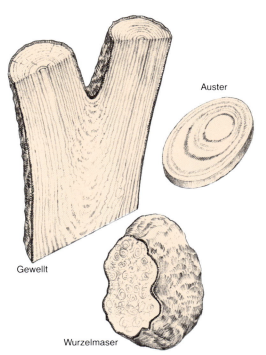

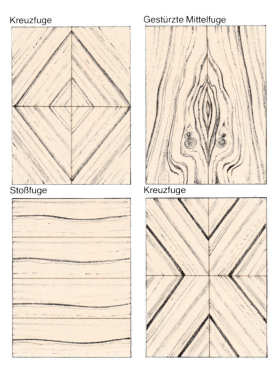

**Ausgesuchte Furniermaserungen:** Gewellte Furniere bekommt man dort, wo sich der Faserverlauf teilt; Maserfurniere stammen von knollenartigen Gewächsen, die man an den Stämmen und Ästen mancher Arten findet (z. B. Nußbaum).

**Das Zusammensetzen von Furnieren** ist notwendig, wenn man große Flächen decken will oder wenn die einzelnen Blätter sehr schmal sind. Die oben gezeigten Grundmuster beruhen darauf, daß aufeinanderfolgende Blätter im gleichen Paket ähnliche Zeichnung haben.

OBERFLÄCHENBEHANDLUNG

## Die Pfeile zeigen den Faserverlauf

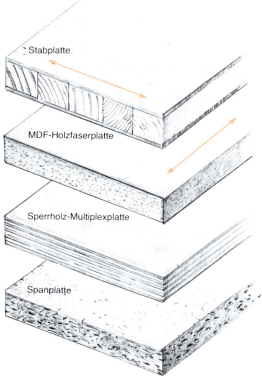

Das Trägermaterial (das Holz, das furniert wird) hat großen Einfluß auf die Qualität der Oberfläche. Das Trägermaterial darf sich nur wenig oder gar nicht werfen, und es muß sauber sein. Gegebenenfalls müssen Sie es mit Schleifpapier aufrauhen, oder Sie ziehen Sägezähne kreuz und quer darüber. Risse müssen Sie füllen, Astknoten entfernen und die Löcher ebenfalls füllen. Beide Seiten furnieren, damit sich die Platte nicht wirft. Bei Stabplatten quer zur Faser der Deckschicht furnieren. Furnieren Sie Massivholz nur dann, wenn die Jahresringe senkrecht zur Fläche stehen.

**Kanten** muß man bei den meisten Plattenmaterialien aufleimen, da die Schnittkanten unschön sind. Entweder nehmen Sie Massivholz-Anleimer oder Furnierstreifen. Letztere können bei groben Schnittflächen Probleme bringen.

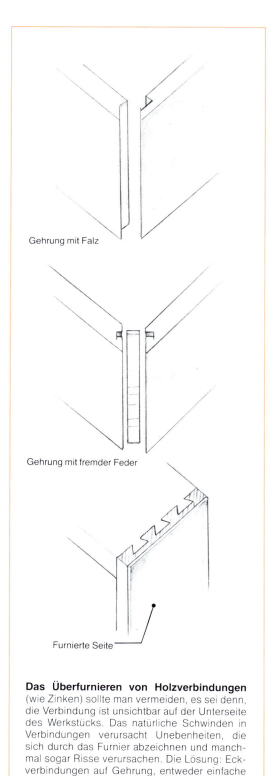

**Das Überfurnieren von Holzverbindungen** (wie Zinken) sollte man vermeiden, es sei denn, die Verbindung ist unsichtbar auf der Unterseite des Werkstücks. Das natürliche Schwinden in Verbindungen verursacht Unebenheiten, die sich durch das Furnier abzeichnen und manchmal sogar Risse verursachen. Die Lösung: Eckverbindungen auf Gehrung, entweder einfache oder, besonders fest, mit fremder Feder.

# Furnieren mit Glutinleim

**Furnieren mit Glutinleim**

Richtig hergestellter Glutinleim (Knochenleim) ist fest und hat eine feine Konsistenz. Superfeste Verklebungen ohne Klumpen sind ohne weiteres möglich. Er eignet sich besonders gut zum Restaurieren alter Möbel.

| | | | |
|---|---|---|---|
| Das Trägermaterial ist das Material, auf das die Furnierlage kommt. | **1** Massivholz oder Plattenmaterial verwenden (aber keine Spanplatten, die sich verbiegen). | **2** Fehlstellen reparieren; falls nötig, Anleimer anbringen.<br>**3** Bei Bedarf reinigen. | **4** Falls das Material kalt gelagert wurde, auf Zimmertemperatur anwärmen. |
| Das Furnier | **1** Das richtige Furnier aussuchen. **2** Die Oberfläche (die glattere Seite) markieren. | **3** Furnier zuschneiden, ringsum 6 mm zugeben. | **4** Wenn das Furnier wellig ist, beidseitig anfeuchten und beschweren. |
| Der Leim | **1** Nur frischen Glutinleim bester Qualität und ohne Klumpen verwenden. | **2** Leim zu cremiger Konsistenz anwärmen. Wenn Sie den Leimpinsel | 8 cm über den Topf halten, sollte er gut ablaufen, ohne zu tropfen. |
| Das Werkzeug vorher bereitlegen. | **1** Furnierhammer<br>**2** Bügeleisen<br>**3** Topf heißes Wasser | **4** Furniermesser<br>**5** Schneidebrett<br>**6** Metallineal | **7** Fugenpapier<br>**8** Zeitungspapier<br>**9** Fusselfreies Tuch |

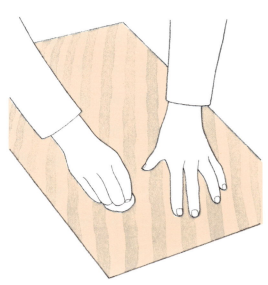

**1 Decken Sie die Hobelbank** mit sauberem Zeitungspapier ab und machen Sie das Trägermaterial gut fest. Völlige Sauberkeit ist ganz wichtig.

**2 Feuchten Sie die Außenfläche** des Furniers mit einem feuchten Tuch an. Legen Sie das Furnier mit der Außenfläche nach unten neben das Trägermaterial.

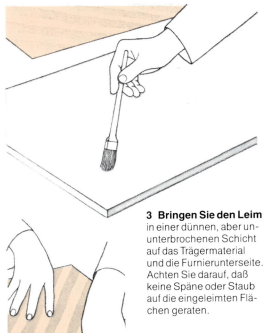

**3 Bringen Sie den Leim** in einer dünnen, aber ununterbrochenen Schicht auf das Trägermaterial und die Furnierunterseite. Achten Sie darauf, daß keine Späne oder Staub auf die eingeleimten Flächen geraten.

**4 Legen Sie das Furnier** auf und reiben Sie es mit einem warmen, feuchten Tuch leicht an. Das verringert schon die Anzahl der Luftblasen, und die Feuchtigkeit verhindert, daß sich das Furnier aufrollt.

OBERFLÄCHENBEHANDLUNG

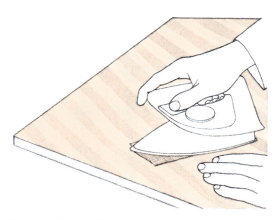

**5 Bügeln Sie das Furnier** an einer Stelle fest, und zwar mit einem feuchten Tuch unter dem Eisen, damit nichts ansengt. Das Eisen sollte so heiß sein, daß ganz schnell etwas Dampf auf seine Sohle schießt, aber nicht so heiß, daß sich Risse im Holz bilden. Halten Sie die Sohle sauber, indem Sie sie hin und wieder mit feinem Schleifpapier abreiben.

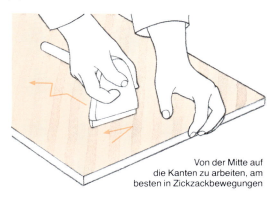

Von der Mitte auf die Kanten zu arbeiten, am besten in Zickzackbewegungen

### Herstellung eines Furnierhammers

Dieses Werkzeug ist einfach herzustellen und ganz wichtig für Furnierarbeiten. Das Holz muß fest sein, da damit erheblicher Druck ausgeübt wird. Rosenholz, Teak oder Kambala sind ideal (sie sind wasserabweisend), aber jedes andere Hartholz eignet sich auch. Die Finne sollte aus Messing oder Aluminium sein, damit sie nicht rostet.

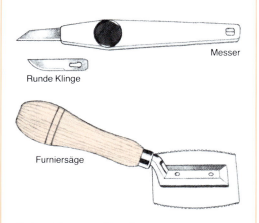

**6 Reiben Sie überschüssigen Leim** mit dem Furnierhammer aus. Arbeiten Sie soviel wie möglich auf der Faser, damit das Furnier nicht breiter wird. Wischen Sie überschüssigen Leim vom Hammer und von den Kanten des Werkstücks. Wiederholen Sie den Vorgang, indem Sie wie bei **5** zuerst den Leim weichmachen, bis Sie mit der ganzen Fläche fertig sind. Wenn der Leim anzieht, mit den Fingerspitzen die Fläche nach Unebenheiten abfühlen und mit Furnierhammer und Bügeleisen nochmals darübergehen.

### Schneiden von Furnieren

Die stärkeren Sägefurniere werden mit einer Furniersäge oder auch mit der Feinsäge geschnitten. Man führt die Säge gerade an einer festgeklemmten Latte. Die meisten Furniere lassen sich mit einem Universalrahmen schneiden. Mit einer runden Klinge kann man in einer Wiegebewegung schneiden, dadurch wird ein Brechen bei Querschnitten verhindert. Mit einer scharfen, spitzen Klinge erzielt man festen, gleichmäßigen Druck.

**7 Die Kanten verputzen.**

147

## Furnieren mit Druckplatten

**Herstellen einer Fuge**

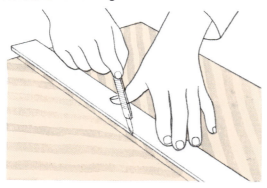

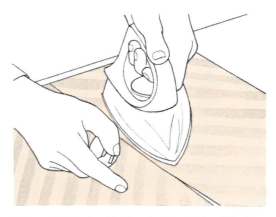

**1 Die beiden Furnierblätter überlappen lassen** und ein Stahllineal oder eine Richtlatte dort anlegen, wo die Fuge sein soll. Drücken Sie das Lineal fest an und schneiden Sie mit dem Messer durch beide Furnierlagen. Wenn der Schnitt sehr lang ist, klemmen Sie die beiden Enden des Lineals fest.

**2 Den abfallenden Furnierstreifen** mit dem Bügeleisen anwärmen und dann einfach wegziehen.

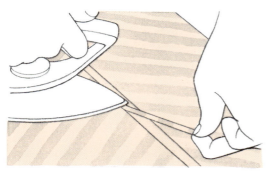

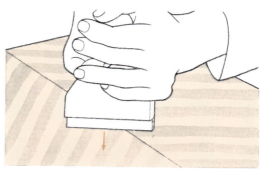

**3 Wärmen Sie den Fugenbereich** noch einmal an und heben Sie den überlappenden Teil vorsichtig an, damit Sie den verbliebenen Streifen darunter entfernen können.

**4 Die Furnierkanten** entlang der Fuge wieder leicht einleimen.

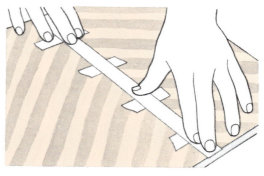

**5 Überschüssigen Leim** abwischen.

**6 Kleben Sie ein Fugenband** längs und quer über die Fuge, damit sie nicht aufgeht. Wenn der Leim anzieht, schwindet das Furnier nämlich ein wenig.

OBERFLÄCHENBEHANDLUNG

## Furnieren mit Druckplatten

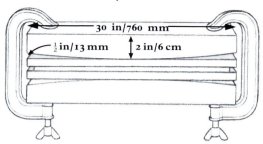

**Dieses Furnierverfahren** läuft auf die Konstruktion einer einfachen Presse hinaus und bewährt sich vor allem bei zusammengesetzten Mustern. Die Einzelteile können vorher zu ganzen Mustern zusammengesetzt und mit Furnierstreifen befestigt werden. Druckplatten sind einfaches Plattenmaterial, 19-mm-Stabplatten eignen sich am besten.

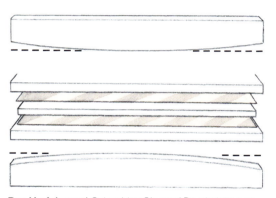

**Das Verfahren: 1** Schneiden Sie zwei Druckplatten zu, und zwar etwas größer als die Platte, die Sie furnieren wollen. **2** Querhölzer zuschneiden, bei denen Sie das eine Ende leicht runden, so daß der Druck von der Mitte nach außen wirkt, wenn sie gespannt werden. **3** Geben Sie PVAC-Kleber mit einem Zahnspachtel auf das Trägermaterial.

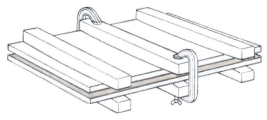

**Verfahren** (Fortsetzung): **4** Wärmen Sie die Druckplatten an und legen Sie die Teile nach »Sandwichart« aufeinander (Mitte). Das Papier nimmt überschüssigen Leim auf. Verwenden Sie Furniernadeln oder Klebestreifen zum Befestigen der einzelnen Furniere. **5** Die Zwingen anziehen, wodurch der überschüssige Leim auf die Kanten zu gedrückt wird.

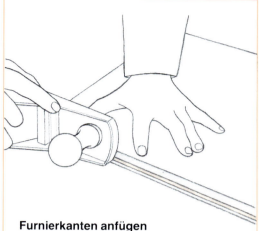

### Furnierkanten anfügen

Die Kanten mancher Furniere brechen leicht ab, wenn sie mit dem Messer geschnitten werden. Man muß sie also nachhobeln, wenn man eine gut passende Fuge haben will. Wenn nur ein oder zwei Furniere gehobelt werden müssen, halten Sie sie mit der Hand zwischen zwei Platten, die etwas breiter sind als die Furniere. Richten Sie dann die Kanten mit einem fein eingestellten Hobel ab. Wenn mehrere Kanten gefügt werden müssen, klemmen Sie die Blätter zwischen zwei Leisten.

### Andere Furnierleime

Glutinleime benutzt der professionelle Tischler heute meist nur noch zum Restaurieren. Überwiegend wird mit PVAC-Leim (»Weißleim«) gearbeitet. Auch PVAC-Leime werden mit Zwingen und Druckplatten verarbeitet; das Erwärmen kann aber entfallen. Entfernen Sie vor dem Leimen Staub und Späne, tragen erst dann den Leim mit einem Zahnspachtel auf. Achten Sie darauf, daß die Auftragmenge stimmt: zu viel Leim kann Leimdurchschlag und lose Furniere zur Folge haben. Legen Sie das Furnier so auf, daß es rundum ca. 6 mm über die Trägerplatte vorsteht. Drücken Sie es leicht mit der Hand an. Mit Kleber vorbeschichtete Furnier- oder Kunststoffstreifen (»Kanten«) können mit einem Bügeleisen aufgerieben werden. Für schnelle Montagen wird wirksam Schmelzkleber (KSch) benutzt; dazu sind einfache »Kleberpistolen« im Handel.

# *Furnierarbeiten*

Eine der schönsten und faszinierendsten Möglichkeiten der Gestaltung von Möbeloberflächen ist das Zusammensetzen von Mustern aus Furnierstücken. Man verwendet oft den Begriff Einlegearbeiten (Intarsien) für dieses weite Feld, aber er bezeichnet eigentlich nur das Einlegen verschiedener Hölzer in eine Massivholzfläche. Die richtige Bezeichnung für die nachfolgend beschriebenen Techniken ist »Furnierarbeiten«.

So hergestellte Ornamente lassen sich entweder praktisch nützen, als Schach oder Damebretter etwa, oder zu Dekorationszwecken. Im letzteren Fall kann man eine Fläche ganz mit einer Furnierdekoration versehen oder sich auf Bänder beschränken, die um die Ränder laufen.

Für ein befriedigendes Ergebnis müssen Sie die Furnierteile genau und sauber zuschneiden und zusammenfügen. Es ist daher wichtig, Furniere auszuwählen, die nicht wellig sind, geraden Faserverlauf aufweisen und deren Farben so schön kontrastieren wie Ahorn (hell) und Nußbaum (dunkel).

Achten Sie darauf, daß Sie die Kernseite des Furniers markieren. Dann können Sie beim Schneiden immer die richtige Seite der Furniere nach oben halten; und das ist nicht immer leicht, da manche Arten in verschiedenem Licht die Farben wechseln. Aus dem gleichen Grund sollten Sie die Furnierteile in der Reihenfolge hinlegen, in der sie geschnitten werden. Die Zeichnung läuft dann natürlich durch das ganze Muster.

Schneiden Sie gleich, wenn Sie einen Satz Furniere herrichten, vorsichtshalber ein paar Extrateile zu. Man beschädigt das empfindliche Material beim Zuschneiden oder Zusammensetzen leicht, und wenn man Ersatzstücke zur Hand hat, spart man sich manchen Ärger.

Als Hilfsmittel beim Zuschneiden und Zusammensetzen dient eine einfache Arbeits- und Schneideplatte aus weichem Sperrholz, etwas größer als die gewünschte Furnierfläche. Als Anschlag nageln Sie eine vollkommen gerade Holzleiste auf die eine Kante der Platte.

Lassen Sie sich genügend Zeit zum Zusammensetzen der Furnierarbeiten und achten Sie unbedingt darauf, daß die komplette Ausrüstung bei der Hand ist, bevor Sie die heikle Arbeit beginnen.

**Zusammensetzen einer Furnierarbeit: Quadrate**

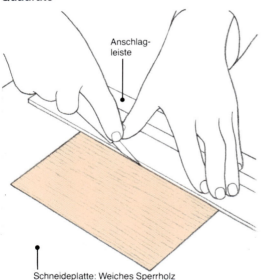

Anschlagleiste

Schneideplatte: Weiches Sperrholz

**1 Vorarbeiten:** Außer der Schneideplatte (siehe Haupttext) brauchen Sie einen Stahlstreifen in genau der Breite der Quadrate, die Sie schneiden wollen. Ein Stahllineal oder eine Richtlatte sind am besten. Zu Anfang schneiden Sie eine gerade Kante an das Furnier. Drücken Sie dann diese Kante und das Lineal gegen den Anschlag und schneiden Sie einen Streifen. Richten Sie sich so eine Anzahl von Streifen in unterschiedlichen Farben her.

**2 Kleben Sie Furnierstreifen** in abwechselnden Farben mit Fugenpapier in dichter Fuge aneinander. Gummiertes Fugenpapier ist für diesen Zweck besser als selbstklebende Streifen. Das Papier dehnt sich aus, wenn man es anfeuchtet, und zieht sich, nachdem es aufgeklebt ist und trocknet, wieder zusammen. Das bewirkt, daß die Furnierkanten zusammengezogen werden.

OBERFLÄCHENBEHANDLUNG

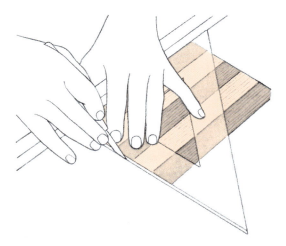

**3 Mit einem Zeichendreieck** die Quadrate im rechten Winkel schneiden. Drücken Sie Furnier und Zeichendreieck fest gegen den Anschlag und schneiden Sie eine vollkommen gerade Kante zum Anfangen. Für ein Rautenmuster 60° statt 90° schneiden. Nehmen Sie dazu die längste Seite des Zeichendreiecks.

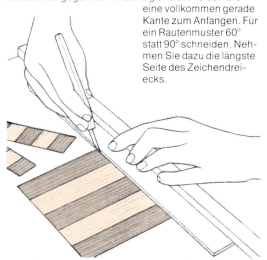

**4 Die verklebten Furnierstreifen** um 90° drehen, die zuletzt gerade geschnittene Kante an den Anschlag legen und eine Reihe von dunklen und hellen Quadraten schneiden.

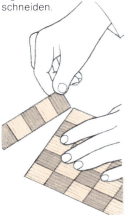

**5 Zur Herstellung eines Würfelmusters** (Schachbrett) legen Sie jetzt die Streifen abwechselnd aneinander und befestigen sie mit Fugenband. Darauf achten, daß die Ecken genau fluchten und daß das Fugenpapier immer auf der gleichen Seite des Furniers ist. Prüfen Sie, ob das ganze Muster im Winkel ist. Das Furnier im Druckplattenverfahren auf die Trägerplatte aufbringen.

### Einlegearbeiten

Einlegematerialien in verschiedenen Formen wie Blumen und Muscheln kann man im Spezialhandel beziehen. Wenn man sie in Furnier- oder Massivholzflächen einarbeiten will, muß man sie zunächst vorübergehend mit Doppelklebeband auf der Fläche befestigen. Markieren Sie die Lage mit dem Bleistift. Schneiden Sie mit einem Messer das Furnier aus, nehmen Sie die Form dabei als Schablone. Entfernen Sie den Anschnitt und leimen Sie die Form in die leere Stelle.

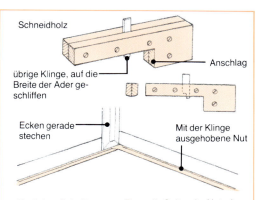

Nach dem Schnitt quer zur Faser die Seiten der Nut mit einer Schneidlehre nacharbeiten

### Einfache Einlegearbeit

Adern und Umrandungen kann man verhältnismäßig einfach in eine Furnier- oder Massivholzfläche einlassen. Schleifen Sie einen Stift eines Streichmasses auf der Innenseite keilförmig, den anderen entsprechend auf der Außenseite; so erhalten Sie ein Gerät, das sich auf verschiedene Randabstände und Adernbreiten einstellen läßt. Die Nut parallel zur Faser läßt sich damit einfach und sauber ausheben; sie sollte nicht ganz so tief wie die Ader sein. Zum Schluß drücken Sie die Ader mit der Hammerfinne ein.

151

# Vorbereiten der Holzoberfläche

Nichtdeckende Holzüberzüge können Beschädigungen am Holz weder verdecken noch verbergen. Wenn man also ein Werkstück für den letzten Überzug vorbereitet, gibt es nur einen Qualitätszustand, auf den es sich hinzuarbeiten lohnt: alle Flächen vollkommen beschädigungsfrei.

Wenn das Werkstück zu Hause in der Werkstatt hergestellt wurde, sind Werkzeugabdrücke schon bei der Anfertigung mit Hobel und Ziehklinge beseitigt worden. Im Gegensatz dazu erfordert ein vorgefertigtes, unbehandeltes Möbelstück aus rohem Holz besondere Aufmerksamkeit: Bleistiftstriche müssen entfernt und rauhe Holzverbindungen geschliffen oder glattgehobelt werden. Auch ebene Flächen müssen vielleicht mit feinem Schleifpapier sorgfältig geglättet werden.

Sind größere Mängel beseitigt, dann ist der erste Schritt bei der Vorbereitung der Arbeit für den Überzug mehrmaliges sorgfältiges Schleifen mit Schleifpapier. Bei diesem Vorgang ist es ganz wichtig, daß alle Leimflecken, die sich von Holzverbindungen ausgebreitet haben oder die aus Versehen über die Flächen gewischt worden sind, entfernt werden. Bleiben Leimflecken, dann versiegeln sie die Fasern und stechen nach dem Beizen oder Lackieren deutlich sichtbar ab. Das bedeutet, sie müssen vollständig entfernt werden.

Gewöhnlich wählt man für allgemeine Arbeiten Sandpapier mit 120er bis 240er Körnung. Wickeln Sie es um einen Schleifklotz aus Kork, wenn die Oberfläche, die sie bearbeiten wollen, eben und groß genug ist. Andernfalls schneiden Sie das Schleifpapier in 4 Teile, falten Sie jedes Viertel noch einmal und halten Sie es mit Finger und Daumen einer Hand.

Besonders darauf achten, daß man *mit* der Faser schleift. Kratzer quer zur Faser fallen zu diesem Zeitpunkt vielleicht noch nicht auf, aber nach dem Beizen oder Lackieren werden sie zu auffälligen schwarzen Linien. Bei Verbindungen von waagerechten und senkrechten Holzteilen nehmen Sie ein Holzstück zum Abdecken, damit Sie das angrenzende Holzteil nicht verkratzen.

Anschließend die Flächen auf Dellen und Druckstellen hin überprüfen. Sie lassen sich mit Bügeleisen und feuchtem Tuch herausdämpfen.

Zum Schluß das ganze Stück wässern, indem Sie es mit einem sauberen Tuch, das Sie in sauberes Wasser getaucht haben, ganz abreiben. Dadurch stehen die Holzfasern auf, und man kann sie, wenn das Holz wieder trocken ist, durch Nachschleifen mit feinem Sandpapier beseitigen.

Wenn man die Fasern nicht auf diese Weise entfernt, stehen sie wahrscheinlich dann auf, wenn Sie den Überzug auftragen, und die Flächen sehen dann rauh und unschön aus.

## Schleiftips

**Brechen** Sie Schleifpapier, bevor Sie es falten, indem Sie es über eine scharfe Kante ziehen. Dadurch bricht der Kleber, der das Schleifmittel mit dem Papier verbindet, in zufälligen Formen. Falten Sie das Papier von links und von rechts zur Mitte hin – so verrutscht es beim Schleifen nicht in sich.

**Halten Sie das Schleifpapier eben;** verwenden Sie, wenn es geht, einen Schleifklotz.

**Halten Sie das Schleifpapier sauber:** schlagen Sie es gegen die Hobelbank, damit der Staub herausgeht.

**Arbeiten Sie *mit* der Faser,** nie quer dazu.

**Glaspapier verliert schnell seine Schärfe.** Korund-Papier ist teuer, hält aber erheblich länger.

**Halten Sie Schleifpapier trocken.** Feuchtigkeit weicht den Kleber auf, und das kann die Arbeit ruinieren. Achten Sie aus dem gleichen Grund darauf, daß die Holzoberfläche trocken ist.

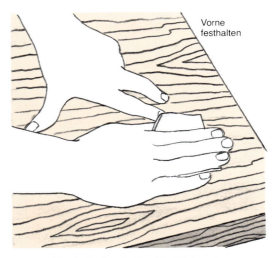

Vorne festhalten

Handballen liegt flach auf der Fläche auf, die geschliffen wird

**1 Abschleifen** (Glätten) mit Schleifpapier ist immer der erste Schritt, wenn man eine Arbeit für den Überzug vorbereitet, vorausgesetzt, größere Beschädigungen wie Druckstellen oder Splitter sind schon beseitigt. Beim Schleifen müssen alle Leimflecken entfernt werden. Auf rohem Holz sieht man sie kaum, aber sie versiegeln die Fasern, und nach dem Lackauftrag werden sie deutlich sichtbar.

# OBERFLÄCHENBEHANDLUNG

**2 Zum Ausdämpfen von Druckstellen** braucht man ein Bügeleisen (ersatzweise eine heiße Feile) und ein sauberes, feuchtes Tuch. Die Druckstelle und ihre Umgebung sorgfältig anfeuchten und einige Minuten Wasser aufsaugen lassen. Bedecken Sie die Stelle mit dem feuchten Tuch und gehen Sie mit dem heißen Eisen darauf; das Tuch verhindert das Versengen der Holzfläche. Wiederholen Sie das Ganze, bis die Druckstelle aufgegangen ist. Lassen Sie das Holz trocknen und schleifen Sie sorgfältig nach.

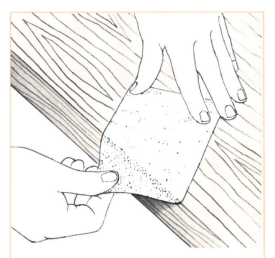

**Verwendung von Schleifpapier**
Wenn ein Werkstück sehr klein ist oder keine ebenen Flächen hat, ist es unpraktisch, Schleifpapier um einen Schleifklotz gewickelt zu verwenden. Reißen Sie stattdessen das Blatt in vier gleiche Teile. Falten Sie eines der Viertel nochmals, halten Sie es mit Daumen und kleinem Finger und drücken Sie es mit den mittleren drei Fingern beim Schleifen nieder. Achten Sie darauf, daß es keine Falten bekommt, sonst gibt es Kratzer.

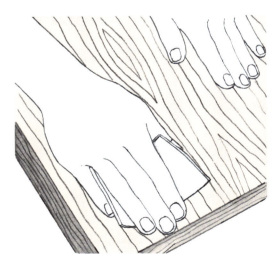

**3 Wässern und nachschleifen:** Die Holzfasern laufen parallel, ungefähr wie Bündel von feinen Drähten. Wenn Holz geschnitten wird (auch mit der Faser), werden einige der Fasern unvermeidlich verletzt. Wenn man sie wässert, schwellen sie an, und die verletzten Enden stehen auf. Schleifen Sie vorsichtig mit feinem Schleifpapier, damit diese Fasern abbrechen.

**Verschiedene Schleifmittel für Holz** und ihre Eigenschaften:

**Glas:** Sehr spröde und schnell splitternd. Für Holz und alte Farbanstriche.

**Flint** (Feuerstein): Billig, Hand- und Maschinenschliff.

**Elektro-Korund:** Künstlich. Sehr hart, dauerhaft und kräftig. Für Harthölzer.

**Silizium-Karbid:** Karbid. Kommt Diamant am nächsten. Sehr zerbrechlich, für Holz nur bedingt geeignet.

Verwenden Sie Schleifpapier, besonders auf Flächen, immer mit Schleifklotz, am besten aus Kork.
Zum Zwischenschleifen lackierter Flächen gibt es selbstklebendes 280er Schleifpapier auf Schleifkissen. Für Profile nimmt man in solchen Fällen feine Stahlwolle oder Mikrolonband.

## *Beizen*

Beizen heißt einfach Holz färben. Die Technik wird angewandt, um ein Werkstück so einzufärben, daß es zu einer bereits bestehenden Einrichtung paßt oder um das Aussehen von uninteressanten Hölzern zu verbessern. Holzbeizen schützen nicht, sie ergeben auch keinen Überzug, wie beispielsweise Lack. Sie färben Holz, ohne seine natürliche Struktur zu verdecken.

Die Färbemittel, die dem Schreiner zur Verfügung stehen, unterteilt man in vier Hauptgruppen: *Wasserbeizen* sind Farben, die man in Wasser löst. *Ölartige Beizen* bestehen aus Farben, die in Lösungsmitteln auf Erdölbasis gelöst sind. *Spiritusbeizen* sind Farben, die in Alkohol, meistens Methylalkohol, gelöst sind. Die vierte Gruppe, *chemische Beizen,* unterscheiden sich von den anderen dadurch, daß sie keine Färbemittel, sondern Chemikalien enthalten, die mit anderen Chemikalien in Holz reagieren und Färbungen erzeugen. Man kann nur Beizen derselben Gruppe untereinander mischen und jede Gruppe durch Zugabe des ursprünglichen Lösungsmittels verdünnen.

Unerfahrene Hobbytischler sollten anfangs nur Wasserbeizen verwenden. Sie sind verhältnismäßig billig, farbecht, und man kann, in gewissen Grenzen, eigentlich nichts falsch machen. Man kann sie als trockene Pulver kaufen und nach Bedarf anmachen. Die Farben lassen sich durch Mischen anpassen. Manche Pulver lösen sich nur langsam, also mischen Sie sie gut unter, und lassen Sie die Beize vor Gebrauch etwa eine Stunde stehen.

Alle Beizen werden auf ähnliche Weise aufgetragen. Das Wichtigste bei dem Verfahren ist, die überschüssige Beize nach einem satten Auftrag abzuwischen. Langsames oder halbherziges Wegwischen ist oft der Grund dafür, daß eine Arbeit ungleichmäßig gebeizt ist. Die überschüssige Beize muß sofort mit einem saugfähigen, fusselfreien Stück Stoff abgenommen werden, wobei man fest in Richtung der Faser reiben muß, nie quer dazu.

Bei der Verwendung von ölartigen Beizen ist das Abwischen noch wichtiger, da überschüssiges Öl, das auf der Oberfläche trocknet, unter Umständen verhindert, daß weitere Überzüge eine richtige Verbindung mit dem Holz eingehen.

Ebenso wichtig ist es, die Beize gut trocknen zu lassen, bevor man lackiert. Vielleicht irritiert es, wenn man sieht, wie die Farbe der Beize sich beim Trocknen verändert, aber wenn Sie später einen durchsichtigen Lack aufbringen, wird der ursprüngliche Ton wiederhergestellt. Behandeln Sie die Fläche vor dem Grundieren nicht mit Schleifpapier. Es könnte sein, daß die Beize dabei abgeschliffen wird; Flecken wären die Folge.

**1 Die Beize mit Pinsel,** Schwamm oder fusselfreiem Tuch satt auftragen. Wenn die Fläche klein genug ist, arbeiten Sie in einem Zug, sonst in Abschnitten. Schütten Sie **nie** überschüssige Beize zurück ins Originalgefäß! Farbänderung und Fäulnis können die Folge sein. Achten Sie auch darauf, daß die Beize nicht mit Metall in Berührung kommt – also keine Metallgefäße verwenden!

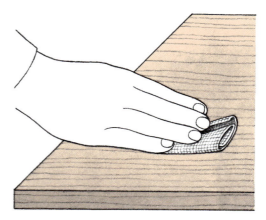

**2 Die richtige Anwendung** von Beizmitteln schließt das Abreiben von überschüssiger Beize ein. Das muß mit Hilfe eines sauberen, nicht fusselnden Tuchs unmittelbar nach dem Auftragen geschehen. Reiben Sie fest, arbeiten Sie mit der Faser – nicht quer dazu, und achten Sie darauf, daß jede Spur überschüssiger Beize entfernt wird.

## OBERFLÄCHENBEHANDLUNG

**3 Wenn viel Querholz sichtbar ist,** mit Wasser anfeuchten, bevor Sie die Beize auftragen. Das mindert die Aufnahme der Beize und verbessert die Farbe.

**4 Lassen Sie die Beize völlig trocknen** (mindestens 2 Stunden in einem gut gelüfteten Raum), bevor Sie den Überzug aufbringen. Die Verwendung von Heizlüftern verkürzt die Trockenzeit. Wenn die Beize nicht richtig trocken ist, kann es Probleme mit dem Überzug geben. Beim Trocknen kann sich die Farbe der Beize leicht ändern, aber der Lack stellt den ursprünglichen Farbton wieder her.

---

### Beiztips

**Probieren Sie den Beizton** auf einem Abfallstück, bevor Sie das Werkstück beizen.

**Satt Beize auftragen.** Wenn Sie zuwenig aufbringen, gibt es Flecken.

**Die ganze Fläche** muß gut naß werden. Bei manchen Holzinhaltsstoffen dringt die Beize nicht ein und deckt ungleichmäßig. Wenn das der Fall ist, versuchen Sie es mit etwas Soda (Natriumkarbonat), das Sie der Beize beimischen.

**Machen Sie reichlich Beize an** für die ganze Arbeit, bevor Sie mit dem Auftragen beginnen.

**Fest reiben,** wenn Sie den Überschuß entfernen, und achten Sie darauf, daß der ganze Überschuß von allen Teilen des Stückes entfernt ist.

**Das Werkstück mindestens 2 Stunden** in einem gut gelüfteten Raum trocknen lassen, bevor Sie den Überzug aufbringen.

**Die Fläche erst nach dem Versiegeln schleifen,** sonst kann es Ihnen passieren, daß die Farbe abgeht.

---

### Natürliche Farben

Manche Chemikalien verstärken die natürliche Färbung des Holzes. Man spricht infolgedessen von echten Farben. Mit Ammoniak etwa läßt sich Eiche in warmen Farbtönen beizen. Die Anwendung kann entweder mit einer verdünnten Lösung erfolgen oder durch Räuchern in Ammoniakdämpfen in einem abgeschlossenen Raum. Mit Kaliumbichromat kann man Mahagoni tiefbraun beizen. Kupfer- oder Eisensulfate ergeben im allgemeinen eher kalte Farbtöne.
Darüber hinaus gibt es echte Naturfarben. Kasselerbraun, gelber und roter Ocker, Umbra, Englischrot, Terra di Siena und Negrosin, um nur einige zu nennen, ergeben in verschiedenen Lösungen eine Vielfalt von Färbemöglichkeiten. Dunkle Flecken im Holz können durch Bleichmittel entfernt werden; man kann auch ganze Flächen aufhellen. Natriumhypochlorid und Oxalsäure werden oft zum Entfernen dunkler Flecken verwendet, weil sie die Umgebung nicht nennenswert bleichen. Oxalsäure ist giftig und sollte mit Vorsicht behandelt werden. Man kann sie mit Essigsäure neutralisieren und dann mit Wasser auswaschen. Es gibt ein zweiteiliges Superbleichmittel, bestehend aus einer Laugenlösung gefolgt von konzentriertem Wasserstoffperoxid. Damit kann man die meisten Hölzer wunderbar aufhellen und andere, wie Buche und Kiefer, werden fast weiß.

## Poren füllen

Sogar nach sorgfältiger Vorbehandlung – Schleifen, Aufdämpfen von Druckstellen – können Mängel bei einem Werkstück ans Licht kommen. Ein Furnierspan steht weg, ein Holzsplitter bricht ab. Hier sind Porenfüller und Kitte eine gute Hilfe, und da sie in vielen Farben erhältlich sind, kann man auch genau passend reparieren.

Sind alle Oberflächen völlig frei von solchen Beschädigungen, kann man den Porenfüller auftragen. Diese Arbeit wird auf der ganzen Fläche ausgeführt, sie ist keine Reparatur einzelner Stellen. Man behandelt die Fläche, bevor irgendein Überzug aufgebracht wird. Die Füllmittel solcher Porenfüller sind unter anderem Kartoffelmehl, Glasstaub, Quarzmehl.

Ihre Wirkungsweise besteht darin, die Holzporen buchstäblich zu füllen (zuzustopfen) und dadurch eine völlig glatte Oberfläche zu schaffen, die verhältnismäßig wenig von dem Überzugmaterial aufnimmt. Wenn Sie beim Auftragen des Überzugs sorgfältig arbeiten, dann kann so ein Werkstück eine hochglänzende Oberfläche bekommen, wie sie für manche Arbeiten, besonders natürlich in der Kunstschreinerei, gewünscht wird.

Porenfüller werden auch zur endgültigen Festlegung der Farbe verwendet, da sie in verschiedenen Farbtönen erhältlich sind, zum Beispiel als helle Eiche, Nußbaum oder Mahagoni. Verschiedene Farbtöne lassen sich mit verschiedenen Hölzern kombinieren und auf diese Weise eine Vielfalt von Wirkungen erzielen. Aber naturfarbene Porenfüller ohne Pigmente sind für den unerfahrenen Hobbytischler die bessere Wahl, weil sie durch Zugabe von Pigmenten so eingefärbt werden können, daß sie zu allen Hölzern passen.

Porenfüller gibt es als fertige Paste in Dosen. Da sich die festen Stoffe setzen, müssen sie vor Gebrauch immer gut aufgerührt werden. Neben seinen guten Fülleigenschaften läßt sich das Mittel auch sauber abwischen, wenn es teilweise trocken ist. Es haftet gut und bindet die meisten Überzugsmittel gut und ohne Reaktionen.

Porenfüller trägt man satt auf und bedeckt dabei die ganze Fläche. Der Überschuß muß sorgfältig weggewischt werden. Den richtigen Augenblick dafür zu erraten, ist das Geheimnis des Erfolgs. Wenn Sie zu lange warten, läßt sich die Fläche nicht abwischen, ohne daß Sie den Porenfüller mit einem entsprechenden Lösungsmittel aufweichen. Wenn Sie zu früh wischen, können Sie den noch weichen Porenfüller völlig entfernen.

Bevor der Porenfüller trocken ist, müssen Sie alle Ecken mit einem kleinen Holzspachtel, den Sie sich extra dafür anfertigen, säubern. Spalten Sie dazu ein Stück Hartholz in der entsprechenden Größe und arbeiten Sie es passend nach.

### Fülltechnik

**Porenfüller mit einem groben Lappen auftragen.**
**1** Arbeiten Sie beim Einreiben quer zur Faser. Kreisende Bewegungen sind gut. Bedecken Sie die ganze Fläche reichlich, bis zu den Rändern und in die Ecken. Mit unbedeckten Stellen gibt es später Probleme.

**2 Porenfüller antrocknen lassen,** bevor Sie den Überschuß abreiben. Wenn er anfängt zu trocknen, wird er eher stumpf als glänzend. Vorversuche zeigen, wie lange Sie warten müssen, bevor Sie den Überschuß einfach quer zur Faser abwischen können.

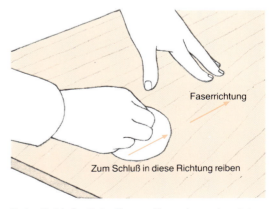

**3 Am Schluß mit der Faser reiben,** aber erst nachdem der Überschuß entfernt worden ist. Drehen Sie den Lappen um und reiben Sie fest. Dadurch wird der Porenfüller zum Schluß geglättet.

OBERFLÄCHENBEHANDLUNG

> **Tips zum Porenfüllen**
>
> **Porenfüller füllen nur die Poren** – glauben Sie nicht, man könnte damit andere Mängel zudecken.
> **Machen Sie Versuche auf Abschnitten,** bevor Sie darangehen, ein vorbereitetes Werkstück mit Porenfüller zu behandeln.
> **Decken Sie die Hobelbank** mit sauberem Papier oder Tuch ab, bevor Sie mit Porenfüller arbeiten. Sauberkeit ist ganz wichtig, und es darf auch keine Kratzer mehr geben.
> **Bewahren Sie Tücher** und Lappen, die Sie beim Arbeiten mit Porenfüllern verwenden, an einem sauberen Platz auf.
> **Bedecken Sie keine zu große Fläche,** wenn Sie Porenfüller aufbringen: Sie müssen ja den Überschuß abreiben, bevor er ganz trocken ist.

**4 Wenn der Porenfüller vollständig trocken ist,** schleifen Sie die Fläche, um auch die geringsten Mängel zu beseitigen. Verwenden Sie feinstes Schleifpapier oder ganz feine Stahlwolle, und arbeiten Sie mit der Faser.

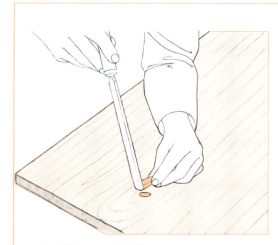
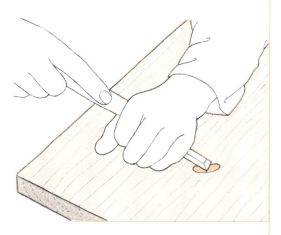

### Auskitten von Löchern

Es gibt eine große Auswahl verschiedener Kitte auf dem Markt. Profis bevorzugen für viele Reparaturarbeiten die altbewährte Schellackstange. Schellack ist nämlich nach der Anwendung so gut wie unsichtbar. Wachse wendet man am besten an unsichtbaren Stellen an. Fertig gekaufte Kitte müssen genau auf die Holzfarbe abgestimmt sein. Wenn Sie mit Schellackbrennkitt arbeiten wollen, stechen Sie die Fläche, die Sie auskitten wollen, zur Verbesserung der Haftwirkung zuerst mit einer Nadel an. Dann heizen Sie einen Lötkolben an (aber eine Feilenspitze geht auch), halten die Schellackstange über die Kittstelle und tropfen behutsam ein wenig hinein. Wenn der Schellack fest wird, stechen Sie den Überschuß mit einem Stecheisen ab. Vor dem Abstechen reiben Sie am besten etwas Wachs auf, dann bricht der Schellack nicht und läßt sich sauber entfernen.

# *Polieren*

Als Holzoberfläche ist die Politur eine Sache für sich. Sie ist weitgehend natürlich: Die Grundstoffe sind Schellack, ein Harz, das von einem Insekt ausgeschieden wird, und Methanol oder Spiritus als Lösungsmittel. Es ist nicht ganz leicht, Schellack erfolgreich zu verarbeiten. Er wird leicht beschädigt und ist nicht besonders hitze- oder wasserbeständig. Aber in der Hand des Fachmannes kann daraus eine Oberfläche von atemberaubender Tiefe und Schönheit werden, also die klassische Holzoberfläche von Antiquitäten und edlen Möbelstücken. Sein Mangel an Dauerhaftigkeit wird aber teilweise dadurch wettgemacht, daß er reversibel ist: Er kann mit dem richtigen Lösungsmittel entfernt und restauriert werden, im Gegensatz zu den modernen irreversiblen Überzugsmitteln, wie DD-Lacke, Haushaltsanstriche oder Kunstharzlacke. Sie sind zwar alle viel hitze- und wasserbeständiger, aber schwierig zu reparieren, wenn sie einmal beschädigt sind.

Polieren ist eigentlich ein eigenes Handwerk, und man muß es unter Anleitung eines Fachmanns lernen und üben. Die Grundvoraussetzungen sind verhältnismäßig einfach. Zuerst falten Sie einen Polierballen aus Tuch und Wolle, mit dem Sie die flüssige Politur auftragen. Die Einlage des Ballens sollte aus Wolle, die Umhüllung aus Leinen bestehen. Baumwolle oder Kunstseide sind nicht brauchbar, da sie hart werden und die Politur nicht ausfließen kann. Die Einlage muß in der Umhüllung wie beschrieben gefaltet sein und der fertige Ballen für die anliegende Arbeit die richtige Größe haben: faustgroß für einen Eßtisch und für einen Bilderrahmen so groß wie ein Taubenei.

Der springende Punkt beim Polieren ist: Man muß wissen, wieviel Druck man auf den Ballen ausüben und wann man ihn wieder mit Politur nachfüllen muß. Anfänger arbeiten oft mit einem zu nassen Ballen. Der Ballen ist richtig gefüllt, wenn er beim Aufdrücken etwas Politur auf der Holzoberfläche hinterläßt. Man muß auch darauf achten, daß man keine Spuren von Politur hinterläßt, vor allem wenn sich die Richtung der Polierzüge ändert. Wenn der Ballen trocken wird, besonders fest aufdrücken.

Beim Auftragen besonders auf die Ecken achten. Wenn Sie auf unbequeme Flächen am Rand keine Politur aufbringen, ist das später klar sichtbar. Das ganze Verfahren erfordert Mühe und Geduld. Man braucht mehrere dünne Schichten Politur, um die beste Wirkung zu erzielen. Aber wenn eine weitere Schicht aufgetragen wird, bevor die vorhergehende trocken ist, wird die Politur dick und klebrig, und dann ist es sehr schwierig, weiter damit zu arbeiten.

**Polieren 1** Wenn Sie den Ballen gefüllt haben, reiben Sie damit in parallelen überlappenden Zügen längs zur Faser. Lassen Sie den Ballen ohne Ansatz auf das Holz und darüber hinaus gleiten. Achten Sie auf Ecken und Kanten. Bei diesem ersten Schritt wird die Oberfläche eingelassen. **2** Jetzt bauen Sie die anfangs dünne Haut auf. Den Ballen wieder füllen und ein paar mal über die ganze Fläche arbeiten, so daß jede Stelle von verschiedenen Richtungen bearbeitet wird. In Achtern und Schleifen, in gleichmäßigen Zügen, ohne Ansatz und ohne stehen zu bleiben arbeiten, bis an die Kanten und in die Ecken. Arbeiten Sie die Politur gut in das Holz ein. Wenn der Ballen trockener wird, fester aufdrücken. Am Ende dieses Schrittes haben Sie eine volle Oberfläche aufgebaut und poliert. **3** Geben Sie schließlich etwas Methanol oder Spiritus auf den Ballen und arbeiten Sie mit der Faser.

**Es ist ganz wichtig,** das Werkstück beim Polieren gut festzuhalten. Flache Stücke wie Türen sollte man mit gefalzten, auf der Werkbank festgeschraubten Leisten festmachen. Größere Stücke ohne Beine auf Leisten mit Filzauflage legen, um Kratzer zu vermeiden.

## OBERFLÄCHENBEHANDLUNG

**1** Falten Sie ein rechteckiges Stück Einlage einmal in der Mitte.

**2** Falten Sie eine Ecke diagonal, etwa im 60°-Winkel.

**3** Falten Sie die andere Ecke diagonal, so daß Sie die Form einer Pfeilspitze erhalten.

**4** Schlagen Sie das lose Ende ein, um eine Eiform zu bekommen.

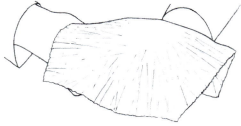

**5** Legen Sie Leinen oder Baumwolle über die Einlage.

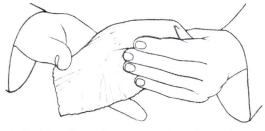

**6** Streichen Sie das Tuch glatt und falten Sie die Seiten, damit die Einlage darin verschwindet.

**7** Drücken Sie eine Spitze an, halten Sie das Tuch fest.

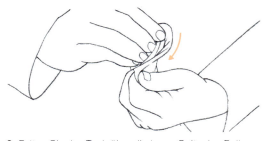

**8** Falten Sie das Tuch über die lange Seite des Ballens.

**9** Das restliche vorstehende Tuch wird eingedreht, damit der Ballen eine stramme, glatte Oberfläche bekommt.

### Einen Polierballen falten und füllen

Es ist ganz wichtig, einen strammen, glatten Ballen herzustellen, der entsprechend spitz ist, damit man mit ihm auch in enge Ecken kommt. Zum Füllen sollte man ihn auffalten und frische Politur direkt auf die Einlage geben. Geübte Polierer machen die Fläche des Ballens hin und wieder mit einem Tropfen rohen Leinöl gleitfähig. Ein Anfänger sollte das besser nicht tun, denn erst nach viel Praxis weiß man, wann Leinöl zugegeben werden soll und wieviel man dazu nehmen darf.

# Nicht lösliche Überzüge

Nicht reversible (erneuerbare) Überzüge heißen so, weil sie, im Gegensatz zu Polituren oder Überzügen auf Nitrozellulosebasis, dauerhaft sein sollen. Sie können in der Regel nicht so leicht entfernt werden, weil sie in zwei Stufen härten. Zuerst verdunstet das Lösungsmittel, die entstandene Oberfläche ist jetzt schon hart genug, daß man weiterarbeiten kann. Die weitere Durchhärtung erfolgt durch einen chemischen Prozeß, wobei schließlich ein neuer Stoff entstanden ist. Dieser Prozeß kann im Extremfall bis zu 10 Tagen dauern.

Diese Überzugsstoffe (dazu zählen alle modernen Lacke sowie säurehärtende Lacke, Polyurethan-Lacke und andere Zweikomponenten-Produkte) sind, meist auf Erdölbasis, für spezielle Zwecke von der Chemie entwickelt worden. In Industrie und Gewerbe werden sie mit Spritzpistolen und anderen technischen Vorrichtungen aufgetragen und ergeben anspruchsvolle Oberflächen, die nicht weiter behandelt werden müssen. Das schließt selbstverständlich ihre Verwendung in der Werkstatt nicht aus. Man muß sich darüber klar sein, daß Lackieren mit dem Pinsel im Vergleich zum Spritzen ein schwieriges Verfahren zum Aufbringen von Oberflächen ist. Zuviele Pinselstriche fördern die Luftzufuhr, und wenn das Lösungsmittel schnell verdunstet, kann das zu fürchterlichen Ergebnissen führen. Streichen Sie also nicht zu fest, lassen Sie das Material auf die Oberfläche fließen.

Dann gibt es noch das Problem der Pinselstriche, die auch nach dem Trocknen des Überzugs sichtbar sein können, und Schwierigkeiten mit Tropfen und Nasen. Arbeiten Sie immer mit einem Minimum an gleichmäßigen, leichten Pinselstrichen. Vermeiden Sie es, den Pinsel über die Kanten zu ziehen und dabei überschüssige Flüssigkeit aus den Borsten zu drücken. Streichen Sie von der Mitte der Fläche nach außen auf die Kanten zu.

Die wichtigste Fläche eines Werkstücks sollte man zuletzt lackieren, weil dann die Gefahr am geringsten ist, daß sich Staub oder Schmutzniederschlag auf der noch nicht trockenen Fläche ansetzt. Die geeignetste Umgebung zum Aufbringen von Oberflächen ist natürlich ein so weit wie möglich staubfreier Raum. Da die anfängliche Trocknung durch Verdunstung geschieht, ist Luftzirkulation, vorzugsweise von warmer Luft, wünschenswert.

Im allgemeinen reichen zwei Überzüge für diese Art von Oberflächen. Nach dem zweiten Überzug sollte man den Aufstrich nicht nur trocknen, sondern auch durchhärten lassen. Danach ist das Stück für die letzte Behandlung fertig.

**Die richtige Verarbeitung** von nicht löslichen Überzugsmaterialien erfordert wenige Pinselstriche. Versuchen Sie, die Flüssigkeit auf die Fläche fließen zu lassen. Arbeiten Sie in einem staubfreien Raum.

**1 Zur anspruchsvollen Vergütung** eine nicht lösliche Lackoberfläche durchhärten lassen und dann alle Pinselstriche mit Naßschleifpapier (naß gebrauchen) entfernen. Wenn die Pinselstriche sehr stark sind, nehmen Sie zuerst 320er Papier und arbeiten dann mit 400er nach. Wenn die Oberfläche überall stumpf ist, können Sie eines der Verfahren, wie unter **2** oder **3** beschrieben, anwenden.

OBERFLÄCHENBEHANDLUNG

**2 Für eine Hochglanzvergütung** bringen Sie eine Autopolitur (kein Wachs) auf und polieren Sie sie auf Hochglanz. – Eine harte Arbeit, aber es lohnt sich.

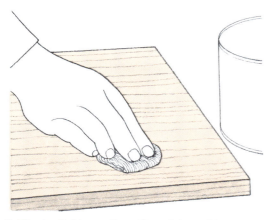

**3 Für eine Seidenmattvergütung** bringen Sie etwas Wachs mit 000-Stahlwolle auf die Oberfläche. Entfernen Sie alle Überschüsse mit sauberer Stahlwolle. Polieren Sie dann mit einem weichen Tuch nach.

**4 Handpolieren** mit einem weichen Tuch ist eine gute Methode zur Fleckentfernung und ganz allgemein zur Oberflächenreinigung. Der Poliervorgang sollte nicht zu intensiv sein.

---

### Tips für nicht lösliche Lackoberflächen

**Gebrauchsanweisungen** genau beachten.

**Tragen Sie Overalls,** damit keine Fasern von Pullovern und anderen Kleidungsstücken auf die zu bearbeitende Fläche fallen.

**Achten Sie darauf,** daß die Oberflächen richtig vorbereitet sind (siehe S. 152–153).

**In staubfreier Umgebung** mit angemessener Belüftung arbeiten.

**Reinigen Sie sofort** nach der Arbeit Ihre Pinsel.

**Beim Arbeiten mit Naßschleifpapier** viel Wasser verwenden, damit das Papier scharf bleibt.

**An Kanten und Ecken** vorsichtig arbeiten, damit Sie den Überzug nicht entfernen.

**Glätten Sie den Überzug** mit Naßschleifpapier, aber ziehen Sie keine Furchen.

**Nicht zuviel Wachs verwenden,** sonst fühlt sich die Oberfläche nicht mehr gut an.

**Verdünner** vom gleichen Hersteller kaufen wie den Lack.

---

### Restaurieren und Abwaschen

Viele antike oder alte Möbel sehen nach dem Abwaschen gleich besser aus. Als erstes versuchen Sie es mit einer guten Toilettenseife, warmem Wasser und einer Nagelbürste, mit der Sie auch in die Ecken kommen.

Wenn das nicht wirkt, mischen Sie Nitro-Verdünnung mit 10% rohem Leinöl und tragen es auf. Lassen Sie es ein paar Minuten einwirken. Hartnäckige Flecken leicht mit 000-Stahlwolle abreiben. Dann wischen Sie die Fläche sauber, entfernen das Öl restlos und bringen etwas Schellackpolitur auf.

Abbeizen sollte man alte Möbel nur im äußersten Fall. Das zerstört die Patina und mindert den Wert. Wenn Sie Zweifel haben, fragen Sie einen Fachmann, was Sie tun sollen.

Die meisten modernen Möbel haben Lackoberflächen, die nicht gewachst werden müssen. Abreiben mit einem feuchten Tuch genügt. Viele häßliche Flecken und Kratzer auf Möbeln, die in letzter Zeit hergestellt wurden, befinden sich in den Schichten einer Wachspolitur, die Schritt für Schritt aufgebaut wurde. Versuchen Sie, sie mit Verdünnung und wenn nötig mit 000-Stahlwolle zu entfernen. Die Kratzer, die Sie mit der Stahlwolle machen, lassen sich mit einer einzigen Wachsschicht zudecken.

## Beschläge

Der bekannteste, gewissermaßen klassische Beschlag besteht aus zwei Lappen, die mit einem Stahldorn durch einen Mittelteil, genannt Gewerbe, verbunden sind: Das einfache Lappenband. Das Gewerbe besteht meist aus einer ungeraden Zahl von Teilen. Der Lappen mit der größeren Zahl wird gewöhnlich am Korpus oder Rahmen befestigt, der andere Lappen am beweglichen Teil.

Solche Scharniere sind in Messing, Stahl und Kunststoff erhältlich. Stahlscharniere gibt es mit verschiedenen Oberflächen, etwa vermessingt oder vernickelt. Meistens bekommt man sie paarweise.

Es gibt vier Standard-Scharniergrößen. Man unterscheidet nach der Breite: A = schmal, B = halbbreit, C = quadratisch und D = breit. Die Breite wird am geöffneten Scharnier gemessen.

Bei einer Tür mit Füllung setzen Sie das Scharnier in Höhe der Innenkante des Frieses. Bei einer glatten Tür setzen Sie das eine Scharnier um seine Länge unterhalb der Oberkante, das andere um etwas mehr als seine Länge oberhalb der Unterkante.

Lassen Sie das Scharnier etwas tiefer in die Tür als in den Korpus ein. Das verhindert, daß die Tür am Fries spannt.

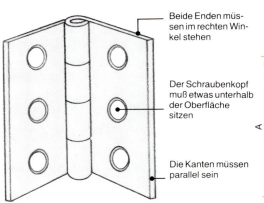

**Das einfache Lappenband** (Scharnierband) wird für Türen und Möbel verwendet. Die meisten kleineren Größen sind aus massivem Messing, die größeren aus Stahl und Kunststoff. Vor dem Einlassen prüfen, ob die Enden und Seiten parallel und rechtwinklig sind. Wenn nötig, feilen Sie sie mit der Schlichtfeile zu. Wählen und befestigen Sie die Schrauben so, daß die Köpfe nicht über die Lappenoberfläche herausragen.

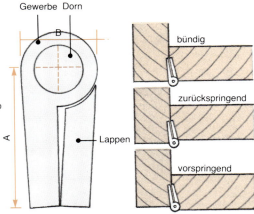

**Bei einer zurückspringenden Tür** reißen Sie etwas weniger als den Abstand von Mitte Dorn bis Lappenkante (A) und Gewerbetiefe (B) an.

**Schlagen Sie eine Tür** entweder zurückspringend oder vorspringend an. Es besteht die Gefahr, daß sich der Türrahmen verzieht, deswegen ist bündiges Anschlagen nicht zu empfehlen.

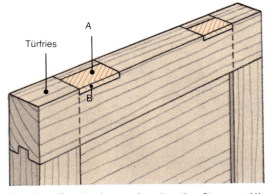

**Zum Anreißen des Lappenbands** reißen Sie zuerst (1) die Länge an. Dazu das Band als Schablone nehmen, dann mit dem Streichmaß auf der Kante A und auf der Fläche B des Türfrieses die Breite.

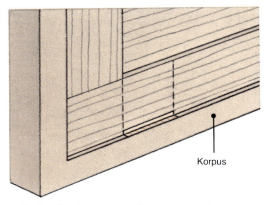

**2** Reißen Sie die Lage der Bänder auf dem Korpus an, nachdem Sie sie auf der Tür angerissen haben. Korpus auf die Seite legen und die Tür festkeilen. Oben und unten etwas Luft zugeben. Übertragen Sie die Lage der Bänder von der Tür auf die Korpusinnenseite.

# OBERFLÄCHENBEHANDLUNG

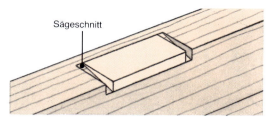

**3** Bevor Sie die Bänder auf der Frieskante ausstechen, mit der Säge auf der abfallenden Seite der Risse schräg einsägen.

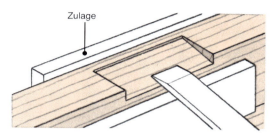

**4** Zwingen Sie eine Zulage auf das Werkstück. Mit dem Stecheisen quer zur Faser bis auf die Risse stechen. Schrägen Sie die Aussparung von der vollen Gewerbetiefe vorn bis zur einfachen Lappenstärke hinten.

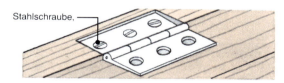

**5** Drücken Sie den Scharnierlappen ein, sobald der Grund der Aussparung völlig eben ist. Den Lappen zunächst nur mit einer Stahlschraube im mittleren Loch befestigen.

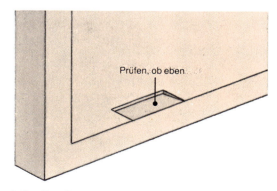

**6** Das Band in den Korpus einstemmen und an die Tür schrauben. Verwenden Sie dabei eine Stahlschraube im mittleren Loch der Bänder. Prüfen Sie die Flucht. Drehen Sie in alle Löcher passende Schrauben.

### Verschiedene Lappenbänder

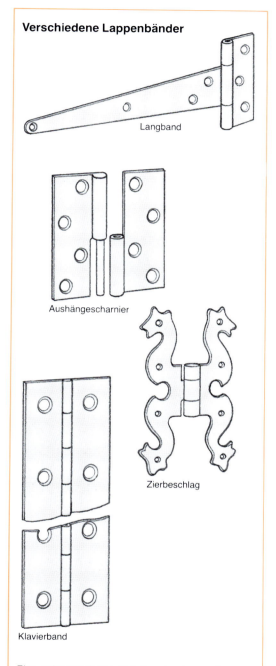

Eine sehr praktische Variation des Lappenbandes ist das Aushängescharnier: Wird verwendet, damit eine Tür leicht auszuhängen ist. Langbänder setzt man besonders auf schmalen Teilen ein. Ein Klavierband wird über die ganze Länge eines beweglichen Teils angeschlagen. Das Zierband hat oft Zierköpfe, und manchmal ist ein Lappen breiter als der andere, damit er über ein vorstehendes Profil geht.

# Spezialscharniere

Zweifellos besteht die Schwierigkeit beim Anschlagen einer Tür darin, den Abstand zwischen Tür und Korpus am Schluß so einzustellen, daß sich die Tür leicht bewegen läßt und es rundum eine kleine, aber überall gleich breite Fuge gibt. Das mit einem traditionellen, einfachen Lappenband zu erreichen, ist mühsam. Außerdem müssen die Bänder höchstwahrscheinlich einmal nachgestellt werden, wenn sie etwas verschleißen oder das Holz arbeitet.

Aus diesem Grunde wurden Spezialscharniere entwickelt. Diese zeitgemäßen Produkte verringern die Arbeit beim Befestigen der Bänder ans Werkstück und vereinfachen das Einpassen der Tür.

Bei den meisten traditionellen Schreinerarbeiten sind die Türen in den Rahmen des Schranks eingepaßt. Bei modernen Entwürfen schlagen die Türen oft stumpf auf oder überdecken die Rahmenkonstruktion; und bei den modernen Bändern gibt es Einstellschrauben, mit denen man die Tür am Schluß genau passend zum Korpus richten kann, ohne die Bänder abzuschrauben. Traditionelle Bänder lassen sich nur dadurch einstellen, daß man die Bänder abschraubt und Schraubenlöcher oder Lappen nacharbeitet.

Man darf aber trotzdem nicht davon ausgehen, daß Spezialbänder idiotensicher sind. Gleich welches Band Sie nehmen, Präzision ist bei allen Arbeitsschritten wichtig für den Erfolg.

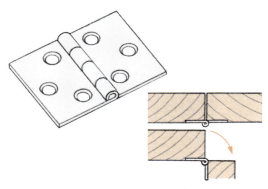

**Das quadratische Lappenband** wird verwendet, wenn die Schrauben besonders beansprucht werden, z. B. bei Truhendeckeln, Sekretärklappen und Klapptischen. Es ist in geschlossenem Zustand quadratisch. Die extrabreiten Lappen verteilen die Befestigungsschrauben auf eine größere Fläche. Es wird mit zwei Schrauben am Gewerbe und einer an der Kante befestigt. Erhältlich von 25 bis 50 mm.

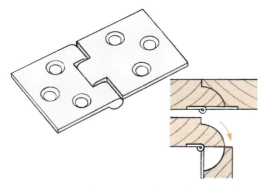

**Das Tischscharnier** ähnelt dem Lappenband, nur ist ein Lappen extrabreit. Es ist speziell für Tischplatten geeignet, die ein Konterprofil an der Kante der Platte und der Klappe haben. Lassen Sie den langen Lappen in die Klappe ein, wobei eine Lücke für das Profil bleibt. Die Bänder und das Gewerbe einstemmen.

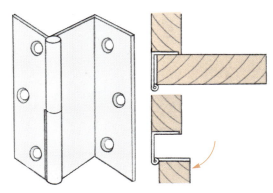

**Beim Winkelband** kann man die Türen um 180° öffnen. Es wird oft für Schränke mit herausnehmbaren Fachböden verwendet. Lassen Sie den schmalen Lappen in die Korpusvorderkante ein und den breiten Lappen in die Tür. Es gibt verschiedene Typen und Größen in Messing und verchromt.

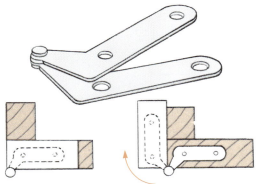

**Das Zapfenband** gibt es gerade und gekröpft. Man verwendet es, wenn gewöhnliche Lappenbänder nicht passen (etwa bei Schränken mit geschweiften Fronten) oder wenn Lappenbänder stören (etwa auf feinen Furnierflächen). Lassen Sie die Platten in Ober- und Unterkante der Tür und in den Korpus ein.

OBERFLÄCHENBEHANDLUNG

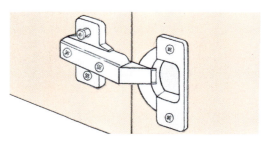

**Das Topfband** wird bei modernen Schreinerarbeiten eingesetzt. Es ist in verschiedenen Größen und Ausführungen erhältlich. Bohren Sie das Band in die Tür ein und befestigen Sie die Grundplatte am Korpus. Die Armstellung ist justierbar. Bei diesem Band kann man die Tür leicht auf den Korpus richten.

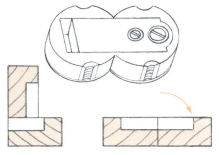

**Das Klappenscharnier** hat keine vorstehenden Teile. Wird verwendet für Klappen bei Stehpulten und Hausbars, wenn man eine völlig ebene Fläche braucht. Die Befestigung erfolgt über 35-mm-Löcher in Klappe und Korpus. Mit der Einstellschraube können Sie Klappe und Korpusboden bündig richten.

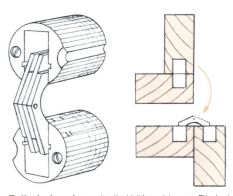

**Das Zylinderband** verteilt die Kräfte wirksam. Die beiden Zylinder werden völlig eingelassen und sind unsichtbar, wenn die Tür oder Klappe geschlossen ist. Bohren Sie ein Loch in beide Teile. Mit der Einstellschraube ziehen Sie es fest an. Erhältlich von 10 bis 15 mm Durchmesser.

## Möbelschlösser anbringen

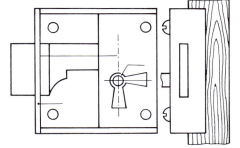

Kastenschloß

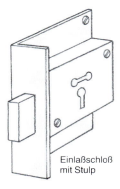

Einlaßschloß mit Stulp

Schlüsselschild

Einsteckschloß

Ein Kastenschloß wird direkt auf die Tür geschraubt und das Schlüsselloch passend eingebohrt. Bei einem Einlaßschloß die Aussparung für den Kasten anreißen und das Loch für den Schlüsselschaft ausbohren. Dann reißen Sie das ganze Schlüsselloch an und arbeiten es aus. Die Aussparung für den Kasten ausstemmen, dann Platte und Stulp auf Türfläche und -kante reißen. Mit Säge und Stecheisen einlassen und das Schloß einschrauben. Stemmen Sie das Loch für den Riegel mit Bohrer und Stemmeisen in den Rahmen ein.

Eine Arbeit aus Holz nach eigenem Entwurf, mit den eigenen zwei Händen zu schaffen, gilt allgemein als äußerst befriedigend, gewissermaßen als Krönung der Handwerkerkunst.

Wie man sich sicher vorstellen kann, bedarf es aber dabei sorgfältiger und genauester Planung. Bevor Sie also irgendwelche besonderen Ideen für die Gestaltung entwickeln, sollten Sie erst einmal grundsätzliche Überlegungen anstellen. Die Abmessungen des Werkstücks richten sich nach der Umgebung, in der es aufgestellt werden soll, nach den anderen Möbeln, zu denen es passen muß, und schließlich nach dem Verwendungszweck. Erst wenn das geschehen ist, sollte man sich an die Vorentwürfe machen. Man fertigt dann eine Reihe von Zeichnungen in etwa dem gleichen Maßstab an, aus denen verschiedene Aspekte der Arbeit ersichtlich werden. Versuchen Sie dabei die Proportionen einigermaßen richtig wiederzugeben.

Das Wesen der Kunstschreinerei, besonders bei der Gestaltung von Möbeln, besteht in sorgfältiger Abwägung der grundlegenden technischen Voraussetzungen. Die Materialien, die besondere Konstruktion und die Oberflächenbehandlung sollten durch den Stil des Stücks, seine Funktion und seine Umgebung bestimmt werden. Kaum weniger wichtig ist es, schon zu diesem Zeitpunkt die Werkzeuge und Fähigkeiten, über die man verfügt, mit in Betracht zu ziehen.

Nehmen Sie sich Zeit für die Vorentwürfe. Arbeiten Sie erst dann einen der Entwürfe weiter aus, wenn er alle gewünschten Elemente enthält.

Fertigen Sie als nächstes ein paar maßstabsgetreue Zeichnungen an, um die Abmessungen und Proportionen festzulegen. Drücken Sie sich auch hier nicht vor der Anfertigung mehrerer Skizzen. Leichte Veränderungen bei den Abmessungen von Einzelteilen können das Aussehen stark beeinflussen. Wählen Sie einen Maßstab, mit dem Sie Vorderansicht, Seitenansicht und Draufsicht mit allen Details erstellen können. Die meisten Leute verwenden den Maßstab 1:5.

Zeichnungen vermitteln nicht immer den richtigen Gesamteindruck, besonders nicht von den Proportionen. Das gelingt bei Modellen besser. Verwenden Sie dafür Balsaholz oder festen Karton, und arbeiten Sie in der gleichen Größe wie bei der Maßstabszeichnung.

Wenn das Modell steht, fertigen Sie Zeichnungen im Maßstab 1:1, besonders von den Holzverbindungen, um schwierige Details endgültig festzulegen. Profis machen einen Brettriß im Maßstab 1:1 etwa auf einem Stück Sperrholz. Damit kann man sehr gut aufreißen und prüfen.

Anhand dieser Zeichnungen dürfte es nun kein Problem sein, eine Liste mit den Einzelteilen und ihren Abmessungen anzufertigen und auch die erforderlichen Werkzeuge genau aufzulisten.

Der Faktor, der mit einem Entwurf wahrscheinlich am schwierigsten zu erfassen ist, ist die richtige Proportion. Immer wieder sieht man Kunstgegenstände und Möbel aus Holz, von Flurgarderoben bis zu Zigarettenbehältern, die in jeder Beziehung vollkommen sind, außer in den Proportionen. Eine Möglichkeit, solche Enttäuschungen zu vermeiden, besteht darin, sich an klassischen Proportionen zu orientieren. Eine der bekanntesten Formeln ist der goldene Schnitt, der schon von den alten Griechen entdeckt wurde.

# Möbel aus eigener Werkstatt

### Vorschlag für eine kleine Kommode

**A** Massivholz; gezinkte Eckverbindung; zu schlicht und uninteressant.
**B** Deckel und Seiten furniert, mit aufgeleimten Kanten; Lauf- und Kippleisten sind schwierig anzubringen; Schubladengriffe sind zu dominierend.
**C** Seiten in Deckel eingezapft; Schubladengriffe D-förmig; überstehender Deckel und Proportionen insgesamt unschön.
**D** Seiten mit Rahmen und Füllung; Schubladenvorderstücke mit Fase; zu kompliziert; zu viel Klimbim.

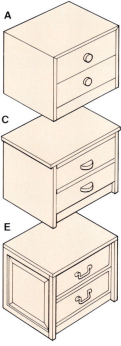
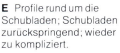
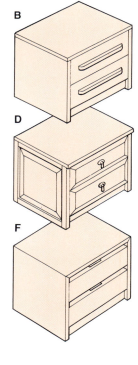

**E** Profile rund um die Schubladen; Schubladen zurückspringend; wieder zu kompliziert.

**F** Gezinkte Eckverbindungen in Schubkastenvorderstücken; saubere Linienführung.

# *Ergonomie*

Ergonomie ist die Lehre von der Anpassung der Arbeit an den Menschen. Ziel dieser Wissenschaft ist es, Kriterien für die Gestaltung einer idealen Umgebung zu liefern, bei entsprechender Zugabe von Raum (Höhe, Breite, Tiefe), der für bestimmte Tätigkeiten benötigt wird. Die Anwendung der Ergonomie bei der Gestaltung von Möbeln trägt dazu bei, daß alles möglichst in Griffweite ist und daß man sich nicht extrem beugen, strecken oder sonstige unbequeme Stellungen einnehmen muß. Außerdem hilft sie beim Festlegen der Abmessungen, der Anordnung und Form eines Arbeitsplatzes oder einer Arbeitsfläche.

Bei jeder Art von Tisch aus der eigenen Werkstatt sollte man sich zuerst über die Höhe Gedanken machen. Wenn der Tisch für Arbeiten an der Schreibmaschine oder anderen Geräten oder zum Essen gebraucht wird, sollte die Höhe der Platte vom Boden zwischen 68 und 74 cm betragen. Für Arbeiten im Stehen, etwa bei der Zubereitung von Speisen in der Küche, sollte diese Höhe zwischen 86 und 95 cm liegen.

Ganz wichtig ist das Verhältnis zwischen der Höhe eines Tisches, an dem man sitzen will, zu der Höhe des benutzten Hockers oder Stuhls. Der Abstand von der Sitzfläche zur Oberkante der Tischplatte sollte zwischen 25 und 30 cm betragen. Ein geringerer Abstand ist zwar bequemer wegen der Beinfreiheit, die man unter der Tischzarge braucht, aber nicht immer möglich.

Es lohnt sich durchaus, sich auch über den Platz unter dem Tisch einige Gedanken zu machen. Wenn man sitzt, muß man bequem die Beine ausstrecken und übereinanderschlagen können. Daher kommt auch die Mindesthöhe von 72 cm für einen Eßtisch. Beistelltische können natürlich alle möglichen Höhen haben. Die untere Grenze liegt aber wohl bei 30 cm und die obere bei 61 cm.

Die wichtigste Funktion eines Stuhls ist, daß er dem Sitzenden bequemen Halt gibt und ihm eine Haltung ermöglicht, die keine Muskelanspannung verursacht oder die Blutzirkulation in den unteren Extremitäten behindert.

Die Höhe eines Stuhls an der Vorderkante sollte zwischen 41 und 46 cm betragen, damit man seine Füße im Sitzen bequem auf den Boden stellen kann. Der Sitz sollte eine leichte Neigung zwischen 3 und 5° haben, um sich der Biegung der Wirbelsäule anzupassen und damit die Stellung des Beckens seinem natürlichen Winkel entspricht. Die Sitztiefe sollte zwischen 35 und 46 cm liegen, und eine bequeme Breite liegt bei 46 cm an der Vorderkante.

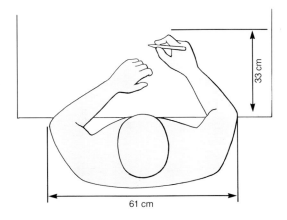

Wenn Sie die Abmessungen für eine Eßtischplatte festlegen, dann gehen Sie von mindestens 60 cm Breite pro Sitzplatz und 33 cm Tiefe von der Tischkante zur Mitte aus. Die Lage von Regalfächern oder Ablagen in der richtigen Höhe (besonders, wenn sie niedriger sind als die Arbeitsplatte) muß man sich auch genau überlegen, wenn man allzuviel Beugen und Strecken vermeiden möchte. Die Höhen ändern sich *(unten und unten rechts)* je nachdem, ob man sie im Sitzen oder im Stehen erreichen will.

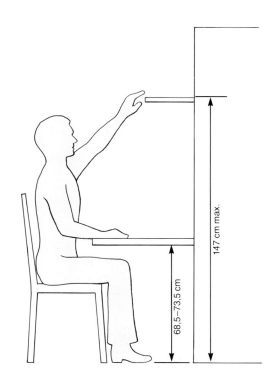

MÖBEL AUS EIGENER WERKSTATT

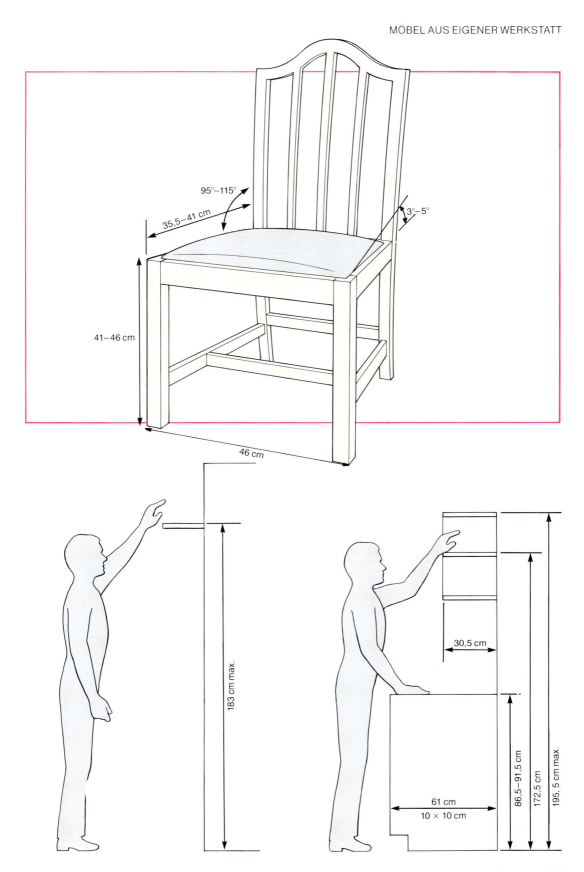

# Küchenschrank aus Wales

# MÖBEL AUS EIGENER WERKSTATT

Diese Art traditioneller Bauernmöbel war gewöhnlich aus Eiche oder Ulme. Bei der Konstruktion des Unterteils gibt es zwei Möglichkeiten. Entweder man macht einen gezinkten Korpus auf einem getrennten Sockel (wie dargestellt) oder einen Korpus mit vorstehender Platte, bei dem die Seiten bis auf den Boden durchgehen. Die Rückwand aus Nut-und-Feder-Brettern.

Die Traversleisten und Blenden für die Schubladen werden in die Seiten eingezapft und unter die Abdeckplatte bzw. die hintere Querstrebe gehängt. Die Laufleisten werden in die vorderen und hinteren Traversleisten eingezapft und in die Korpusseiten eingelassen.

Der Aufsatz besteht aus einem einfachen Regal. Die seitliche Stabilität wird durch die obere Querstrebe und die Rückwand erreicht. Er wird auf Dübel im unteren Teil gesetzt. Die Konstruktion ist so angelegt, daß man den Aufsatz auf die Hinterkante der Abdeckplatte des Unterteils schrauben kann.

Der Kranz kann entweder ein eigenes Teil sein, das man auf Dübel setzt, oder er ist fest angebracht. In diesem Fall bringt man zunächst eine Simsleiste mit Hilfe von Leimklötzchen an. Das Profil wird dann auf Gehrung geschnitten, festgeleimt und genagelt. Das Kranzprofil kann aus einem Stück oder zusammengesetzt sein.

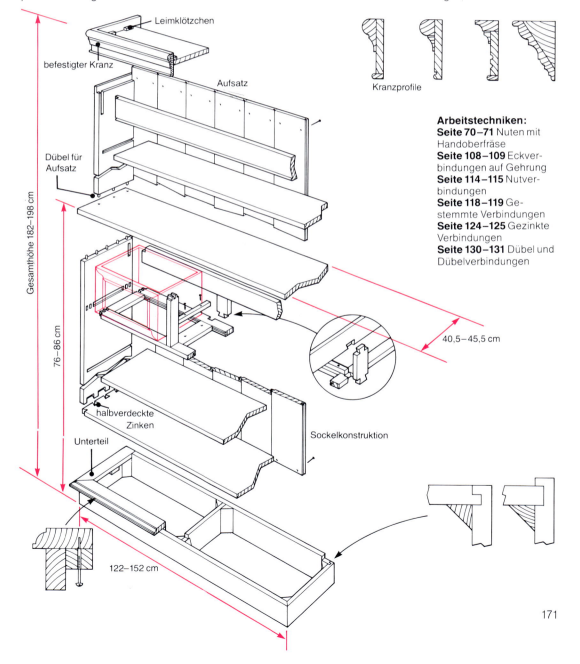

**Arbeitstechniken:**
**Seite 70–71** Nuten mit Handoberfräse
**Seite 108–109** Eckverbindungen auf Gehrung
**Seite 114–115** Nutverbindungen
**Seite 118–119** Gestemmte Verbindungen
**Seite 124–125** Gezinkte Verbindungen
**Seite 130–131** Dübel und Dübelverbindungen

171

# Küchenelemente

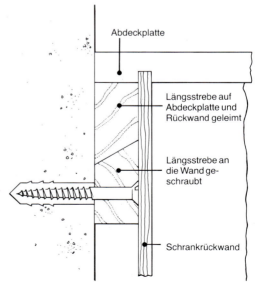

- Abdeckplatte
- Längsstrebe auf Abdeckplatte und Rückwand geleimt
- Längsstrebe an die Wand geschraubt
- Schrankrückwand

MÖBEL AUS EIGENER WERKSTATT

Moderne Einbauküchen sind meistens aus kunststoffbeschichteten Spanplatten, aber es gibt eigentlich keinen Grund, warum sie nicht aus Massivholz und Sperrholz oder anderem Plattenmaterial sein sollten. Allerdings muß man dann alle Flächen und Kanten mit einem passenden Überzugsmaterial versiegeln. Arbeitsplatten versieht man am besten mit einer Kunststoffbeschichtung, damit sie länger halten und leichter zu reinigen sind. Marmor, Fliesen oder Keramikplatten sind weitere Möglichkeiten.

Der Schrank mit den fünf Schubladen auf der Zeichnung hat eine ganz traditionelle Konstruktion mit Travers- und Laufleisten, die an den Seiten befestigt sind. Eine Rückwand ist nicht erforderlich, da der Korpus Längsstreben hat, die an die Wand geschraubt sind.

Wenn der Korpus stabil genug ist, kann man auch auf Traversleisten verzichten und seitlich geführte Schubladen verwenden. Die Schubladenseiten werden genutet (das kann man schnell und leicht mit der Handoberfräse machen), und Laufleisten aus Holz, Kunststoff oder Metall werden an den Korpusseiten befestigt.

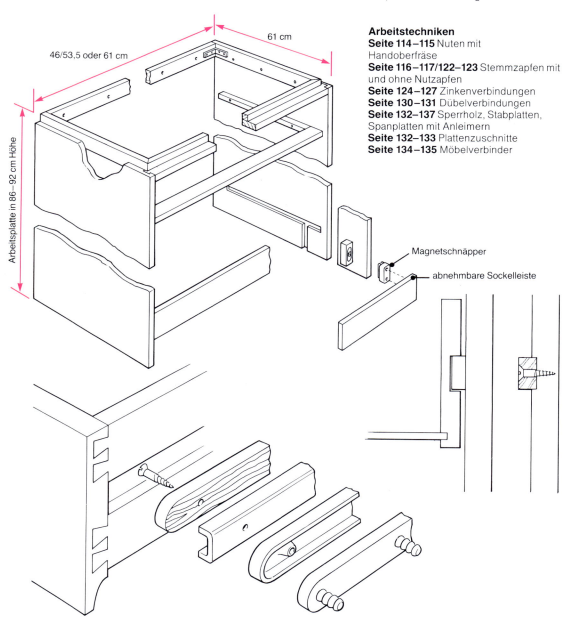

**Arbeitstechniken**
**Seite 114–115** Nuten mit Handoberfräse
**Seite 116–117/122–123** Stemmzapfen mit und ohne Nutzapfen
**Seite 124–127** Zinkenverbindungen
**Seite 130–131** Dübelverbindungen
**Seite 132–137** Sperrholz, Stabplatten, Spanplatten mit Anleimern
**Seite 132–133** Plattenzuschnitte
**Seite 134–135** Möbelverbinder

# Küchenschrank mit Hängevitrine

Der Aufsatz bekommt seine Stabilität von den hinteren Längsstreben und einem fest angebrachten Profilkranz, der streng sitzt.

Das Unterteil ist weit komplizierter. Es hat Seiten mit Rahmen und Füllung und muß Lauf-, Streif- und Kippleisten für die Schubladen haben. Die Platte wird von unten auf dem oberen Travers und mit den Kippleisten verschraubt. Hinten kann man Holznägel verwenden.

Der einfache Korpus der Hängevitrine schafft eigentlich wenig konstruktive Probleme. Das Bogenprofil kann man aus mehreren Teilen fertigen. Man verwendet dazu eine Schablone und eine Handoberfräse. Die Glastüre hat einen Rahmen mit Falz und Profil, das in den Ecken auf Gehrung zusammenläuft. Die Sprossen werden in den Rahmen gestemmt, das Profil wird mit einer Nut aufgeleimt. Die Sprossenkreuze werden durch Kreuzüberblattung hergestellt. Zur Verstärkung festen Leinenstoff in die Ecken leimen.

MÖBEL AUS EIGENER WERKSTATT

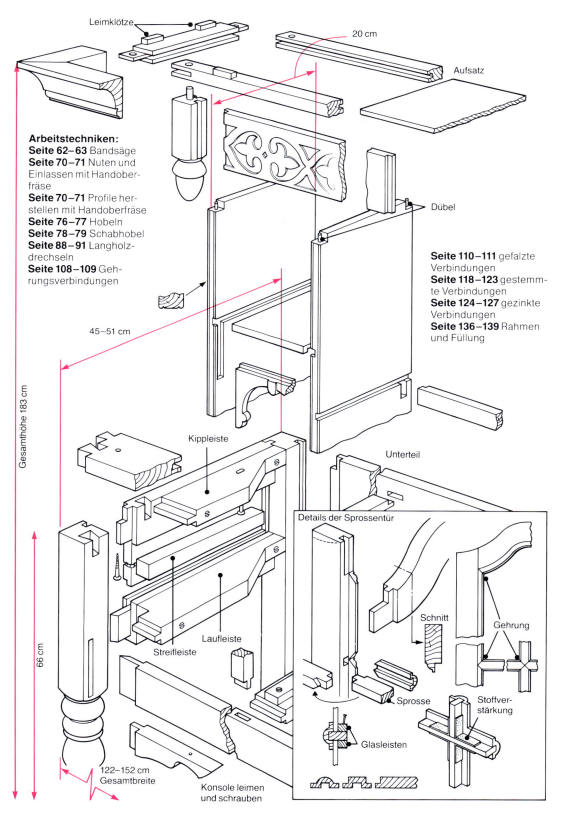

## Spieltisch

## MÖBEL AUS EIGENER WERKSTATT

Furnierte Platten geben diesem Möbelstück sein besonderes Aussehen. Die Eckstollen und Sockel sind aus Massivholz.

Platten und Stollen sind mit fremden Federn verbunden. Man kann auch mit der Handoberfräse Federn an die Plattenkanten arbeiten. Die Tischplatte wird mit fremden Federn oder Dübeln befestigt.

Die Sockel aus Massivholz sind auf einer Seite abgefalzt, die Ecken auf Gehrung verleimt. Die Schublade kann man nach beiden Seiten aufziehen, man braucht also zwei Vorderstücke. Sie sind zusammengesetzt, das heißt, ein Holz, das genau zu den Eckstollen paßt, ist auf die Unterkante geleimt. Auf jede Seite der Platte kann man ein anderes Spiel furnieren.

Die Tischplatte muß mit Anleimern versehen werden, bevor sie furniert wird. Sie müssen dick genug sein für die notwendigen Nuten, Aussparungen und Schrauben für Beschläge.

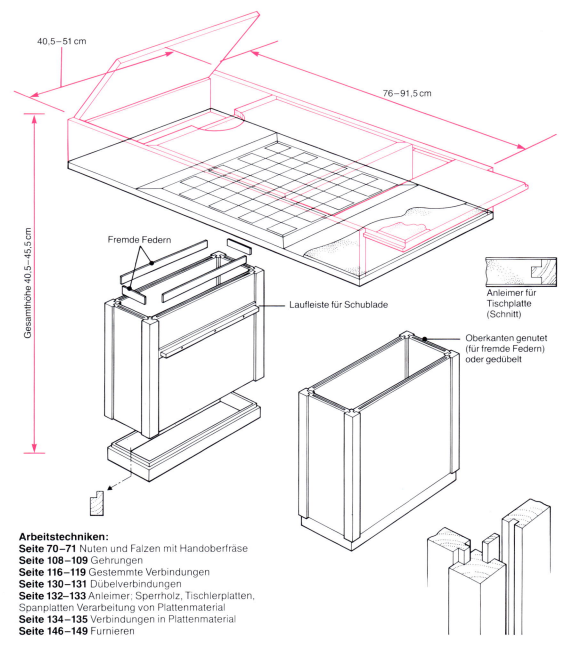

**Arbeitstechniken:**
**Seite 70–71** Nuten und Falzen mit Handoberfräse
**Seite 108–109** Gehrungen
**Seite 116–119** Gestemmte Verbindungen
**Seite 130–131** Dübelverbindungen
**Seite 132–133** Anleimer; Sperrholz, Tischlerplatten, Spanplatten Verarbeitung von Plattenmaterial
**Seite 134–135** Verbindungen in Plattenmaterial
**Seite 146–149** Furnieren

# Klapptisch

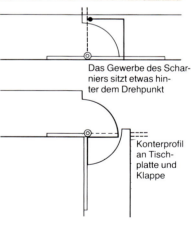

Das Gewerbe des Scharniers sitzt etwas hinter dem Drehpunkt

Konterprofil an Tischplatte und Klappe

## MÖBEL AUS EIGENER WERKSTATT

Die hier gezeigte Zargenkonstruktion stammt von einem Pembroke-Tisch. Die Konsolen sind wie Scharniere gemacht, von denen ein Lappen auf die Tischzarge geschraubt wird.

Zwei Querstücke werden von unten in die Zargenteile eingegratet und mit Leimklötzchen verstärkt. Dazwischen werden Klötze geleimt und genagelt, in die man den Mittelfuß des Gestells einzapft und verkeilt.

Die Füße des Gestells sind konisch in den Mittelfuß eingegratet und können mit einer besonders geformten Metallplatte festgemacht werden.

Wo Klappen und Tisch mit Scharnieren verbunden sind, macht man ein Konterprofil, damit die geöffneten Klappen gut aufliegen.

In die Unterseite wird ein Scharnier eingelassen (siehe Zeichnung). Gewerbe und Lappen müssen vollkommen eingelassen werden. Der Dorn wird etwas vor den Drehpunkt gesetzt, damit die Klappe beim Herunterlassen Luft hat.

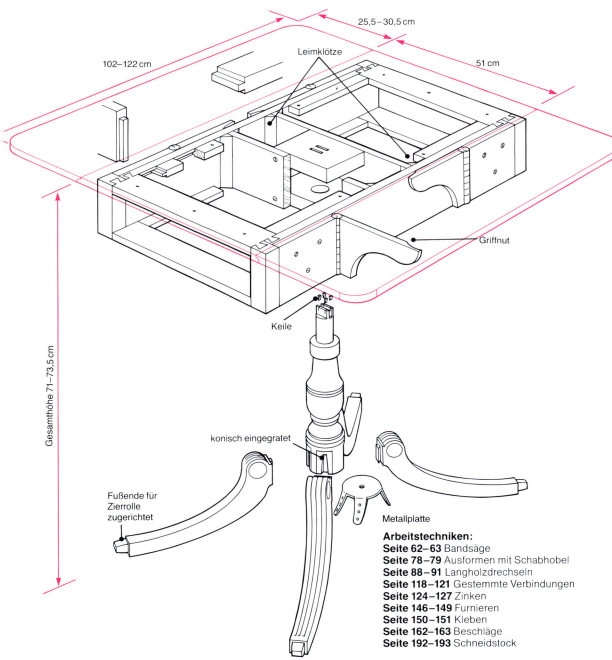

**Arbeitstechniken:**
Seite 62–63 Bandsäge
Seite 78–79 Ausformen mit Schabhobel
Seite 88–91 Langholzdrechseln
Seite 118–121 Gestemmte Verbindungen
Seite 124–127 Zinken
Seite 146–149 Furnieren
Seite 150–151 Kleben
Seite 162–163 Beschläge
Seite 192–193 Schneidstock

## Eßtisch und Stühle

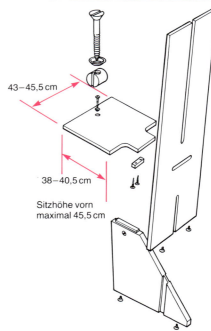

43–45,5 cm
38–40,5 cm
Sitzhöhe vorn maximal 45,5 cm

MÖBEL AUS EIGENER WERKSTATT

Diese Eßgarnitur ist so konstruiert, daß man sie zerlegen kann. Die Einzelteile sind zusammengeschlitzt und, wo erforderlich, mit Bolzen und Schrauben zusätzlich befestigt. Damit es schneller und genauer geht, wird empfohlen, die Schlitze mit der Handoberfräse herzustellen.

Am besten verwendet man Sperrholz oder MDF. Dieses Material läßt sich gut mit Maschinen bearbeiten, hat gutes Stehvermögen, gleiche Festigkeit in allen Richtungen, man muß keine Kanten anleimen, und es nimmt die meisten Überzugsmaterialien gut an.

Beim Möbelbau mit Plattenmaterial muß man andere als die traditionellen Techniken verwenden, weil es schwierig ist, gezinkte und gestemmte Verbindungen herzustellen. Mit traditionellen Verbindungen in Plattenmaterial erreicht man auf keinen Fall die gleiche Festigkeit.

Bevor man die Oberfläche aufbringt, sollte man darauf achten, daß alle Beschädigungen und Unregelmäßigkeiten beseitigt sind. Sie werden später deutlich sichtbar und können die Gesamtwirkung beeinträchtigen. Ideal ist eine gespritzte Oberfläche.

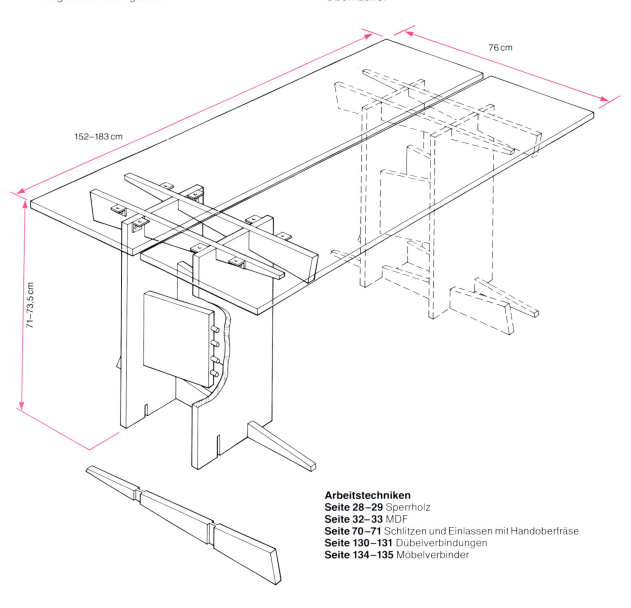

**Arbeitstechniken**
**Seite 28–29** Sperrholz
**Seite 32–33** MDF
**Seite 70–71** Schlitzen und Einlassen mit Handoberfräse
**Seite 130–131** Dübelverbindungen
**Seite 134–135** Möbelverbinder

## Serviertisch

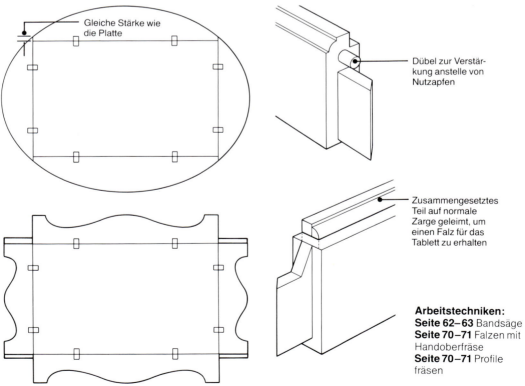

Gleiche Stärke wie die Platte

Dübel zur Verstärkung anstelle von Nutzapfen

Zusammengesetztes Teil auf normale Zarge geleimt, um einen Falz für das Tablett zu erhalten

**Arbeitstechniken:**
**Seite 62–63** Bandsäge
**Seite 70–71** Falzen mit Handoberfräse
**Seite 70–71** Profile fräsen

MÖBEL AUS EIGENER WERKSTATT

Es gibt zahlreiche Variationen zum Thema Serviertisch: Falttische, Klappgestelle und ein ganzes Sortiment verschiedener Formen für das Tablett. Das Prinzip besteht im wesentlichen darin, daß sich die Tischfläche vergrößert, wenn man die Seiten und Enden, die mit Scharnieren versehen sind, herunterklappt. Zwei der häufigsten Tablettarten werden hier dargestellt.

Die Konstruktion des Tabletts ist ziemlich einfach. Die Grundplatte kann aus gut getrocknetem, dekorativem Laubholz sein oder aus Sperrholz (auch Spanplatten kommen in Frage), das mit Anleimern versehen und furniert wurde. Achten Sie vor allem darauf, daß die Anleimer dick genug sind, damit die Schrauben der Scharniere gut halten. Dazu sind spezielle Klappenscharniere erforderlich, die die heruntergeklappten Seiten in einer Ebene mit der Grundplatte halten.

Die Tischzarge hat einen Falz zur Aufnahme des Tablettbodens, der eng hineinpassen sollte. Die Tablettseiten liegen auf der Oberkante der Tischzarge auf.

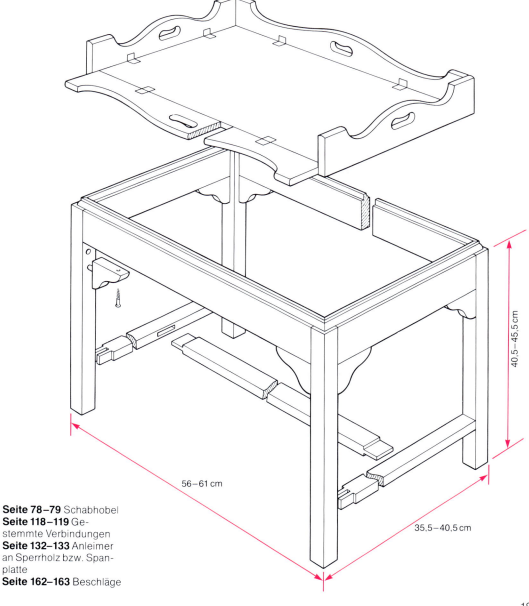

**Seite 78–79** Schabhobel
**Seite 118–119** Gestemmte Verbindungen
**Seite 132–133** Anleimer an Sperrholz bzw. Spanplatte
**Seite 162–163** Beschläge

# Schreibtisch

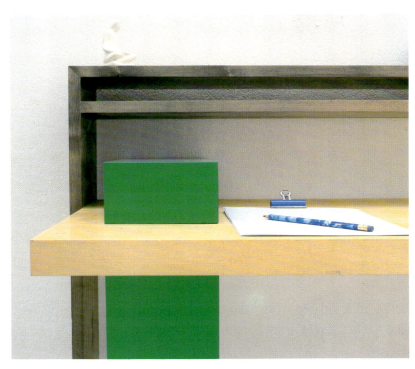

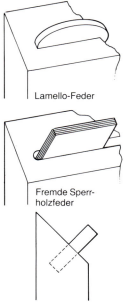

Lamello-Feder

Fremde Sperr-
holzfeder

Der Dübel kann länger
werden, wenn er nahe
der Innenkante der
Gehrung gebohrt wird

MÖBEL AUS EIGENER WERKSTATT

Der Rahmen dieses Schreibtisches ist zur Aufnahme von dünnen Sperrholz- oder Spanplatten beidseitig gefalzt. Die Ecken gehen auf Gehrung zusammen. Zwischenstreben geben zusätzliche Festigkeit, halten vorderen und hinteren Rahmenteil auf gleichem Abstand. Sie dienen gleichzeitig als Einteilung für die Wabenmittellage, die innen befestigt wird. Stellen, an denen Verbindungen hergestellt oder Teile angeschraubt werden müssen, durch eingeleimte Klötze verstärken. Die Sperrholzplatten werden einseitig eingeleimt, und die ganze Platte wird gepreßt.

In die Fachböden kreisförmige Aussparungen für die transparente Acrylglasröhre schneiden. Ihr unteres Ende geht durch die Schreibplatte und wird durch einen Kunststoffdeckel, den man nach Einsetzen der Leuchtröhre auf die Unterseite schraubt, festgehalten.

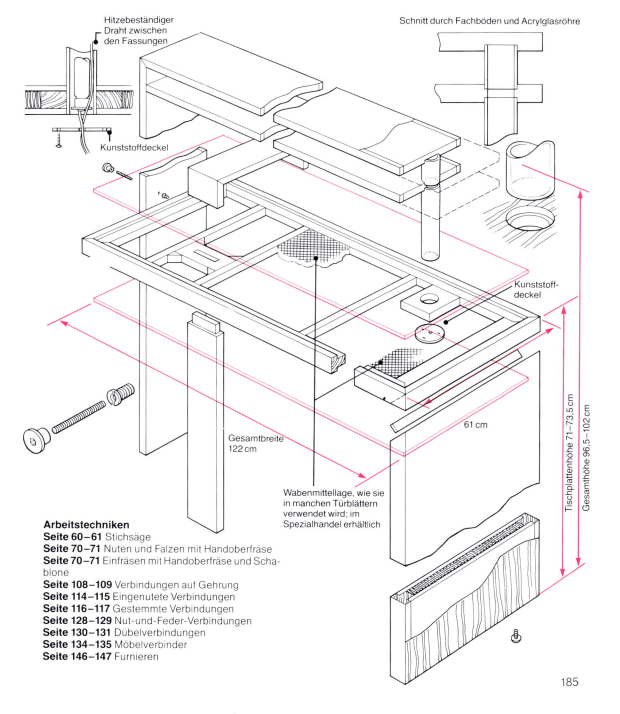

**Arbeitstechniken**
**Seite 60–61** Stichsäge
**Seite 70–71** Nuten und Falzen mit Handoberfräse
**Seite 70–71** Einfräsen mit Handoberfräse und Schablone
**Seite 108–109** Verbindungen auf Gehrung
**Seite 114–115** Eingenutete Verbindungen
**Seite 116–117** Gestemmte Verbindungen
**Seite 128–129** Nut-und-Feder-Verbindungen
**Seite 130–131** Dübelverbindungen
**Seite 134–135** Möbelverbinder
**Seite 146–147** Furnieren

## Antike Kommode

Diese Art von Kommode mit ihrer elegant geschwungenen Front ist in Europa weit verbreitet. In Nordamerika begegnet man häufiger dem etwas schlichteren, weniger komplizierten Modell.

Überall werden traditionelle Konstruktionen benutzt – halbverdeckte Zinken für die oberen und unteren Traversleisten, Zapfen für die Mitteltraversleisten. Die Laufleisten werden in die Seiten eingelassen und durch Federn mit den Traversleisten verbunden.

Man kann die Kommode mit Beinen konstruieren, die mit Leimklötzchen befestigt und angeschraubt werden (Abbildung). Man kann sie aber auch mit Konsolenbeinen ausstatten.

Die Schubladenvorderstücke können aus Massivholz bestehen, das ergibt aber viel Abfall. Bes-

MÖBEL AUS EIGENER WERKSTATT

ser ist es, man stellt sie durch Formverleimung her. Die endgültige Form wird mit dem Schiffhobel erreicht. Dann furniert man sie erst.

Die Stoppklötze für die Schubladen lassen sich aus Sperrholz herstellen, das man auf die Laufleisten nagelt. Oder, und das ist die solidere Version, man macht sie aus kurzfaserigem Massivholz und zapft sie in die Traversleisten ein. Die Vorderkante jeden Stoppklotzes nachstechen, bis die Schublade gut schließt.

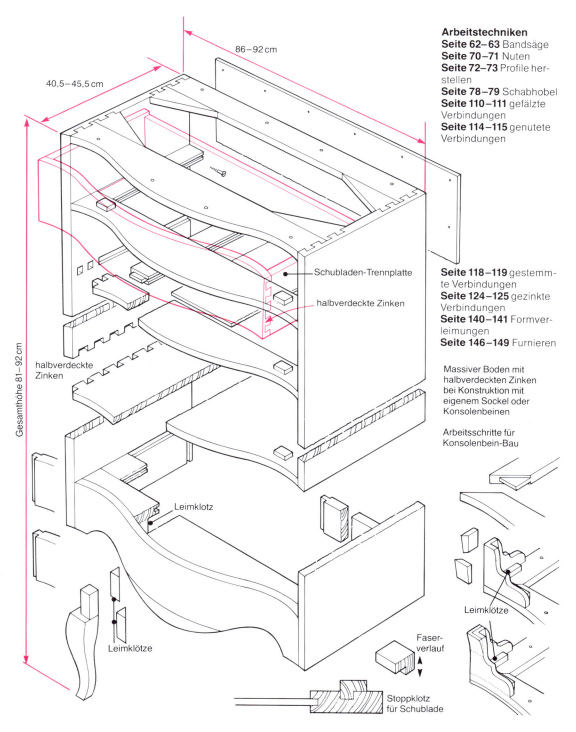

**Arbeitstechniken**
**Seite 62–63** Bandsäge
**Seite 70–71** Nuten
**Seite 72–73** Profile herstellen
**Seite 78–79** Schabhobel
**Seite 110–111** gefälzte Verbindungen
**Seite 114–115** genutete Verbindungen
**Seite 118–119** gestemmte Verbindungen
**Seite 124–125** gezinkte Verbindungen
**Seite 140–141** Formverleimungen
**Seite 146–149** Furnieren

Massiver Boden mit halbverdeckten Zinken bei Konstruktion mit eigenem Sockel oder Konsolenbeinen

Arbeitsschritte für Konsolenbein-Bau

187

# Bett

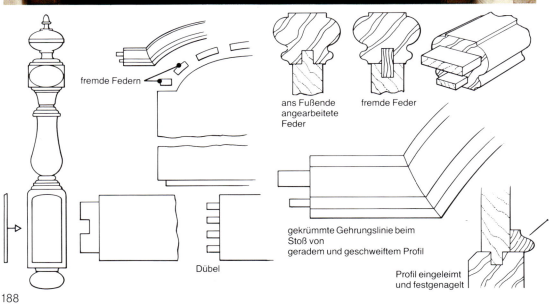

fremde Federn

ans Fußende angearbeitete Feder

fremde Feder

Dübel

gekrümmte Gehrungslinie beim Stoß von geradem und geschweiftem Profil

Profil eingeleimt und festgenagelt

## MÖBEL AUS EIGENER WERKSTATT

Bevor man sich an dieses Projekt wagt, ist es ratsam, eine Zeichnung im Maßstab 1:1 von den gedrechselten Eckpfosten anzufertigen, damit man die richtigen Proportionen bekommt. Auch zum Überprüfen während des Drechselns ist eine solche Zeichnung sehr nützlich.

Die wichtigsten Einzelteile werden mit gestemmten Verbindungen oder Dübeln zusammengesetzt. Die Platten mit Federn befestigen, die an die Kanten angearbeitet werden, oder mit fremden Federn.

Die Gehrungslinie am Stoß von geradem und geschweiftem Profil am Fußende am besten auch im Maßstab 1:1 aufzeichnen, damit man die Krümmung genau festlegen kann. Dazu eine Schablone herstellen und damit beim Arbeiten immer wieder prüfen, ob alles stimmt. Die Gehrungsverbindung mit Dübeln verstärken.

Das Kopfende wird als eigenes Teil hergestellt. Man klebt Kunststoffschaum auf Sperrholz, legt Stoff darüber, befestigt die Knöpfe und schraubt das Ganze von hinten auf.

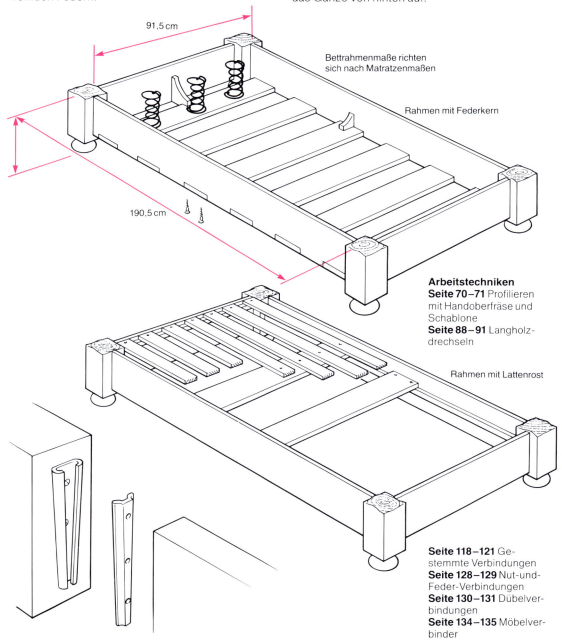

91,5 cm

Bettrahmenmaße richten sich nach Matratzenmaßen

Rahmen mit Federkern

190,5 cm

**Arbeitstechniken**
**Seite 70–71** Profilieren mit Handoberfräse und Schablone
**Seite 88–91** Langholzdrechseln

Rahmen mit Lattenrost

**Seite 118–121** Gestemmte Verbindungen
**Seite 128–129** Nut-und-Feder-Verbindungen
**Seite 130–131** Dübelverbindungen
**Seite 134–135** Möbelverbinder

# Schreibsekretär

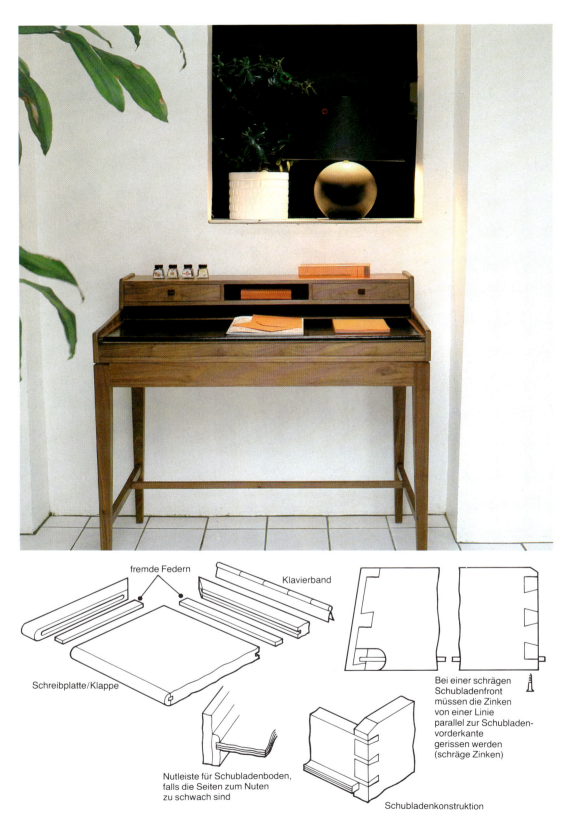

fremde Federn
Klavierband
Schreibplatte/Klappe
Nutleiste für Schubladenboden, falls die Seiten zum Nuten zu schwach sind
Bei einer schrägen Schubladenfront müssen die Zinken von einer Linie parallel zur Schubladenvorderkante gerissen werden (schräge Zinken)
Schubladenkonstruktion

## MÖBEL AUS EIGENER WERKSTATT

Dieses nützliche Möbelstück besteht einfach aus einem flachen Kasten, der durch Holzdübel mit einem Tischgestell verbunden ist.

Die ausgeformten Seiten des Kastens sollten aus sorgfältig ausgewähltem, trockenem Material sein, damit es eben bleibt. Beachten Sie den Faserverlauf der Seiten. Nur so können Sie halbverdeckte Zinken verwenden. Die Fächer können Sie in die Seiten einnuten, dübeln oder mit fremden Federn befestigen. Sie lassen sich auch einzapfen. Die Schreibplatte/Klappe ist ein zusammengesetztes Teil. Sie besteht aus Spanplatte mit Anleimern und einem passenden Deckmaterial. Sie ist durch ein Klavierband an der Hinterkante mit dem untersten Fach des Kastens verbunden.

Das Tischgestell hat überall Stemmzapfen. Achten Sie darauf, daß die lange Strebe weit genug hinten ist, damit genügend Fußfreiheit bleibt. Man könnte den Kasten auch unterteilen oder Schübe für Schreibsachen anbringen.

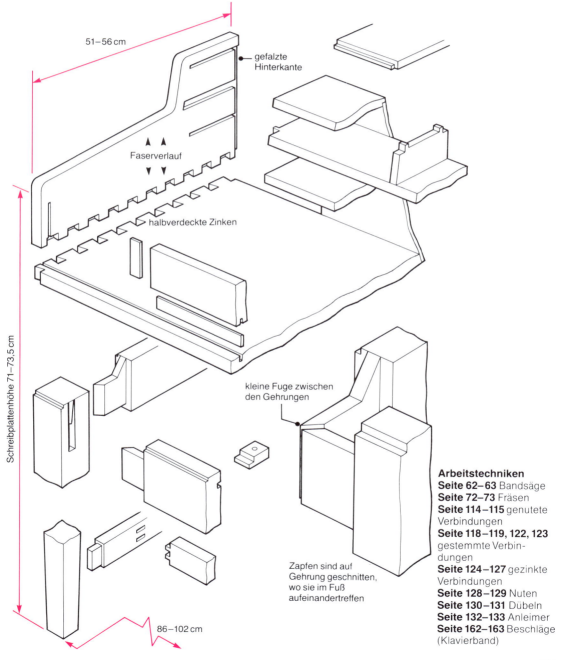

**Arbeitstechniken**
**Seite 62–63** Bandsäge
**Seite 72–73** Fräsen
**Seite 114–115** genutete Verbindungen
**Seite 118–119, 122, 123** gestemmte Verbindungen
**Seite 124–127** gezinkte Verbindungen
**Seite 128–129** Nuten
**Seite 130–131** Dübeln
**Seite 132–133** Anleimer
**Seite 162–163** Beschläge (Klavierband)

# Konsolentisch

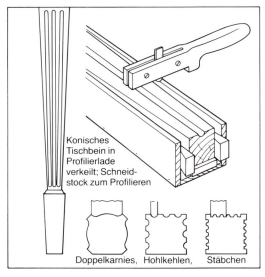

Konisches Tischbein in Profilierlade verkeilt; Schneidstock zum Profilieren

Doppelkarnies, Hohlkehlen, Stäbchen

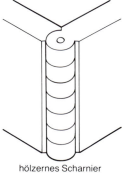

hölzernes Scharnier

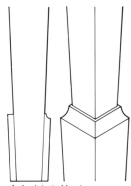

Aufgeleimte Verzierung: Erst schwache Holzteile aufleimen, dann Profile stechen

Die Tischplatte besteht aus zwei Teilen, die mit Scharnieren verbunden sind. Man kann also bei Bedarf einen runden Tisch daraus machen. Zur Verbindung der beiden Plattenteile verwendet man am besten einfache Lappenbänder. Das hintere Querteil der Zarge ist mit dem runden Zargenteil durch halbverdeckte Zinken verbunden. Das muß formverleimt werden.

Zur zusätzlichen Festigkeit ist eine Mittelstrebe eingegratet oder mit Leimklötzchen befestigt (Zeichnung). Die vorderen Beine sind in die Zarge eingeschlitzt. Die hintere Beinkonstruktion ist durch die hölzernen Scharniere beweglich. Die Scharniere dürfen nur etwa bis 45° aufgehen, damit die Beine, wenn sie aufgeklappt sind, gleichen Abstand haben.

Die hinteren Beine müssen ausgeschnitten werden (Zeichnung), damit sie etwas über die Hinterkante der Zarge vorstehen.

Man kann die Beine mit der Handoberfräse profilieren, aber die traditionelle Methode führt auch zu guten Ergebnissen, sie ist allerdings langwieriger. Man muß sich eine Profilierlade anfertigen und einen Schneidestock. Das Bein wird in der Lade festgekeilt. Sie dient dann als Anschlag für den Schneidestock, der mit einer entsprechend geformten Klinge versehen wird, damit man das Profil schneiden kann.

Das Bein mit seiner Verzierung ist stabiler, wenn es aus einem Stück des ursprünglichen Materials hergestellt wird. Leichter geht es, wenn man das Bein konisch schneidet, Teile aus dem gleichen Holz in ähnlicher Farbe und Zeichnung aufleimt und dann entsprechend formt.

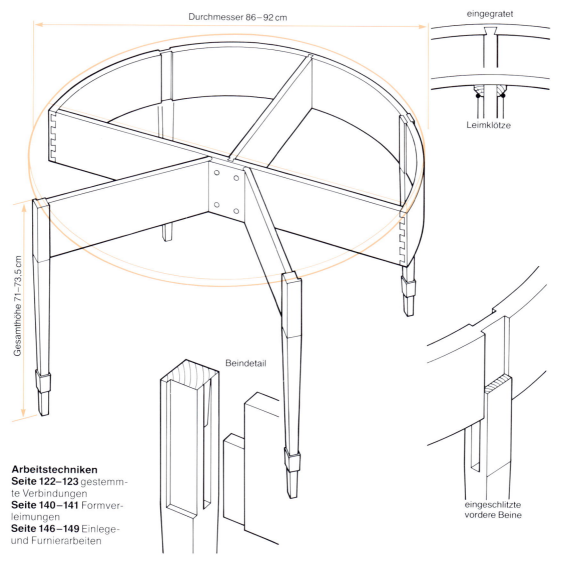

**Arbeitstechniken**
**Seite 122–123** gestemmte Verbindungen
**Seite 140–141** Formverleimungen
**Seite 146–149** Einlege- und Furnierarbeiten

# Nadelhölzer

| Der Baum | Farbe und Qualität des Holzes | Eigenschaften | Anwendungen |
|---|---|---|---|
| **Tanne** *Abies alba* Nur Nadelbäume der Gattung *Abies* sind echte Tannen. Fälschlicherweise erscheint die Bezeichnung Tanne auch im Namen anderer Bäume, etwa bei der Douglas-Tanne. Echte Tannen werden etwa 40 m hoch. Sie wachsen in Mittel- und Südeuropa, in Mittel- und Ostasien und in Nordamerika. | Die vielen verschiedenen Tannenarten weisen im allgemeinen ähnliches Holz auf, in Farbtönen von kremigweiß bis hellbraun. Bei den meisten Arten ist das Holz leicht, hat geraden Faserverlauf, ist geruchlos und harzfrei. | Im Fall der Tanne ist das leichte Gewicht mit Zerbrechlichkeit gekoppelt. Das Holz läßt sich leicht bearbeiten, aber es ist so weich, daß die Werkzeuge immer gut scharf sein müssen, um eine saubere Schlußbearbeitung zu gewährleisten. Tanne neigt zu Pilzbefall, und eine Holzschutzbehandlung ist nicht einfach. | Der Tannenbestand ist zwar sehr groß, aber der Baum ist im Welt-Holzhandel nicht annähernd so wichtig wie etwa die Fichte. Trotzdem findet die Tanne als Bauholz, in der Tischlerei und Verpackungsindustrie Verwendung und wird in Kanadas Osten bei der Papierfabrikation eingesetzt. |
| **Brasilkiefer** *Araucaria angustifolia* Dieser mit der Andentanne verwandte Baum wächst hauptsächlich im brasilianischen Bundesstaat Paraná, in Paraguay und im nördlichen Argentinien. Der Baum ist mittelgroß bis groß und wird bis 40 m hoch. Der gerade Stamm ist bis zu einer ziemlichen Höhe kahl und trägt eine kurze, breite Krone. | Das Kernholz ist braun, manchmal mit roten Einschüssen versehen, das übrige Holz ist hell. Der Faserverlauf ist meist gerade und die Struktur homogen mit fast unsichtbaren Jahresringen. | Das Holz muß sehr vorsichtig getrocknet werden, damit es sich nicht wirft. Sein großer Vorteil ist die leichte Bearbeitbarkeit, die meisten Bearbeitungstechniken lassen sich sehr sauber ausführen. Es läßt sich gut beizen und polieren und nimmt auch Farbe gut an. | Das Holz ist bei Hobbytischlern besonders beliebt, weil es nahezu astfrei ist und eine feine, homogene Holzstruktur aufweist. Brasilien exportiert das Holz weltweit. Es wird für Innentreppen, bei Kunsttischlerarbeiten, für Schubladen-Seitenteile, Zierleisten, Ladenausstattungen und Wagen verwendet. |
| **Zeder** *Cedrus sp.* Zu den echten Zedern gehören die Atlas- oder Silber-Zeder aus Marokko, die Libanon-Zeder und die Himalaya- oder Deodara-Zeder aus Nordindien; nicht zu verwechseln mit vielen »Zedernhölzern« des Handels, die sonstwo wachsen. Echte Zedern werden bis zu 60 m hoch. | Alle drei Arten liefern ähnliches Holz. Das stark duftende Kernholz ist bräunlich und unterscheidet sich häufig vom blasseren Splintholz. Die Jahresringe sind meistens deutlich ausgeprägt. | Die wichtigste Eigenschaft von Zedernholz ist seine lange Lebensdauer, die manchmal in Jahrhunderten gemessen wird, und seine Widerstandsfähigkeit gegen Pilze und Termiten. Es läßt sich gut bearbeiten, macht Schneidewerkzeuge kaum stumpf, läßt sich gut nageln, streichen oder lasieren. | Holz von Plantagen-Zedern wird seiner langen Lebensdauer wegen für Gartenmöbel, Zäune und Spaliere verwendet. Libanon-Zeder ist hervorragend für dekorative Innenholzvertäfelungen geeignet. Die anderen beiden Arten werden industriell genutzt. |
| **Zypressen** *Cupressus sempervirens* Die echte Zypresse wächst in den gemäßigten Zonen der Erde und ist für das Mittelmeergebiet typisch. Wildwachsende Zypressen spielen wirtschaftlich kaum eine Rolle; aber in Ost- und Südafrika und in Australien sind Zypressenplantagen weit verbreitet. | Der Faserverlauf ist meist gerade, die Struktur ist fein und homogen. Das Kernholz ist hellgelb bis rötlichbraun und ist gewöhnlich leicht vom blasseren Splintholz zu unterscheiden. Frisch getrocknetes Zypressenholz riecht wie Zeder. | Das Holz ist leicht zu bearbeiten, Schneidewerkzeuge bleiben lange scharf. Astknoten können Probleme bereiten. Zwar läßt sich Holz mit geradem Faserlauf sauber veredeln, aber bei spiraligem Faserverlauf reißt es leicht ein. Es ist haltbar und ausreichend stabil, läßt sich gut nageln, streichen und lasieren. | Wegen der Stabilität und Haltbarkeit selbst bei Bodenkontakt wird die Zypresse vor allem als Bauholz für Außenkonstruktionen verwendet. Erhebliche Holzmengen werden für Kästen und Lattenkisten verbraucht. Ausgewählte Hölzer sind für die Tischlerei geeignet. |

EINHEIMISCHE UND EXOTISCHE HÖLZER

| Der Baum | Farbe und Qualität des Holzes | Eigenschaften | Anwendungen |
|---|---|---|---|
| **Lärche** *Larix sp.* Die Lärche ist im nördlichen Asien und in Nordamerika (Tamarakholz) weit verbreitet, kommt aber auch in Europas Mischwäldern und vor allem in den Alpen vor. Im Gegensatz zu den meisten anderen Nadelhölzern ist die Lärche sommergrün und wirft im Winter ihre Nadeln ab. | Das Holz kann ziemlich ungleichmäßig wirken, weil der Kontrast zwischen dem rötlichen, harten Spätholz mit seinen ausgeschweiften und gut sichtbaren Jahresringen und den weichen und dünnen Bändern des gelblichen Frühholzes so stark ist. Das Kernholz ist gelblichbraun. | Lärche gehört zu den widerstandsfähigsten und härtesten Nadelhölzern, die im Handel sind. In dieser Hinsicht kommt nur die Pitchpine (Kiefernart) an sie heran. Die meisten Lärchen-Arten lassen sich gut bearbeiten, neigen aber beim Nageln etwas zum Spalten. | Grubenstempel im Bergbau, Pfähle und Holzpfeiler, aber auch Fußböden, Türen und Fenster werden aus diesem harten Holz hergestellt. Ist die besondere Haltbarkeit entscheidend, etwa für Planken beim Bootsbau, oder bei Außenkonstruktionen mit Bodenkontakt, dann wird das Kernholz verwendet. |
| **Fichte** *Picea sp.* Es gibt ungefähr 50 Fichtenarten. Manche davon werden bis 60 m hoch, obwohl die meisten kleiner bleiben. Die Gemeine Fichte oder Rottanne wird in der Heimwerkstatt am häufigsten verarbeitet. Von den sechs nordamerikanischen Arten mit forstwirtschaftlicher Bedeutung bringt die Sitkafichte das qualitativ beste Holz. | Fichtenholz ist bekannt durch seine weiße glänzende Farbe. Die Jahresringe sind nicht sehr deutlich. Es ist weich, elastisch und für sein Gewicht sehr tragfähig. Kern- und Splintholz sind bei den meisten Arten gleich, nur die Sitkafichte hat einen nicht klar abgegrenzten Bereich mit rötlichem Kernholz. | Fichte ist wenig haltbar und schwer zu imprägnieren. Wenn das Schneidewerkzeug nicht scharf ist, splittert das Holz leicht. Die Astknoten können beim Sägen Schwierigkeiten machen. Es läßt sich gut nageln und leimen und enthält wenig Harz. | Die Hauptaufgabe der Fichte ist es, den Nachrichtenhunger der Welt zu stillen: das helle Holz ist ideal zur Herstellung von Zeitungspapier. Es wird aber auch als Bauholz, für Fußböden, Scheunen, Kisten und Furnierholz verwendet, sowie zum Geigen- und Klavierbau. Das leichte, aber zähe Holz der Sitkafichte wird beim Boots- und Segelflugzeugbau eingesetzt. |
| **Kiefer** *Pinus sp.* Zur Gattung der Kiefern gehören zahllose Arten mit den verschiedensten Namen. Zwei Arten sind besonders wichtig: die amerikanische Pitchpine (eigentlich Sumpf- oder Langnadelige Kiefer) und die Karibische Kiefer. Die meisten Kiefern werden 40 m hoch. | Es ist das härteste Nadelholz, das im Handel ist, und etwa 40% schwerer als europäisches Rotholz (Eibe). Das Holz ist gelblich- bis rötlich-braun, weist deutliche Jahresringe auf und ist oft sehr harzig. | Das Holz ist schwer, hart, biegefest, schlagfest und demzufolge ziemlich schwer zu bearbeiten. Das Harz kann Klingen und Sägeblätter verschmieren. Nägel und Schrauben haben sicheren Halt. Farbstoffe und andere Veredelungsmittel lassen sich verhältnismäßig gut auftragen. | Pitchpine-Holz bester Qualität wird weltweit für stabile Holzkonstruktionen verwendet – für Holzpfeiler, Sparren, Eisenbahnwaggons und Masten. (Im 19. Jahrhundert war es das wichtigste Holz für Kirchengestühl und Schulbänke.) Der größte Teil der Weltproduktion an Harz und Terpentin wird aus dem harzigen Kiefernholz gewonnen. |
| **Weißkiefer** *Pinus monticola* Murraykiefer. Der Baum wächst in den Wäldern des nordamerikanischen Hochlands von Britisch Kolumbien bis Kalifornien. Er wird bis zu 50 m hoch. Wie die Weymouthskiefer wird der Baum von Kiefern-Blasenrost befallen, der die Aufforstung stark beeinträchtigt. | Weißes Splintholz umgibt in einem nur 2,5–7,5 cm breiten Streifen das strohgelbe oder blaßrotbraune Kernholz. Die Harzkanäle sind als feine, braune Linien sichtbar, obgleich das Holz nicht sehr harzreich ist. Die Fasern verlaufen gerade, die Jahresringe sind nicht sehr ausgeprägt und verleihen dem Holz eine ebenmäßige Maserung. | Die Weißkiefer hat sehr große Ähnlichkeit mit der Weymouthskiefer, ist aber etwas schwieriger zu sägen. Das Holz läßt sich gut veredeln und nimmt Nägel, Schrauben, Anstriche, Lasuren und Beizen problemlos an. Auch mit Klebern gibt es keine Schwierigkeiten. Das Holz ist etwas schwerer und härter als das der Weymouthskiefer. | Das Holz ist vor allem für Innenarbeiten wie Tischlerholz und für Wand- und Deckenverkleidungen geeignet, weil es nicht sehr haltbar und schwer zu konservieren ist. Es wird in der Modelltischlerei verwendet, aber nicht so häufig wie Weymouthskiefer, weil es schwieriger zu bearbeiten ist. Ein Teil wird zu Furnierholz verarbeitet. |

| Der Baum | Farbe und Qualität des Holzes | Eigenschaften | Anwendungen |
|---|---|---|---|
| **Radiata Pine** *Pinus radiata (insignis)* Eine dreinadlige Kiefer mit der Heimat Kalifornien, auch als Monterey Pine bekannt. Hat als Aufforstungsholzart mit großen Wuchsleistungen (60 m in 40 Jahren) in allen subtropischen Zonen Bedeutung erlangt. | Da zwischen Früh- und Spätholz kaum ein Unterschied besteht, hat das Holz eine sehr ebenmäßige Struktur mit kaum erkennbaren Jahresringen. Das Kernholz ist rötlichbraun, der 7–15 cm breite Splintholzstreifen ist hellgelb mit dünnen braunen Linien. | Das Holz von jungen, schnellwachsenden Bäumen besteht hauptsächlich aus Splintholz. Es ist zwar nicht sehr haltbar, saugt aber Konservierungen gut auf. Junge Bäume können drehwüchsig und damit anfällig gegen Werfen sein. Das Holz ist leicht zu bearbeiten, harzt aber manchmal an den Astknoten. | Da die Bäume auf großen Plantagen in Ozeanien und Südamerika zur vollen Größe auswachsen, hat dieses Holz dort alle anderen Nadelhölzer ersetzt. Es wird zum Hausbau, für Lattenkisten, Sperrholz, Spanplatten und zur Papierherstellung verwendet. Das beste Holz geht in die Tischlerei. |
| **Gemeine Kiefer** *Pinus silvestris* Die Gemeine Kiefer oder Föhre ist weit verbreitet und wächst im südlichen Spanien ebenso wie am Polarkreis oder in Sibirien. Der Hauptstamm ist grau, die Rinde weiter oben und an den Zweigen jedoch rötlich, ebenso das Kernholz. | Das große Verbreitungsgebiet brachte verschiedene Holzvarianten hervor. Langsam wachsende Bäume aus den kalten Wäldern Rußlands haben schmale Jahresringe, die eine sehr feine Holzstruktur ergeben. Das wärmere Klima Europas bewirkt weiter auseinanderliegende Jahresringe und einen breiteren, hellen Splintholzstreifen um das rote Kernholz. | Das Holz schnellwachsender Föhren weist breite Streifen aus Frühholz auf, das beim Schneiden mit einer stumpfen Säge leicht splittert. Äste können problematisch sein, weil sie leicht herausfallen. Das Holz läßt sich leicht nageln und auch leimen, wenn es nicht zu harzig ist. Es ist nicht sonderlich haltbar, saugt aber Konservierungen auf. | Die Föhre spielt in jeder holzverarbeitenden Industrie eine Rolle. Das beste Holz – nämlich von langsam gewachsenen oder voll ausgewachsenen Bäumen – geht in die Möbelfabrikation. Weniger wertvolles Holz wird als Bauholz, für Grubenstempel und Telefonstangen verwendet. Der Rest wird zu Papier, Kisten und Furnierholz verarbeitet. |
| **Weymouthskiefer** *Pinus strobus* Der Baum war ursprünglich in atlantischen Nordamerika beheimatet und wurde 1705 von Lord Weymouth in Europa eingeführt. Diese Kiefer produziert eines der wertvollsten Weichhölzer. Sie wird bis zu 45 m hoch. In vorkolonialer Zeit waren 60 m hohe Bäume bekannt. | Das Kernholz ist kaum vom Splintholz zu unterscheiden und variiert in der Farbe von strohgelb bis blaßrötlichbraun. Gerader Faserlauf und kaum erkennbare Jahresringe ergeben zusammen eine sehr feine und homogene Holzmaserung. Das Holz ist leicht, weich und kaum harzig. | Mit dem Holz lassen sich hervorragende Ergebnisse erzielen, vorausgesetzt, scharfes Schneidewerkzeug wird verwendet. Nimmt Nägel, Anstriche und Beizen gut an. Nicht als Konstruktionshölzer verwenden, weil das Holz weich und wenig fest ist. Für den Gebrauch im Freien ungeeignet, weil es nicht haltbar und schwer zu konservieren ist. | Das wichtigste professionelle Anwendungsgebiet liegt in der Herstellung von Modellen für technische Konstruktionen, weil dafür ein weiches, gleichmäßig gemasertes und standfestes Holz gebraucht wird. Der Rest des qualitativ guten Holzes wird zu Vertäfelungen und Tischlerholz verarbeitet, während schlechteres Holz zur Kistenherstellung dient. |
| **Douglasie** *Pseudotsuga menziesii* Dieser Baum ist unter verschiedenen Namen bekannt, etwa Douglas-Tanne oder Oregon-Pine. Er gehört zu den großen Bäumen des westlichen Nordamerika. Er wird häufig 90 m hoch, hat einen besonders geraden Stamm und ist oft bis in eine Höhe von 21 m astfrei. | Häufig ist das Kernholz leicht rötlichbraun und das Splintholz heller, aber es gibt regionale Unterschiede. Die Jahresringe treten deutlich hervor, die Holzfasern verlaufen gerade. Für ein Nadelholz ist das Holz mittelschwer, etwas schwerer als europäisches Kiefernholz. Holz von amerikanischen Arten kann harzig sein. | Holz von der Douglasie ist zwar stabil, aber trotzdem leicht zu bearbeiten. Nageln und Schrauben bereitet keine Schwierigkeiten. Es ist ausreichend haltbar und verhältnismäßig widerstandsfähig gegen Verrottung. | Einer der wenigen Nadelbäume, der sauberes Schnittholz von ausreichender Länge und gut bemessener Breite liefert. Aus diesem Grund ist er Nordamerikas wichtigster Lieferant für Bauholz, speziell für Dachsparren, Flaggenmasten, Holzpfeiler und Brückenkonstruktionen. Wird auch für die Papierherstellung verwendet. |

## EINHEIMISCHE UND EXOTISCHE HÖLZER

| Der Baum | Farbe und Qualität des Holzes | Eigenschaften | Anwendungen |
|---|---|---|---|
| **Redwood** *Sequoia sempervirens* Der Redwood oder Küsten-Mammutbaum ist der höchste lebende Baum, erreicht bis 112 m Höhe und hat einen sehr geraden Stamm mit einem Durchmesser bis 8,5 m an der Basis. Seine Heimat ist ein 40-km-Streifen an Kaliforniens Pazifikküste mit warmfeuchtem Klima. Er wächst aber auch in anderen Klimazonen. | Ein schmaler Streifen weißes Splintholz umgibt das rotbraune Kernholz, das einen geraden Faserverlauf, eine einheitliche Struktur und wenig Astknoten aufweist. Das Holz erinnert an den Riesenlebensbaum im Westen der USA, ist aber weniger harzig und ist geruchlos. Außerhalb der USA gewachsener Redwood ist leichter und grobfaseriger. | Geringes Gewicht und Haltbarkeit sind die beiden wichtigsten Eigenschaften von Redwood. Außerdem läßt es sich leicht bearbeiten und veredeln, neigt aber zum Splittern und bekommt leicht Druckstellen. Genagelte und geleimte Verbindungen sind problemlos, aber alkalihaltige Leime (z. B. Knochenleim) erzeugen Flecken. | Redwood wird gern für Wassertanks und Fässer verwendet, weil es haltbar und nicht harzig ist. Seine Widerstandsfähigkeit gegen Pilzbefall macht es zu einem wertvollen Holz für Türen und Fensterrahmen, Gewächshäuser, Scheunen und Gartenbänke. Ein Teil der Holzernte wird zu Furnierholz und die faserige Rinde zu Filtern verarbeitet. |
| **Eibe** *Taxus baccata* Dieser mittelgroße Baum kann bis zu tausend Jahre alt werden. Er wird bis zu 25 m hoch, meistens erreicht er aber nur 10 m oder weniger. Der gerillte Stamm entsteht durch das Zusammenwachsen mehrerer Triebe. Eiben wachsen auf trockenen Böden in Europa, Westasien, Nordafrika und im Osten bis zum Himalaya. | Eibenholz gehört mit zu den schwersten Nadelhölzern, wiegt etwa soviel wie Pitchpine und ist in Härte und Elastizität sogar mit Eichenholz vergleichbar. Das weißliche Frühholz ist sehr dünn, das Kernholz rötlich oder rotbraun. Die Jahresringe sind unregelmäßig, aber die Struktur ist dicht und gleichmäßig. | Das Holz läßt sich leicht schneiden und zudem leicht bearbeiten, wenn es geraden Faserverlauf hat. Bei unregelmäßiger Faserung vorsichtig sein beim Hobeln. Eibe ist zum Drechseln und zum Biegen über Dampf geeignet und ist wunderbar polierfähig. | Eibe wird heute hauptsächlich für dekorative Einlegearbeiten und Furniere verwendet, obwohl seiner Haltbarkeit wegen auch einiges Holz für Tor- und Zaunpfosten abgezweigt wird. Seine Verwendung ist schon dadurch eingeschränkt, daß es nicht leicht zu bekommen ist. Außerdem lassen sich aus den wenigsten Bäumen lange und fehlerfreie Bretter schneiden. |
| **Riesenlebensbaum** *Thuja plicata* Er gehört zur Familie der Zypressengewächse, und seine Blattschuppen verbreiten einen angenehmen Zitronengeruch, wenn man sie zerreibt. Er wächst von Alaska bis Kalifornien und im Osten bis Idaho. Er wird 45 bis 75 m hoch. | Das Kernholz ist rötlich oder rot bis dunkelbraun und wird umgeben von einem schmalen Streifen weißen Splintholzes. Es hat geraden Faserverlauf und deutliche, dichte Jahresringe. In frisch gefälltem Holz können andersfarbige Streifen sein. | Es ist das leichteste Holz und nicht sehr stabil, aber dafür haltbar. Um Druckstellen im weichen Frühholz zu vermeiden, muß sehr scharfes Werkzeug verwendet werden. Durch Säure im Holz korrodieren Eisennägel und erzeugen schwarze Flecken. Kupferne oder verzinkte Nägel verwenden. | Lange Lebensdauer und wenig Gewicht sind die idealen Voraussetzungen für seinen Einsatz bei Gewächshäusern, Schuppen und Dekorationsarbeiten außen wie innen. Wird es für Außenverkleidungen oder Dachschindeln verwendet, verfärbt sich das Holz silbergrau. |
| **Hemlocktanne** *Tsuga sp.* Es gibt zwei Hemlock-Arten, beide sind nordamerikanische Bäume: der östliche oder Kanadische Tsuga und der westliche oder Verschiedenblättrige Tsuga. Die östliche Art wird bis 23 m hoch, die Hemlocktanne des Westens erreicht 60 m. | Die westliche Hemlocktanne liefert ein hervorragendes Holz: hellbraun, mit geradem Faserverlauf und ebenmäßiger Struktur. Die Jahresringe treten nicht so deutlich hervor wie bei der östlichen Hemlocktanne, deren Ringe an die Douglastanne erinnern. | Beide Arten trocknen recht langsam, aber danach sind sie ziemlich standfest. Hemlock ist das leichteste Nadelholz im Handel, aber es ist widerstandsfähiger als Fichte. Das Holz läßt sich gut bearbeiten; bei der maschinellen Bearbeitung darauf achten, daß das Holzende nicht ausbricht und splittert. | Wirtschaftlich am interessantesten ist die West-Hemlocktanne. Sie wird von Nordamerika aus in die ganze Welt exportiert und hauptsächlich als Bauholz, für Kisten, Sperrholz und zur Papierherstellung verwendet. Aus Ost-Hemlocktanne werden einfachere Konstruktionen, etwa Zäune, hergestellt. |

# Laubhölzer

| Der Baum | Farbe und Qualität des Holzes | Eigenschaften | Anwendungen |
|---|---|---|---|
| **Ahorn** *Acer sacchanum* Die wichtigsten Ahornholz-Lieferanten Nordamerikas sind Zuckerahorn und Schwarzer Ahorn (der ein widerstandsfähiges Holz mit Namen Felsen- oder Hart-Ahorn liefert), Silberahorn und Roter Ahorn (mit leichterem, weicherem und empfindlicherem Holz, als Weichahorn bekannt). | Alle Ahornbäume haben ein feinstrukturiertes, cremefarbenes Holz, bei dem sich Kern- und Splintholz nicht unterscheiden. Felsenahorn hat häufig einen rötlichen Schimmer und manchmal spiraligen Faserverlauf. Die schmalen Jahresringe ergeben eine attraktive Maserung. Weichahorn hat weniger Zeichnung und Glanz. | Das Holz des Felsenahorn ist fest, schwer und ziemlich schwierig zu bearbeiten. Es läßt sich nicht gut nageln, aber dafür leimen. Dampfbiegen ist möglich. Weichahorn ist erheblich einfacher zu bearbeiten und läßt sich nageln, allerdings vorsichtig, damit sich das Holz nicht spaltet. Leimen ist nicht immer erfolgversprechend. | Das Holz beider Ahornarten ist nicht sehr haltbar und läßt sich nur schwer konservieren, deshalb kommt vor allem eine Verwendung in Innnenräumen in Frage. Es wird in der Hauptsache für Möbel und Vertäfelungen verwendet. Das harte und ebenmäßige Holz des Felsenahorns ergibt widerstandsfähige und glatte Fußböden, etwa für Tanzsäle und Squashhallen. |
| **Bergahorn** *Acer pseudoplatanus* Dieser kräftige Ahorn ist heute in Europa und auch in Nordamerika heimisch, wo er als »Sycamore maple«, Sykomoren-Ahorn, bekannt ist. | Wird das Holz schnell getrocknet, hat es eine glänzende, weiße oder strohgelbe Farbe. Langsames Trocknen verursacht im allgemeinen unerwünschte Verfärbungen, aber manchmal ist »verwittertes Bergahorn«, ein hellbraunes, langsam getrocknetes Holz, erhältlich. | Holz mit geradem Faserverlauf ist leicht zu bearbeiten, aber seitlich gewellter Faserverlauf erfordert Vorsicht beim Hobeln. Das Holz ist ziemlich fest, aber leicht, läßt sich nageln oder leimen und ausgezeichnet beizen und polieren. Astfreies Holz ist gut zu biegen. Es ist nicht haltbar, nimmt aber Konservierungsmittel an. | Ahorn mit seitlich gewelltem Faserverlauf ist sehr dekorativ und das beste Holz für die Rückenteile von Geigen. Ein Teil wird für die Herstellung von Schälfurnier verwendet. Holz mit gerader Faser wird zu Fußböden, Garnrollen in der Textilindustrie, zu Pinselstielen und Löffeln verarbeitet. |
| **Erle** *Alnus sp.* Der Baum wächst an Flußufern und anderen feuchten Stellen und ist in ganz Europa, aber auch in Asien und Nordamerika verbreitet. Es gibt 30 Arten, alle sind ziemlich klein und schlank und werden bis 25 m hoch. Die Grauerle wächst auch auf trockenem Boden gut. | Das frisch geschnittene Holz ist hell, färbt sich aber rötlichbraun, wenn es dem Licht ausgesetzt ist. Die Roterle Amerikas, *Alnus rubra*, gleicht mit ihrer kräftigen Farbe fast dem Mahagoni. Europäische Rot- und Grauerlen haben dunkleres Holz. | Europäische Erlen liefern leichtes, weiches Holz mit gerader Maserung und feiner Holzstruktur. Es ist mit scharfem Werkzeug leicht zu bearbeiten. Es ist nicht sehr haltbar, läßt sich aber gut konservieren. Die amerikanische Roterle ist widerstandsfähiger und gut polierbar. | Roterle ist der an der Westküste Nordamerikas angepflanzte Baum. Sein Holz wird in der Möbelindustrie als Mahagoni-Ersatz und in der Papierherstellung verwendet. Europäische Erlen werden meist zu Furnierholz verarbeitet. |
| **Gabun (Okoumé)** *Aucoumea klaineana* Ein Balsambaumgewächs, fälschlich auch Gabun-Mahagoni genannt, das vor allem in den Regenwäldern Zentralafrikas beheimatet ist. Der Baum wird bis 40 m hoch. Der Stamm ist oft leicht gebogen und auf zwei Dritteln seiner Länge astlos. | Frisch geschnittenes Holz ist hellrosafarben und wird mit zunehmendem Alter immer mehr braun. Das Splintholz spielt mehr ins Graue und geht ohne scharfe Trennung ins Kernholz über. Gabun hat meist keine aufregende Zeichnung und einen geraden Faserverlauf, aber gelegentlich kann die Maserung auch leicht wellig sein. | Gabun wird selten als Massivholz verwendet, sondern zu Furnier verarbeitet, das leicht ist, Nägel gut annimmt und verleimt werden kann. Da es nicht sehr haltbar ist und Konservierungen nicht annimmt, ist seine Verwendung auf Innenräume beschränkt. Der hohe Kieselerdegehalt des Holzes läßt Sägeblätter schnell stumpf werden. | Gabun wird in Europa hauptsächlich zum Furnieren von Sperrholz in Fällen verwendet, bei denen Wetterbeständigkeit nicht gefragt ist. Es ist ideal für Innenvertäfelungen, Türen und Trennwände. Massives Gabunholz wird auch als Bestandteil von Tischlerplatten verwendet. |

## EINHEIMISCHE UND EXOTISCHE HÖLZER

| Der Baum | Farbe und Qualität des Holzes | Eigenschaften | Anwendungen |
|---|---|---|---|
| **Birke** *Betula sp.* Die Weißbirke mit ihrem kalkweißen, schlanken Stamm und die Schwarzbirke (Haarbirke) mit ihrem mehr grauen Stamm sind über fast ganz Europa und Skandinavien verbreitet. Beide Arten sind schlanke, anmutige Bäume, bis 25 m hoch und höchstens 1 m Stammdurchmesser. | Birkenholz ist weiß oder hellbraun und feinstrukturiert mit schmalen, festen Holzzellen. Die Fasern verlaufen gerade, und häufig treten Astknoten auf, aber das Holz hat fast keine Maserung. Splint- und Kernholz sind nicht unterscheidbar. Die amerikanische Papierbirke liefert ähnliches Holz. | Das Holz kommt in bezug auf Härte und Zähigkeit an Eschenholz heran, ist aber durch Astknoten häufig geflammt. Es ist normalerweise leicht zu bearbeiten, neigt aber bei spiraliger Maserung und vielen Ästen zum Reißen. Zum Nageln besser vorbohren. Birkenholz läßt sich leimen und nimmt Beize und Politur gut an. | Das meiste Birkenholz wird in Rußland und Finnland produziert und als Furnierholz verarbeitet. Ein Teil geht in die Produktion von Sesselgestellen, Besenstielen und hochwertigem Papier. Das Holz außen nur dann verwenden, wenn es druckimprägniert ist. |
| **Gelbe Birke** *Betula alleghansiensis* Wie die anderen Birken ein schlanker und anmutiger Baum, der allerdings 30 m Höhe erreichen kann. Meistens wird er aber nur 7,5 m hoch mit einem Stammdurchmesser von 60 cm. Er ist im östlichen Nordamerika beheimatet und an der gelbgrauen Rinde erkennbar. | Das Kernholz kann hellbraun bis tief rostbraun sein, während das Splintholz, das häufig mitverkauft wird, heller ist. Die Jahresringe treten als dunkle Linien hervor. Die Fasern (und damit die Maserung) verlaufen meist gerade, doch manchmal ist das Holz auch wellig gemasert (und wird dann als Holz vom Seidenholzbaum verkauft). | Holz mit welliger oder anderweitig unregelmäßiger Maserung mit Vorsicht bearbeiten, weil es beim Hobeln einreißen kann und sich an den Nagelstellen spaltet, wenn nicht vorgebohrt wird. Es kann geleimt und mit guten Ergebnissen gebeizt und poliert werden. Hervorragend zum Drechseln und Biegen geeignet. | Der größte Teil kann zu Furnierholz verarbeitet werden. Als Massivholz wird es auch für Möbel und Werkzeugstiele verwendet. Gelbe Birke ist abriebfest und wird deshalb auch als recht guter Fußboden für Turnhallen und Schulen eingesetzt. Sie ist nicht sehr haltbar, schwer zu konservieren und deshalb nicht im Freien einzusetzen. |
| **Gemeiner Buchsbaum** *Buxus sempervirens* Ein immergrüner Baum, der in Europa, Nordafrika und im mittleren Osten wächst. Er tritt oft in Buschform oder als Heckenanpflanzung auf, aber auch als Baum bis 9 m Höhe. Der Stamm erreicht 10 bis 30 cm Durchmesser. | Buchsbaumholz ist ebenmäßig und matt mit einem hellen Gelbton. Es hat eine feine, gleichmäßige Maserung. Der Faserverlauf kann gerade sein, aber häufig ist er auch unregelmäßig, vor allem bei Holz von kleineren Bäumen, die im kühleren nördlichen Klima gewachsen sind. | Ziemlich schwierig zu bearbeiten, vor allem Holz mit unregelmäßigem Faserverlauf. Scharfes Schneidewerkzeug verwenden, um Versengungen zu vermeiden. Beim Nageln zuerst vorbohren. Das Holz läßt sich leimen, über Dampf biegen, gut beizen und polieren und ist von Natur aus haltbar. | Buchsbaumholz ist nur in sehr begrenzten Mengen im Handel. Es wird für Intarsien, kleine stark spezialisierte Maschinenteile, Kegel, Schachfiguren und Werkzeugstiele verwendet. Quer geschnittenes Buchsbaumkernholz ist das beste Material für Holzstiche. |
| **Weiß- oder Hainbuche** *Carpinus betulus* Sie wächst in den gemäßigten Zonen Europas, kann 30 m hoch werden, ist aber meist kleiner. Der Stamm kann gerillt, gekrümmt oder verdreht sein. Bei schlechten Wachstumsbedingungen ist der Baum niedrig und buschartig, mit Ästen, die schon dicht über dem Boden beginnen. | Kern- und Splintholz sind hell und stumpf, aber manchmal mit gräulichen Streifen versehen. Weißbuche hat eine feine und homogene Struktur und ist meist quergefasert. Bäume mit verwachsenem oder gekrümmtem Stamm liefern Holz mit exzentrischen und gewellten Jahresringen und unregelmäßigem Faserverlauf. | Weißbuchenholz wird sehr geschätzt, weil es hart ist und nach der Schlußbearbeitung eine glatte Oberfläche ergibt. Aber es macht Schneidewerkzeuge stumpf. Es läßt sich gut leimen und ist zum Drechseln und Dampfbiegen geeignet, selbst wenn es ein paar Astknoten aufweist. Das Holz ist überhaupt nicht haltbar, läßt sich aber leicht konservieren. | Früher wurde das Holz dort eingesetzt, wo ganz besondere Härte erforderlich war, etwa bei den riesigen Holzzahnrädern von Windmühlen oder bei kleineren Zahnrädern und Transmissionsscheiben. Heute ist das Holz zwar schwer zu bekommen, wird aber immer noch für die beweglichen Teile von Klavieren, für Kegel, Trommelstöcke, Holzhämmer und Fußböden verwendet. |

| Der Baum | Farbe und Qualität des Holzes | Eigenschaften | Anwendungen |
|---|---|---|---|
| **Hickory** *Carya sp.* Vier wirtschaftlich wichtige Hickory-Arten wachsen zwischen Kanadas Südosten und den südlichen USA. Die Unterschiede im Holz sind nur geringfügig. Je nach der Art wird ein Hickory-Baum zwischen 18 und 36 m hoch. | Das Kernholz (rotes Hickory genannt) ist tiefrot oder braun, während das Splintholz (weißes Hickory) hell ist. Der Splintholzanteil ist sehr hoch. Der Faserverlauf ist meist gerade, kann aber auch unregelmäßig sein. Die Struktur ist etwas grob. | Alle Hickoryhölzer sind für ihre Härte bekannt, aber nach einer Dampfbehandlung werden sie biegsam. Sägen werden sehr schnell stumpf, und zum Nageln muß vorgebohrt werden. Hickory läßt sich nicht leimen, ist nicht haltbar und nimmt Konservierung nicht an. | Hickory wird an hölzernen Geräten und bei Werkzeugen eingesetzt, die plötzliche starke Belastungen aushalten müssen, ohne zu splittern: Hammer- und Axtstiele, Tennis- und Baseballschläger sind typische Beispiele. Auch: Schlagzeugstöcke, Autoteile, schwere Angelruten. |
| **Edelkastanie** *Castanea sativa* Dieser Baum aus dem Mittelmeergebiet wurde von den Römern über ganz Europa verbreitet. Er hat in einer stachligen, grünen Fruchtschale glänzende, braune eßbare Kastanien. Voll ausgewachsene Bäume können bis zu 30 m hoch werden, und solche Bäume haben oft eine spiralige Rinde. | Die Edelkastanie ist mit der Eiche verwandt, und ihr Holz hat denselben warmen, goldbraunen Farbton. Aber dem Baum fehlen die Markstrahlen, die dem Eichenholz seine typische Zeichnung verleihen, und das Holz ist gröber strukturiert. Der Faserverlauf ist meist gerade, kann aber mit zunehmendem Alter des Baumes spiralig werden. | Das Holz ist nicht so schwer oder fest wie Eichenholz und deshalb leichter zu bearbeiten. Es läßt sich nageln oder leimen. Säure im Holz korrodiert Eisen, deshalb verzinkte Nägel verwenden. Hat das Holz geraden Faserverlauf und ist astfrei, kann es recht gut gebogen werden. Beize und Politur bringen ganz gute Ergebnisse. | Das Holz der Edelkastanien wird häufig demselben Verwendungszweck zugeführt wie Eichenholz, einschließlich der Herstellung von Möbeln und Faßdauben. Ein Teil wird für Fruchtschalen, Griffe und Kochlöffel verwendet. Das haltbare Holz des schlank aufwachsenden Stockausschlags gefällter Bäume liefert gespalten Weingartenstöcke und Zaunlatten. |
| **Iroko** *Chlorophora excelsa* Dieses nützliche Holz stammt von zwei verwandten Bäumen aus dem afrikanischen Tropenwald. Die größere Art wird bis 50 m hoch, kann bis in 21 m Höhe astfrei sein und erreicht einen Durchmesser von 2,5 m. | Das Kernholz ist gelblichbraun bis dunkelbraun und ist von einem sehr schmalen, merklich helleren Splint umgeben. Die Fasern verlaufen oft wellenförmig und sind grob strukturiert. Dem Aussehen und dem Gewicht nach ähnelt es dem Teakholz, hat aber nicht seine ölige Glätte und seinen Duft. | Harte Kalkspateinlagerungen, die im Holz versteckt sind, können Sägen schlagartig stumpf machen, aber ansonsten läßt sich Iroko ziemlich leicht sägen und nageln. Das Kernholz ist außerordentlich haltbar. Beim Sägen und Hobeln kann das Holz stark reizenden Staub verursachen. | Iroko wird sehr häufig als Teak-Ersatz verwendet. Infolge seiner Festigkeit und Haltbarkeit ist es für Innen- wie für Außenarbeiten geeignet, für Gartenmöbel und Werkbänke, für den Bootsbau und als Wasserbau-Pfahlwerk. Es eignet sich auch gut als Fußbodenholz. |
| **Hartriegel** *Cornus sp.* Die amerikanische Hartriegel-Art *Cornus florida* ist ein strauchartiges Bäumchen und wächst vor allem im östlichen Teil Nordamerikas. Er bringt große, weiße Blüten hervor, denen Trauben roter Kirschen folgen. Die verwendbare Stammlänge beträgt 1 bis 2,5 m bei 15 cm Durchmesser. | Nur das Splintholz wird verwendet. Es hat eine fade blaßrosa Farbe, geraden Faserverlauf und übertrifft die meisten Hölzer an Feinheit und Regelmäßigkeit der Struktur. Das dunkle Kernholz nimmt nur sehr wenig Raum ein und wird meistens vor dem Verkauf aus dem Holz entfernt. | Hartriegel gehört nicht zu den Hölzern, die sich sehr leicht bearbeiten lassen, aber mit scharfem Schneidewerkzeug und etwas Achtsamkeit erzielt man hervorragende Resultate. Zum Drechseln geeignet. Wichtigste Eigenschaften sind Festigkeit und Härte. Von Natur aus nicht sehr haltbar. | Das widerstandsfähige Holz ergibt eine extrem glatte Oberfläche, die auch trotz ständigen Abriebs nicht rauh und fransig wird und nicht absplittert. Dieser einzigartigen Eigenschaft wegen wird das Holz in der Textilindustrie für die Herstellung von Weberschiffchen und Spinnspindeln verwendet. Für andere Zwecke wird es kaum eingesetzt. |

EINHEIMISCHE UND EXOTISCHE HÖLZER

| Der Baum | Farbe und Qualität des Holzes | Eigenschaften | Anwendungen |
|---|---|---|---|
| **Rosenholz** *Dalbergia* Die Bäume dieser Gruppe wachsen in Indien und Südamerika, einige werden bis zu 38 m hoch. Manche haben gegabelte oder verwachsene Stämme. Nur alte Bäume liefern das kräftig gefärbte Kernholz. Der afrikanische Schwarzholzbaum ist ein naher Verwandter. | Rosenholz ist dunkel mit einem gedämpft rötlichen Stich und feinen, schwarzen Linien. Rosenholz aus Honduras hat eine feine Struktur, aber andere Arten sind ziemlich grob strukturiert. Indisches Rosenholz hat etwas gewellten Faserverlauf; bei anderen Arten ist er gerade oder leicht unregelmäßig. | Ein festes, hartes und schweres Holz, besonders honduranisches Rosenholz. Alle Arten lassen sich ziemlich leicht bearbeiten. Brasilianisches Rosenholz allerdings produziert einen stark reizenden Staub, und sein häufig auftretender Ölgehalt setzt die Polierfähigkeit herab. | Die dekorative Wirkung des Rosenholzes macht man sich bei Möbeln, Klavieren und Furnieren, bei Drechselarbeiten wie Griffen für Messer und Eßbestecke zunutze. Auch Teile von Musikinstrumenten werden aus Rosenholz gefertigt. Rosenholz aus Honduras liefert das beste Holz für die Schlagstäbe von Xylophonen. |
| **Makassar-Ebenholz** *Dalbergia melanoxylon* Ein ostafrikanischer, den Akazien verwandter Baum von knorrigem und verkrüppeltem Wuchs. Diese *Dalbergia*-Art liefert das Senegal-Ebenholz. Der Baum wird nur 4,5 bis 6 m hoch. Der gerillte Stamm wird in kurze, durchschnittlich 1,3 m lange Stücke geteilt. | Der verwendbare Teil dieses Baumes ist das Kernholz. Es ist dunkelbraun oder purpurfarben mit dunklen Streifen, die dem Holz ein fast schwarzes Aussehen verleihen. Es ist außerordentlich fein und homogen strukturiert und fühlt sich bei Berührung glatt und etwas ölig an. | Schwarzholz gehört zu den härtesten und schwersten Hölzern überhaupt. Eine normale Säge wird sehr schnell stumpf, deshalb Sägen mit Zähnen aus Wolframcarbid oder Stellite verwenden. Das Holz läßt sich drechseln, nimmt ohne zu reißen kleine Schrauben auf und läßt sich sehr gut veredeln. | Seine einzigartige Dichte macht das Holz luftundurchlässig. Da es extrem hart ist, lassen sich exakte und scharfe Kanten schneiden. Diese Qualitäten zusammen mit der Standfestigkeit des Ebenholzes werden bei der Herstellung von Oboen und Klarinetten genutzt. Ebenholz wird für Kugellager und Schachfiguren verwendet. |
| **Keruing** *Dipterocarpus alatus* Auch Zweiflügelfruchtbaum, Yang, Eng oder noch anders genannt. Gemeint sind einige sehr wertvolle Baumarten, die von Burma bis zu den Philippinen wachsen. Die größte Art wird 60 m hoch. Alle haben gerade Stämme mit weit ausladenden Kronen. | Ein meist braunes Holz, manchmal mit einem Hauch Rosa oder Purpur mit minimaler Zeichnung. Das Kernholz ist fest und schwer, mit grober, aber regelmäßiger Struktur und gerader oder leicht abweichender Faserung. Das Splintholz ist grau. Manche Arten sind sehr harzig, besonders in frühen Wachstumsstadien. | Manche Holzteile enthalten Kieselerde und machen Schneidewerkzeuge stumpf; sonst läßt sich das Holz gut sägen. Harzaustritt bei der Dampfbehandlung schließt Biegearbeiten aus. Harz kann auch bei höheren Temperaturen austreten und Lasuren oder Farbanstriche beschädigen. Das Holz ist nagelbar, aber das Leimen kann problematisch werden. | Die Hölzer der Keruing-Arten werden als Eichenersatz verwendet, auch wenn sie etwas dichter und fester sind. Sie werden als Bauholz, für Fußböden und für Lastwagen-Aufbauten eingesetzt. Sie sind auch im Bootsbau zu finden, weil sie fast so haltbar sind wie Eiche. |
| **Kapur** *Dryobalanops* Kapur wird von einigen ähnlichen Arten (die Art D. aromatica liefert den Borneokampfer) produziert, die in Malaysia und Indonesien wachsen. Die Bäume werden 60 m hoch, können bis in 30 m Höhe astfrei sein und weisen Stützwurzeln auf. | Ein festes, grobstrukturiertes Holz, etwas schwerer als Eiche. Das Kernholz ist braun mit rötlicher Schattierung, das Splintholz mehr gelblich, manchmal rosa. Die Fasern sind gerade, manchmal aber auch gewellt. Der kampferähnliche Geruch schwächt sich nach dem Aufschneiden ab. | Kapurholz macht Sägen mäßig schnell stumpf, und die fasrige Holzstruktur erschwert die Veredelungsarbeit. Es läßt sich gut nageln, aber die Säure in feuchtem Holz greift manche Metalle an und verursacht Flecken oder Korrosion. Das Splintholz kann einen gelben Farbstoff enthalten. | Trotz der Schwierigkeiten beim Sägen und Veredeln ist Kapur sehr geeignet, wenn von einem Holz Festigkeit, Haltbarkeit und homogene Struktur verlangt werden. Es wird für Gartenmöbel, Türrahmen, Fensterbretter und stark belastete Außenkonstruktionen, wie Treppenaufgänge und Bootsstege, verwendet. |

| Der Baum | Farbe und Qualität des Holzes | Eigenschaften | Anwendungen |
|---|---|---|---|
| **Jelutong** *Dyera sp.* Der Baum erreicht 60 m Höhe und wächst in den Wäldern von Indonesien und Malaysia. Er wird seines Holzes und seines eßbaren Gummis wegen geschätzt. Der Stamm ist gerade, zylindrisch und bis in eine Höhe von 27 m astfrei. | Das Holz ist hell mit gelblicher Tönung, ziemlich leicht (zwei Drittel der Dichte von Eichenholz) und verhältnismäßig weich. Die feinen, geraden Holzfasern können von 25 mm starken Latexkanälen durchbrochen sein. Kern- und Splintholz sind meist nicht zu unterscheiden. | Jelutongholz ist weich und läßt sich leicht bearbeiten, ist aber trotzdem recht standfest. Latexkanäle lassen sich meist ausschließen, wenn kleine Holzlängen verwendet werden. Das Holz ist nicht haltbar und kann sich beim Abzapfen von Latex mit Pilzen infizieren. | Wegen der feinen Struktur und des geringen Gewichts wird das Holz anstelle der Weymouthskiefer für Industriemodelle verwendet. Es wird auch beim Modellbau und als Holz für Reißbretter eingesetzt, ist aber für Außenarbeiten nicht geeignet. Aus dem Latex wird Kaugummi gemacht. |
| **Ebenholzgewächse** *Diospyros* ist die einzig wichtige Gattung aus der Familie der Ebenholzgewächse. Viele Bäume dieser Gattung liefern das tiefschwarze Ebenholz. Die Bäume sind nicht groß und wachsen in Süd- und Mittelamerika, Afrika, Südostasien und Australien. Manche liefern außer dem sehr dichten Kernholz auch eßbare Früchte (Kakipflaume). | Ebenholz bester Qualität ist tiefschwarz, aber oft weist es Streifen aus hellerem Holz auf. Manche Hölzer werden durch die Streifen erst wertvoll – etwa das weißlich gestreifte Zebraholz. Die meisten Arten produzieren nicht sehr viel schwarzes Kernholz, sondern erheblich mehr helles Splintholz. | Ebenholz ist sehr dicht und sehr hart, aber auch spröde. Es ist außerordentlich schwer zu bearbeiten und macht Schneidewerkzeuge sehr schnell stumpf. Für Nägel sind Vorbohrungen erforderlich. Wenn genügend Druck aufgewendet wird, läßt sich Ebenholz über Dampf biegen und sehr gut veredeln. Sehr leicht läßt sich das Splintholz bearbeiten. | Die bekannteste Anwendung von Ebenholz sind die schwarzen Tasten der Klaviatur, obwohl sie heute auch aus dunkel gebeiztem Hornbaumholz oder Kunststoff hergestellt werden. Mangelnde Verfügbarkeit beschränkt die Verwendung auf Intarsien, Messergriffe, Griffbretter von Geigen und andere Teile von Musikinstrumenten. |
| **Sapelli** *Entandrophragma cylindricum* Wie die botanische Bezeichnung vermuten läßt, hat dieser westafrikanische Baum einen langen, geraden, zylindrischen Stamm, der bis in 30 m Höhe astfrei ist. Der Baum selbst wird im allgemeinen 45 m hoch, aber manche Exemplare erreichen eine Höhe bis zu 60 m. | Sapelliholz hat einen kräftigen gold- oder rotbraunen Farbton, eine ebenmäßige Struktur und wird ersatzweise für Mahagoni eingesetzt. Radial gewellte Faserung zeigt sich auf Geviertschnittholz als gebänderte Zeichnung. Seitlich gewellter Faserverlauf ist zwar seltener, bewirkt aber ein schönes geigenförmiges Muster. | Das Hauptproblem bei Sapelliholz ist, daß es sich beim Trocknen wirft. Wird der Trocknungsvorgang sehr vorsichtig vollzogen, entsteht ein fehlerfreies Holz, das sich recht gut bearbeiten, nageln und leimen läßt, aber zum Dampfbiegen nicht geeignet ist. Beizen müssen sehr vorsichtig aufgetragen werden, aber die Polierfähigkeit ist ausgezeichnet. | Von der Festigkeit her macht Sapelli der Buche Konkurrenz, ist aber etwas leichter. Es ist ein hervorragendes Holz für Möbel, Vertäfelungen, Fußböden und Furniere und überall dort, wo ein mahagoniähnliches Erscheinungsbild gewünscht wird. Da es ziemlich haltbar ist, wird es auch für Türen, Fensterrahmen und Boote, besonders auch als Sperrholz, eingesetzt. |
| **Utile** *Entandrophragma utile* Utile ist ein westafrikanisches Mitglied der Mahagoni-Familie und ein naher Verwandter des Sapellibaums. Utile kann bis 60 m hoch werden und einen Stamm ausbilden, der bis in 25 m Höhe astfrei ist. | Ähnlich dem Sapelliholz hat Utile eine kräftige gelbbraune Farbe und kann als Mahagoni-Ersatz herangezogen werden. Es hat keine so ansprechende Zeichnung wie Sapelli, und die Streifen auf Geviertschnittholz sind breiter und schwächer. Der Faserverlauf ist unregelmäßig und gewellt, die Struktur ist etwas grob. | Das feste und ziemlich schwere Holz ist verhältnismäßig einfach zu bearbeiten. Beim Hobeln vorsichtig sein, damit die Faser nicht ausreißt. Das Holz läßt sich nageln und leimen. Nach dem Spachteln ist mit Beizen und Polieren eine ganz annehmbare Wirkung zu erzielen. | Utile sieht zwar nicht so gut aus wie Sapelli, ist aber viel einfacher zu trocknen und hat nicht dieselbe Neigung zum Werfen. Es wird deshalb beim Möbelbau und zu Vertäfelungen verarbeitet. Das feste und haltbare Holz wird auch als Bauholz verwendet. |

## EINHEIMISCHE UND EXOTISCHE HÖLZER

| Der Baum | Farbe und Qualität des Holzes | Eigenschaften | Anwendungen |
|---|---|---|---|
| **Wald- oder Rotbuche** *Fagus silvatica* Die Buche ist in ganz Europa zu Hause und ist leicht an der silbergrauen Rinde und an ovalen, glänzenden Blättern erkennbar. Sie ist ein großer, majestätischer Baum mit sehr geradem Stamm und wird bis zu 40 m hoch. | Buchenholz kommt in Farbtönen von rötlich-weiß bis zu einem hellen Braun vor und dunkelt mit der Zeit bis zu einer rötlichen Schattierung nach. Bei Buchenholzflächen aus Sehnenschnitten bilden die Jahresringe eine sehr schöne Maserung. | Ein festes und schweres Laubholz, meist mit geradem Faserverlauf und einer feinen, homogenen Struktur. Beim Sägen und Bohren kann das Holz leicht angesengt werden. Beim Nageln ist Vorbohren erforderlich. Buche ist nicht sehr haltbar, läßt sich aber gut konservieren. | Das meiste Buchenholz geht in die Möbelindustrie und ist als Holz zum Drechseln und Biegen sehr gefragt. Seine Widerstandsfähigkeit macht man sich bei Schulmöbeln, Sportgeräten, Werkzeugstielen und Furnierholz zunutze. Das Holz wird auch zu qualitativ guten Fußböden verarbeitet. |
| **Amerikanische Esche** *Fraxinus sp.* Dieses Holz liefern drei verschiedene Arten: Weiß-, Grün- und Schwarzeschen. Ihre Heimat sind die Oststaaten, aber sie werden auch anderswo angepflanzt. In Südeuropa wächst die Grünesche als Holzlieferant. Die Weißesche wird mit 35 m am höchsten. | Bei Weiß- und Grüneschen ist das Kernholz graubraun, häufig mit rötlicher Tönung. Das Splintholz ist sehr hell. Schwarzesche hat einen dunkleren Farbton, ist leichter und weniger widerstandsfähig. Alle Arten haben grobstrukturiertes Holz und meistens geraden Faserverlauf. | Weißesche kommt in zwei Varianten vor: hart und weich. Der erste Typ gleicht in der Härte der europäischen Esche; das Holz macht Werkzeuge stumpf und muß zum Nageln vorgebohrt werden. Die weiche Weißesche, Grün- und Schwarzesche sind leichter zu bearbeiten. Eschenholz läßt sich biegen und leimen. | Weiches Eschenholz wird hauptsächlich im Möbelbau und als Tischlerholz verwendet. Bisweilen nimmt man dazu auch hartes Eschenholz, aber diese Art wird hauptsächlich für Stiele für schweres Werkzeug, Spatenstiele, Sportgeräte und bei anderen Gelegenheiten eingesetzt, die ein äußerst elastisches Holz erfordern. |
| **Gewöhnliche Esche** *Fraxinus excelsior* Die gewöhnliche Esche ist in ganz Europa und Westasien zu finden. Sie bevorzugt feuchten Grund, wächst aber fast überall. Sie wird bis 40 m hoch und kann unter Umständen einen astlosen Stamm von 1,5 m Durchmesser ausbilden. | Das schöne helle Holz hat eine glänzende, graubraune Farbe. Frisch geschnitten kann es einen leicht rötlichen Farbton haben. Das Sommerholz ist dunkler und fester und ergibt beim Sehnenschnitt oder als Schälfurnier eine sehr schöne Maserung. | Eschenholz ist, besonders wenn es breite Jahresringe aufweist, bekannt für seine Härte und Elastizität. Es läßt sich verhältnismäßig leicht bearbeiten, sollte aber zum Nageln vorgebohrt werden. Esche läßt sich leimen, gut veredeln, beizen und polieren. Allerdings ist das Holz nicht sehr haltbar und schwer zu konservieren. | Das beste Eschenholz wird für Hockey- und Tennisschläger verwendet, auch für Stiele von Pikkeln, Äxten und Hämmern, die sehr widerstandsfähig sein müssen. Die Biegefestigkeit des Eschenholzes sind für den Bau von Boots- und Kanukörpern vorteilhaft, aber auch für Regenschirmgriffe und für Möbel aus gebogenem Holz. |
| **Ramin** *Gonystylus bancanus* Das Holz stammt von einer Gruppe von Waldbäumen, die auf den Inseln Südostasiens wachsen. Die Bäume sind ziemlich hoch, über 30 m, die astfreie Stammlänge beträgt meist 18 m, der Stammdurchmesser 60 bis 90 cm. Raminholz ist ein wichtiger Exportartikel von Sarawak. | Das Holz ist blaß, hat keine bestimmten Merkmale, eine regelmäßige Struktur und einen geraden oder leicht gewellten Faserlauf. Frisch geschnittenes Holz kann sich verfärben und hat oft einen unangenehmen Geruch. Die Verfärbung läßt sich durch Eintauchen in eine geeignete Flüssigkeit verhindern. Der Geruch verfliegt beim Trocknen. | Das Holz ist etwa so fest wie Buche, splittert und bricht aber leichter bei Belastung. Bei welligem Faserverlauf kann die Bearbeitung schwierig sein. Nageln ist nicht empfehlenswert, aber Leimen ist möglich. Ramin läßt sich nicht biegen. | Ramin wird als Möbel- und Tischlerholz verwendet, sollte aber nicht eingesetzt werden, wenn Standfestigkeit und Haltbarkeit erforderlich sind. Ein Teil wird zu Profilhölzern, Handgriffen, Spielzeugen und anderen kleinen Werkstücken verarbeitet. Da Wasser seinen unangenehmen Geruch freisetzt, ist es nicht für Gegenstände geeignet, die leicht naß werden können. |

| Der Baum | Farbe und Qualität des Holzes | Eigenschaften | Anwendungen |
|---|---|---|---|
| **Agba** *Goßweilerodendron balsamiferum* Ein Baum aus dem afrikanischen Regenwald, hauptsächlich von Nigeria, Angola und Cabinda exportiert. Er wird bis zu 60 m hoch, der Stamm ist bis in 30 m Höhe astlos und hat einen Durchmesser von 2 m. Das Holz ist auch als Tola bekannt. | Das Holz des Agba ist gelblich- oder rötlichbraun, das Kernholz meist etwas dunkler als der Splint. Es hat eine feine Struktur, und die Faserrichtung ist entweder gerade oder in Gruppen von Jahresringen leicht wechselnd geneigt. Beim Geviertschnitt erscheint dieser wellenförmige Faserverlauf als gebänderte Maserung. | Ein ziemlich stabiles Holz, wenn es keinen Falschkern hat (meist in großen Stämmen). Bei wellenförmigem Faserverlauf vorsichtig nageln, sägen und hobeln. Agba läßt sich gut leimen, obwohl das Holz oft sehr harzig ist. Haltbar ist nur das Kernholz. | Das Holz ist für die unterschiedlichsten Verwendungszwecke geeignet, weil es leicht und stabil ist: als Tischlerholz, für Fußböden und Seitenwände von Lastwagen, für Bootsspanten und strapazierte Möbel, wie Schulbänke. Häufig wird es zu Furnierholz verarbeitet. Der harzige Geruch verbietet eine Verwendung in der Nähe von Nahrungsmitteln. |
| **Pockholz** *Guaiacum officinale* Der Guajak- oder Pockholzbaum wird meist nicht mehr als 9 m hoch bei einem Durchmesser von 30 cm. Er wächst in den Ländern der Karibik und im nördlichen Südamerika. Guajakharz ist Bestandteil von Salben, Guajakholz hat in der Heilkunde Bedeutung als schweißtreibendes und Hautreizmittel. | Pockholz ist doppelt so schwer wie Eiche und ein Drittel schwerer als Wasser. Das Kernholz ist grünlichschwarz und sehr fein strukturiert. Es hat einen sehr hohen Ölgehalt und ist außergewöhnlich hart, zäh und haltbar. Seine einzige Schwäche ist, daß es manchmal tangential absplittert. | Pockholz wirft beim Sägen Probleme auf, weil es die Sägeblätter sehr schnell stumpf macht, und es läßt sich nicht nageln. Aber wegen seiner hohen Dichte ist es hervorragend zum Drechseln geeignet, vorausgesetzt, man wendet höheren Druck als üblich an. Leimen ist meist nicht sehr erfolgversprechend. | Das im Pockholz enthaltene Öl wirkt als Schmiermittel, deshalb wird das Holz für Wellenlager, etwa von Propellerwellen, oder für Rollenlager bei Maschinen verwendet. Es ist auch gut geeignet, wenn Druckfestigkeit verlangt wird, etwa bei Holzhammerköpfen oder Kegelkugeln. |
| **Guarea** *Guarea cedrata* Beide Arten, schwarzer Guarea und weißer oder duftender Guarea, wachsen im tropischen Westafrika und liefern ein Holz, das meist als eine einzige Holzart behandelt wird. Beide Arten werden bis 50 m hoch und haben lange, gerade Stämme mit Stützwurzeln. | Das Holz ähnelt dem Mahagoni, ist aber weniger kräftig gemasert. Duftender Guarea hat die beste Maserung. Beide Arten sind harzreich (duftender Guarea stärker). Nach dem Trocknen kann ausgetretenes Harz das Holz fleckig machen. Die Holzfasern verlaufen oft wellenförmig, das Holz ist feinstrukturiert. | Kieselerde und Harz können bei duftendem Guarea die Sägearbeit behindern, und beide Arten produzieren einen Staub, der die Atemwege reizt. Duftender Guarea läßt sich ohne Vorbereitung nageln, schwarzer Guarea muß vorgebohrt werden. Beide Hölzer lassen sich leimen und, nachdem die groben Poren verspachtelt wurden, auch ziemlich gut polieren. | Guareaholz ist standfest und äußerst haltbar und wird deshalb für Stühle, Schubladen-Seitenteile und andere Tischlereierzeugnisse verwendet. Bei Lieferwagen und Lastwagen werden Seitenbretter aus Guareaholz gemacht, bei Wohnwagen der Rahmen und die Beplankung. Manchmal wird es zu Gewehrkolben und -schäften verarbeitet. |
| **Echter Walnußbaum** *Juglans regia* Seine Heimat ist die Balkaninsel, aber er wurde von den Römern weit verbreitet. Der Baum hat meist einen kurzen Stamm, eine weit ausladende Krone und kann in warmem Klima über 30 m hoch werden. Als Holzlieferant wird er in Frankreich, Italien, Jugoslawien und in der Türkei angepflanzt. | Werden die Blätter des Walnußbaums zerdrückt, sondern sie einen braunen Saft ab, der auch im Kernholz enthalten und für die charakteristischen dunklen Striche im Holz verantwortlich ist. Der Amerikanische Walnußbaum (Schwarznußbaum) ist ähnlich, aber etwas dunkler und mehr einfarbig. | Das feste und ziemlich leichte Holz stellt den Hobbytischler vor keine großen Probleme. Es läßt sich besonders leicht biegen und sehr gut polieren. Man kann es leimen oder vorsichtig nageln. Aber nicht mit Eisen in Berührung bringen, weil sich sonst Flecken bilden. | Das beste Walnußholz mit seiner verschlungenen, dunklen Zeichnung und welligen Maserung ist eine wertvolle Rarität und kann nur von knorrigen Auswüchsen und Aststümpfen alter Bäume gewonnen werden. Walnuß wird für Vertäfelungen und Möbelfurniere verwendet, aber auch für Drechselarbeiten und Gewehrschäfte. |

## EINHEIMISCHE UND EXOTISCHE HÖLZER

| Der Baum | Farbe und Qualität des Holzes | Eigenschaften | Anwendungen |
|---|---|---|---|
| **Afrikanischer Mahagonibaum** *Khaya ivorensis* Ein westafrikanischer Waldbaum, der bis 60 m hoch wird. Er hat kurze Stützwurzeln, der Stamm ist bis in 25–27 m Höhe astlos und hat bis zu 2 m Durchmesser. Auch andere *Khaya*-Arten werden manchmal als Mahagoni exportiert. | Ein Holz mit einem warmen, orangebraunen Farbton und welligem Faserverlauf, der bei einem Geviertschnitt ein angenehmes Streifenmuster ergibt. Das Holz zeigt nie den Gelbton der leichten amerikanischen Mahagoni-Arten. Häufig vermischt sich weißliches Splintholz mit dem Kernholz. Die Struktur ist grob. | Die besonderen Qualitäten dieses Holzes sind seine Stabilität und sein attraktives Erscheinungsbild. Der wellige Faserverlauf bereitet beim Sägen und Hobeln etwas Schwierigkeiten, und der Holzstaub kann einen Hautausschlag verursachen. Das Holz läßt sich verhältnismäßig gut nageln und leimen und ist recht haltbar. | Das Holz wurde ursprünglich nur für Möbel und Vertäfelungen verwendet, hielt dann aber auch im Bootsbau Einzug, vor allem beim Bau von Rennbooten, bei denen ein leichtes Holz gebraucht wurde. Einiges von dem Holz geht in die Innenausstattung von Autos, und der Rest wird zu Furnieren verarbeitet. |
| **Tulpenbaum** *Liriodendron tulipifera* In den USA heißt er »American Whitewood« und ist für die Wälder der Atlantikstaaten Nordamerikas typisch. Er wächst aber auch in europäischen Gärten. Die sattelförmigen Blätter und die grünlichen Blüten sind einzigartig. Der Baum wird bis zu 45 m hoch. | Das Kernholz ist meist grünlichgelb oder gelbbraun, daher auch die amerikanischen Bezeichnungen, die »Kanarienholz« und »Gelbpappel« bedeuten. Das Splintholz ist heller: ein breiter, weißer Ring in jungen, schnellwachsenden Bäumen, schmaler und dunkler in älteren. Der Faserverlauf ist gerade, die Struktur fein. | Tulpenbaumholz gehört zu den Harthölzern, die am leichtesten zu bearbeiten sind: Es läßt sich sägen, hobeln und hervorragend veredeln. Das Holz ist leicht, nicht sehr fest und nicht haltbar. Beize und Politur bringen ganz gute Ergebnisse. | Das meiste Holz geht in die Sperrholzproduktion. Weitere Anwendungsgebiete für Innenräume sind Tischlerarbeiten und Möbelherstellung, manchmal als Sichtholz, häufiger aber als Holz für nicht sichtbare Innenteile. Standfestigkeit und leichte Bearbeitbarkeit machen es zum geeigneten Holz für Maschinenmodelle. |
| **Dibetou** *Lovoa trichilioides* Der Baum ist in Westafrika zu Hause. Er wird bis zu 45 m hoch, und der Stamm erreicht selten einen größeren Durchmesser als 1,2 m. Man nennt ihn auch Alona. | Die einzige Ähnlichkeit zur Walnuß liegt in den dunklen, schmalen Adern, die manche Exemplare aufweisen. Das Holz ist meist einfarbig gelbbraun mit einem mahagoni-typischen Streifenmuster, falls der Stamm im Geviertschnitt zerteilt wurde. Das Holz ist feinstrukturiert. | Bei Hobelarbeiten mit viel Vorsicht scharfes Werkzeug verwenden, damit die wellige Faser nicht ausreißt. Ansonsten läßt sich das Holz gut bearbeiten, nageln oder leimen. Beizen und Polieren bringt zufriedenstellende Ergebnisse. Das Holz arbeitet kaum und ist ziemlich haltbar. | Dibetou, afrikanisches Walnußholz ist etwas leichter als Buchenholz. Aber es ist viel weniger stabil, und deshalb darf keine große Belastbarkeit erwartet werden. Es wird für Möbel, Türen, Vertäfelungen und Ladenausstattungen verwendet. Ein Teil des Holzes wird zu dekorativem Schälfurnier und zu Innenausstattungen von Autos verarbeitet. |
| **Holzapfel** *Malus silvestris* Die Sammelart Apfel umfaßt wildwachsende Formen und mehrere tausend Zuchtformen. Der Baum kam ursprünglich aus der Alten Welt, aber andere *Malus*-Arten sind in der ganzen nördlich-gemäßigten Zone zu finden. Es sind kleine Bäume, 10 bis 15 m hoch, häufig mit kurzem, weniger als 30 cm durchmessendem Stamm. | Die feine, sehr homogene Struktur und die zarte, rötliche Tönung machen Apfel zu einem besonders attraktiven Holz. Die feinen Farbunterschiede zwischen den Jahresringen ergeben eine wunderbare Maserung. Allerdings haben Bäume mit Drehwuchs einen sehr unregelmäßigen, spiraligen Faserverlauf. | Apfel gehört zu den schwereren Laubhölzern, etwa mit der europäischen Buche vergleichbar. Das Holz wirft sich leicht beim Trocknen und macht Sägen schnell stumpf. Bei unregelmäßigem Faserverlauf vorsichtig hobeln. Das Holz läßt sich gut beizen und polieren, ist aber von Natur aus nicht sonderlich haltbar. | Die feine Struktur von Apfelbaumholz macht exakte und schwierige Schnitzarbeiten möglich. Heute wird diese Eigenschaft hauptsächlich für dekorative Zwecke genutzt, aber früher wurden die Zahnräder von kleinen hölzernen Uhren und andere winzige Maschinenteile oft aus diesem Holz geschnitzt. Es wird auch für Intarsien verwendet. |

| Der Baum | Farbe und Qualität des Holzes | Eigenschaften | Anwendungen |
|---|---|---|---|
| **Abura** *Mitragyna ciliata* Ein hoher Baum mit geradem Stamm aus den tropischen Sumpfwäldern der Küste Westafrikas. Er kann über 30 m hoch werden. Der Stamm ist bis in 18 m Höhe astfrei und hat einen Durchmesser von 1 bis 1,5 m. | Da in den Tropen kein jahreszeitlicher Wechsel stattfindet, weist das Holz keine Jahresringe auf. Abura ist ein typisches Beispiel für dieses Phänomen. Ein sehr angenehmes Holz von gelbbrauner oder rötlichbeiger Farbe, meist mit geradem Faserverlauf und völlig glatt. | Das Holz läßt sich gut bearbeiten, weist aber manchmal feine Kieselerde-Einlagerungen auf, die Sägen beschädigen können. Vorteile: außerordentliche Standfestigkeit nach dem Trocknen und seine ebenmäßige Struktur. Es läßt sich leimen, gut beizen und polieren. Nur dünne Nägel verwenden. | Abura wird häufig für die Seitenteile von Schubladen, für Möbelfüße und andere Teile von Werkstücken verwendet, die ein stabiles Holz erfordern. Seine Glätte und feine, gleichmäßige Struktur machen es auch für Einfassungen und Profilleisten wertvoll. |
| **Tupelobaum** *Nyssa sp.* Das Tupeloholz wird von zwei Arten geliefert: vom Wasser-Tupelobaum und vom Wald-Tupelobaum. Beide Arten wachsen wild in den Sümpfen der Südstaaten Nordamerikas, aber der Wald-Tupelobaum wird auch als Zierbaum gezogen. Die Bäume werden etwa 30 m hoch. Sie haben glänzende Blätter und bilden blauschwarze Beeren aus. | Das gräuliche Splintholz geht in cremiggelbes oder hellbraunes Kernholz über. Die Jahresringe bilden fast keine Zeichnung, und das Holz ist ziemlich eintönig. Die Faserung ist gewellt und unregelmäßig, obgleich das Holz sehr fein und homogen strukturiert ist. | Das Holz vorsichtig hobeln, damit die wellige Holzfaser nicht ausreißt. Nageln ist möglich, aber Tupeloholz läßt sich nicht immer gut leimen. Beizen und Polieren bringt gute Ergebnisse. Ist das Holz für außen gedacht, muß es konserviert werden. | Das Holz arbeitet und ist ziemlich leicht. Allerdings ist das Holz des Wald-Tupelobaums härter, fester und schwerer als das Holz des Wasser-Tupelobaums und ist außerdem ungewöhnlich zäh. Aus diesem Grund wird es für Eisenbahnschwellen und Fußböden verwendet. Ein Teil des Holzes wird zu Möbeln, Sperrholz und Kisten verarbeitet. |
| **Grünharzholz** *Ocotea rodiaei* Dieser Baum wächst nur in Guayana und Surinam im nördlichen Südamerika und liefert das wirtschaftlich wertvollste Holz, das in Südamerika produziert wird. Der Baum wird bis 40 m hoch und hat einen langen, geraden Stamm. | Das Holz hat meist eine olivgrüne Tönung, aber die Farbe kann variieren und das Holz mit dunklen Streifen durchsetzt sein. Es hat feine und gerade Fasern, die manchmal aber auch wellig und schräg verlaufen. Das Holz ist so schwer, daß es selbst nach dem Trocknen nicht schwimmt. | Das Holz dieses Baumes macht bei allen Arbeitsschritten Probleme. Es muß sehr langsam getrocknet werden, damit es nicht reißt; es läßt sich schwer sägen und überhaupt nicht nageln. Aber es ist außerordentlich fest und in hohem Maße widerstandsfähig gegen Fäulnis, selbst in Meerwasser. | Seiner Festigkeit, Härte und Haltbarkeit wegen wird dieses Holz häufig als Pfahlwerk bei Wasser- und Deichbauten und bei Hafenanlagen eingesetzt. Aufgeschnittenes Holz wird für Bootsdecks, Fußböden, Maschinenkonsolen und Angelruten verwendet. |
| **Weißes Seraya** *Parashorea* Ein Holz aus der Luaun-Meranti-Seraya-Familie aus Südostasien, aber mit weniger Varianten, weil dieses Holz nur von zwei Arten geliefert wird. Weißes Seraya kann dem weißen Luaun der Philippinen zugeordnet werden (weißes Meranti ist ein anderes Holz). | Wie andere Hölzer dieser Gruppe ist das weiße Seraya grob strukturiert und faserig und hat leicht gewellten Faserverlauf, der bei Geviertschnittholz breite Streifen bewirkt. Charakteristisch sind cremeweiße, gelbe oder rötlichbraune Schattierungen. Das Splintholz ist viel heller und langweiliger. | Ein ziemlich leichtes Holz, nicht übermäßig fest, aber etwas besser als weißes Luaun. Es ist standfest und leicht zu bearbeiten, solange scharfes Schneidewerkzeug verwendet wird. Die Oberflächen sind meist etwas faserig, können aber nach dem Spachteln gebeizt und poliert werden. Nageln und Leimen ist möglich. | Der Hauptanteil des aus Südostasien importierten weißen Seraya wird zu Sperrholz mit entsprechenden Bearbeitungseigenschaften verarbeitet. Das Sperrholz ist meist nicht sehr haltbar und für außen ungeeignet. Ein kleiner Teil der Holzernte wird für Tischlerarbeiten und Fußböden verwendet. |

## EINHEIMISCHE UND EXOTISCHE HÖLZER

| Der Baum | Farbe und Qualität des Holzes | Eigenschaften | Anwendungen |
|---|---|---|---|
| **Amarant Bischofsholz, Purpleheart** *Peltogyne venosa* Diese Riesenbäume der Regenwälder Mittel- und Südamerikas werden bis 45 m hoch. Der Stamm ist mit einem Durchmesser bis 1,2 m ziemlich schlank und weist oft Stützwurzeln auf. Dieses Holz stammt von etwa 20 Arten. | Das Holz fällt sofort ins Auge. Zuerst kräftig pur-purrot, wird es mit der Zeit gedämpft ziegelrot oder bräunlichrot. Die Farbe variiert sehr stark. Das weiße Splintholz umgibt mit 10-cm-Streifen das Kernholz. Das Holz ist ebenmäßig strukturiert, der Faserverlauf meist ge-rade. | Das schwere und feste Holz liegt etwa auf der Mit-te zwischen Buche und Grünharzholz. Die Bear-beitung kann durch welli-gen Faserverlauf und Harzablagerungen auf dem Sägeblatt erschwert werden. Beim Nageln ist Vorsicht geboten, Leimen ist nicht zu empfehlen. | Das außergewöhnlich feste und haltbare Holz ist bestens für Pieranlagen, Brücken und andere Kon-struktionen geeignet, die viel aushalten müssen. Als Fußbodenholz ist es beachtlichen Belastungen gewachsen. Es wird auch als Schnitz- und Drech-selholz und für Intarsien verwendet. |
| **Afrormosia** *Pericopsis elata* Ein westafrikanischer Waldbaum, bis zu 45 m hoch, mit einem langen, ungleichmäßigen und ast-losen Stamm von 1 m Durchmesser. Hohe Waldbäume erhalten häu-fig durch Stützwurzeln zu-sätzliche Stabilität. Die Stützwurzeln der Afror-mosia sind 1 bis 2,5 m hoch. | Das frische Holz ist kräftig gelbbraun, das Kernholz wird mit zunehmendem Alter dunkelbraun. Das dünne Splintholz ist we-sentlich heller. Das Holz ist fein gemasert mit gera-dem Faserverlauf oder mit einem in einer Anzahl von Jahresringen jeweils ent-gegengesetzt geneigtem Faserverlauf, der dem Holz dann ein streifiges Aussehen verleiht. | Holz mit unterschiedlich geneigter Faserung kann bei unvorsichtiger Bear-beitung reißen. Es läßt sich gut leimen, aber nicht ohne Vorbohren nageln. Eisennägel verursachen Flecken. Ein ziemlich har-tes, extrem haltbares und standfestes Holz, das sich verhältnismäßig gut bei-zen und polieren läßt. | Afrormosia ähnelt dem Teakholz (läßt aber sein öliges Aussehen und sei-nen kräftigen Duft vermis-sen) und wird auch auf denselben Gebieten ein-gesetzt: Im Bootsbau, als Tischlerholz, für Möbel und Fußböden. Früher nur als Konstruktionshölzer für Teakmöbel verwendet, wird es heute als nütz-licher Teak-Ersatz ange-sehen. |
| **Platane (USA: Sykomo-re)** *Platanus hispanica* Ein lebenskräftiger Hy-bridbaum, auch als Lon-doner Platane bekannt. Sie wird kaum als Holzlie-ferant angepflanzt. Ihre Widerstandsfähigkeit ge-gen Umweltverschmut-zung hat zu einer weiten Verbreitung als Stadt-baum geführt. Daher auch der minimale Holznach-schub. | Das Holz hat einen war-men, hellbraunen Ton und breite, rotbraune Mark-strahlen, die bei Geviert-schnittholz eine einzig-artige Maserung erzeu-gen. Kern- und Splintholz sehen gleich aus, bisweilen ist das Mark dunkler. | Platanenholz ist nicht son-derlich schwer zu bear-beiten, aber beim Hobeln sollten scharfe Klingen verwendet werden, weil sich das Holz der Mark-strahlen sonst abspaltet und die Oberfläche un-gleichmäßig wird. Es läßt sich leicht nageln, leimen und über Dampf biegen und nimmt Beize und Poli-tur an. | Das Holz ist nicht sonder-lich fest und haltbar, des-halb wird es vornehmlich in Innenräumen verwen-det und auch da nur zu dekorativen Zwecken. Es ist für Intarsienarbeiten und als Furnier für Vertä-felungen interessant. Ver-mutlich würde es häufiger verwendet, wenn die Nachschubfrage nicht so schwierig wäre. |
| **Kirschbaum** *Prunus serotina* Kirschbaumholz kommt von der europäischen Süß- oder von der Sauer-kirsche (von den beiden stammen alle früchtetra-genden Kulturformen ab), oder von der amerikani-schen Black Cherry mit ih-ren glänzenden Blättern, weißen Blütenähren und kleinen schwarzen Früch-ten. Der Baum wird mit 30 m höher als die euro-päischen Arten. | Das zartrötlich ange-hauchte Holz färbt sich bei längerer Lagerung tief röt-lichbraun. Das Kernholz ist dunkler als der Splint und hat einen genau ab-gegrenzten Rand. Auf Verletzungen reagiert der Kirschbaum mit einem reichlichen Gummifluß, und Gummieinlagerun-gen können sich auch im Holz befinden. | Gleichmäßig gemasertes Holz läßt sich leicht bear-beiten, bei unregelmäßi-gem Faserverlauf ist Vor-sicht angebracht. Kir-schenholz ist ziemlich hart und fest, neigt aber zu Verwerfungen und ist nicht besonders haltbar. Es läßt sich leimen und infolge der sehr feinen und homogenen Holz-struktur ausgezeichnet beizen und polieren. | In Amerika wird die Black Cherry viel im Möbelbau und als Vertäfelung ver-wendet. Europäischer Kirschbaum ist im Handel nicht so häufig zu haben, und nur ein kleiner Teil der Produktion wird für Quali-tätsmöbel verbraucht. Der Rest wird für Musikinstru-mente und kostbare Intar-sien verwendet. |

| Der Baum | Farbe und Qualität des Holzes | Eigenschaften | Anwendungen |
|---|---|---|---|
| **Padouk** *Pterocarpus macrocarpus* Eine weitverbreitete Gruppe verschiedener Tropenbäume mit Vertretern in Afrika und Asien. Eine der wertvollsten Arten wächst auf den Andamanen im Indischen Ozean. Dieser Baum wird 35 m hoch, hat einen Durchmesser von 1 m und meist hohe Stützwurzeln. | Eine andere Bezeichnung ist Scharlachholz, weil die meisten frischen Hölzer hellrot sind und dann nach einiger Zeit rot oder purpur-braun werden und häufig schwärzliche Streifen bekommen. Andere Hölzer sind heller mit einem Gelbton. Alle Hölzer haben einen breiten, grauen Splint und sind ziemlich grob strukturiert. | Afrikanisches Padoukholz hat meist geraden Faserverlauf und ist deshalb leichter zu bearbeiten als die asiatische Art mit der welligen Faserung. Wenn nicht vorgebohrt wird, ist das Nageln schwierig, aber das Holz läßt sich leimen. Insgesamt sind es feste, harte, schwere und haltbare Hölzer, die sich gut vergüten und drechseln lassen. | Das Holz wird vor allem für Fußböden in öffentlichen Gebäuden verwendet, weil dort Abriebfestigkeit erforderlich ist. Afrikanisches Padouk ist besonders für Böden mit Fußbodenheizung geeignet, weil es fast nicht arbeitet. Andere Verwendungsarten: Bootsbau, Bauholz, Tischlerei, Schnitzarbeiten und Furniere. |
| **Birne** *Pyrus communis* Die Birne ist als Obst- und Gartenbaum gut bekannt. Sie stammt aus Südeuropa und dem westlichen Asien und wurde schon in frühester Zeit kultiviert. Sie wird kaum über 15 m hoch und hängt meist nach einer Seite. | Die Birne hat ein sehr schönes Holz mit einer hellrötlichen Tönung und wunderbar feiner Struktur. Die Jahresringe sind ganz schwach sichtbar. Unregelmäßiger Faserverlauf taucht meist nur bei verwachsenen Stämmen auf. Bäume der Gattung *Sorbus* (Eberesche, Mehlbeere und Spierapfel) liefern ähnliches Holz. | Birnenholz ist schwer zu sägen, besonders bei unregelmäßigem Faserverlauf, und es kann die Schneidewerkzeuge stumpf machen. Trotzdem läßt es sich gut drechseln und hervorragend vergüten. Beize und Politur bringen äußerst zufriedenstellende Ergebnisse. Birne ist von Natur aus nicht haltbar. | Wenn der Obstertrag zurückgeht, werden Birnbäume als Holzlieferanten gefällt. Aus dieser Quelle stammt das meiste Birnenholz, aber es ist trotzdem selten und deshalb nur sehr beschränkt verwendbar. Das meiste Holz endet bei Drechselarbeiten; man fertigt daraus Schüsseln, Bürstengriffe, Lineale, Furniere und Teile von Musikinstrumenten, auch Blockflöten. |
| **Amerikanische Weißeiche** *Quercus alba* Das Holz dieses Baumes stammt von vielen unterschiedlichen Eichenarten, aber Hauptlieferant ist die echte Weißeiche. Sie wird bis 30 m hoch, hat eine ausladende Krone und eine graue, stark zerfurchte Rinde. Ihre Heimat ist Nordamerika. | Die Holzfärbung reicht von Hell- bis Mittelbraun, meist mit einem leichten Stich ins Gelbliche. Der Faserverlauf ist gerade. Blaßgoldene Markstrahlen bilden bei Geviertschnittholz eine schöne Maserung aus. Schnell gewachsenes Holz aus den Südstaaten der USA hat breitere Wachstumsringe. | Das Holz ist hart, fest und schwerer als europäisches Eichenholz, aber nicht so schwierig zu bearbeiten. Die meisten Probleme verursacht schnellgewachsenes Eichenholz. Vorbohren vereinfacht das Nageln. Gerbsäure im Eichenholz korrodiert Eisen, Blei und andere unedle Metalle. | Ähnlich der europäischen Eiche läßt sich dieses Holz leicht biegen, ist äußerst haltbar und deshalb für Faßdauben sehr gefragt. Qualitativ gutes Holz wird für Möbel und Vertäfelungen, der Rest als Konstruktionshölzer, Fußböden, Zäune und Kraftfahrzeugaufbauten verwendet. |
| **Europäische Eiche** *Quercus sp.* Die Traubeneiche (Steinoder Wintereiche) und die Sommereiche (Stieleiche) sind in ganz Europa heimisch. Sie wird bis 35 m hoch, der Stamm wächst bis zu einem Durchmesser von 1–2 m, in manchen Fällen sogar bis 3 m. Die beiden Arten sind sich sehr ähnlich und produzieren manchmal Hybride. Im Holz unterscheiden sie sich nicht. | Eichenholz hat einen reifen, goldbraunen Ton. Das Kernholz weist hellere Markstrahlen auf, die bei einem Geviertschnitt eine sehr schöne, ausgeprägte Maserung ergeben. Die Fasern verlaufen meist gerade. Die Jahresringe sind bei den langsam wachsenden Eichen Mitteleuropas weniger ausgeprägt als bei den nordeuropäischen Eichen. | Der Grad der Bearbeitbarkeit hängt von den Wachstumsbedingungen ab: Langsam gewachsenes Holz ist weicher, leichter und empfindlicher. Im Normalfall läßt sich Eiche leicht sägen, hobeln, dampfbiegen oder leimen. Beim Nageln muß vorgebohrt werden. Wenn Eichenholz mit Eisen oder Blei in Berührung kommt, korrodiert das Metall und verursacht Flecken. | Eichenholz ist schon fast zur Legende und zum Sinnbild für Stärke und Ausdauer geworden. Es wird für Zäune, im Bootsbau, für Fußböden und als Bauholz, aber auch für Türen und Türschwellen verwendet. Das schönste Eichenholz geht in die Produktion von Möbeln, Täfelungen und Furnieren. |

| Der Baum | Farbe und Qualität des Holzes | Eigenschaften | Anwendungen |
|---|---|---|---|
| **Robinie (Scheinakazie)** *Robinia pseudoacacia* Auch als Gemeine Scheinakazie bekannt, obwohl sie nichts mit der Akazie zu tun hat. Der Baum gehört zur selben Gruppe wie die Erbse und trägt prächtige weiße Blüten. Er wird bis 27 m hoch, hat einen längsgerillten Stamm und eine stark rissige Rinde. Stamm und Äste sind oft gewunden und gekrümmt wie bei einer Akazie. | Frisch aufgeschnittenes Holz ist grünlichgelb. Das Kernholz nimmt nach einiger Zeit einen warmen, schönen goldbraunen Ton an. Das Spätholz ist erheblich dichter als das Frühholz, und das führt zu sehr ausgeprägten Jahresringen und zu einer groben Holzstruktur. Die Faserrichtung ist gerade, außer der Stamm hat krummen oder Drehwuchs. | Das Holz ist hart, schwer, so fest wie Esche und nicht schwieriger zu bearbeiten, als man den Eigenschaften entsprechend erwarten könnte. Das Nageln wirft Probleme auf, deshalb besser vorbohren. Das Holz läßt sich leimen und recht gut beizen und polieren. Zum Dampfbiegen ist es hervorragend geeignet. | Die frühen Siedler in Nordamerika verwendeten das Holz häufig für Möbel, Werkzeuge und Karren. Ein Teil geht noch heute in die Möbelindustrie, aber der größte Teil wird zu Zäunen und Pfosten verarbeitet, die ein haltbares Holz erfordern. Es nimmt leicht Politur an und eignet sich gut für Drechslerarbeiten. |
| **Weide** *Salix sp.* Dieser bekannte Baum mit seinen langen, biegsamen Zweigen und lanzettförmigen Blättern wächst überall auf der Welt an den Uferstreifen von Bächen und Flüssen. Über 500 Arten sind bekannt. Der einzig wichtige Holzlieferant ist die Silberweide, die sehr schnell wächst und am weitesten verbreitet ist. | Das helle, rötliche Kernholz wird von einem Ring aus weißem, leicht glänzendem Splintholz eingefaßt. Die Breite des Splintholzrings ist unterschiedlich, die größte Breite erreichen hochwertige Silberweiden. Der schnelle Wuchs sorgt für geraden Faserverlauf, und das ist beispielsweise für Krikketschläger wichtig. Die Struktur ist fein und gleichmäßig. | Weide ist sehr leicht zu bearbeiten, aber die Schneidewerkzeuge müssen scharf sein. Leimen ist möglich, Nageln nicht zu empfehlen. Das Holz läßt sich zwar bei Bedarf beizen und polieren, ist aber nicht wirklich dafür geeignet. Man kann es nicht über Dampf biegen, es ist nicht haltbar und nimmt Konservierungsmittel nicht an. | Das Holz ist zwar leicht und nicht fest, ist aber ungewöhnlich zäh und bricht nicht, wenn es mit einem harten, schnellbewegten Ball zusammenprallt. Aus diesem Grund ist das Holz für die Herstellung von Kricketschlägern wertvoll. Außerdem wird es für Spielzeuge, Obstkisten und Prothesen verwendet. |
| **Lauan** *Shorea sp.* Diesen Namen gaben die Filipinos einem Holz, das von mehreren Bäumen stammt. Die meisten gehören zur Gattung der *Shorea*, bis zu 70 m hohe Waldbäume. Andere Bezeichnungen für dieses Holz sind rotes Meranti (Malaya, Indonesien) und rotes Seraya. | Rotes Lauanholz (dunkelrotes Meranti) ist rotbraun und weist weiße Harzstreifen auf. Weißes Lauanholz (hellrotes Meranti) ist rosa. Beide haben nur einen schmalen Ring aus hellerem Splintholz. Beim Geviertschnitt ergibt ein welliger Faserverlauf eine streifige Maserung. Das Holz ist grob, aber gleichmäßig strukturiert. | Rotes Lauanholz ist ziemlich schwer und fest, aber leicht zu sägen, zu nageln und zu leimen. Weißes Lauanholz läßt sich ebenfalls gut bearbeiten, ist aber leichter, nicht besonders fest und viel weniger haltbar. Beide Arten sind ziemlich faserig, aber sie lassen sich trotzdem recht gut beizen und polieren. | Das meiste Holz übernehmen die Furnierholzhersteller. Weißes Lauan wird als Tischler- und Möbelholz verwendet. Die geringe Haltbarkeit und schlechte Konservierbarkeit schließen eine Verwendung im Freien aus. Rotes Lauan wird als Bauholz (innen und außen), für Vertäfelungen und Fußböden und im Bootsbau verwendet. |
| **Meranti** *Shorea sp.* Das Holz ist auch als Gelbes Seraya bekannt und stammt von einer Gruppe von 12 verwandten Bäumen in den Wäldern der Maliischen Halbinsel. Sie werden bis 60 m hoch bei einem Durchmesser von 1,6 m und gehören zur selben Gattung wie die Bäume, die Luaunholz (rotes Meranti) liefern. | Das Holz ist ziemlich einheitlich, gelb und dunkelt mit zunehmendem Alter nach. Bei Geviertschnitt ergibt der wellige Faserverlauf eine streifige Maserung. Das Splintholz ist gräulichgelb und 5 bis 7,5 cm breit. Obwohl die Struktur ziemlich grob ist, ist das Holz dem Luaunholz überlegen. | In bezug auf Festigkeit und Gewicht liegt das Holz zwischen rotem und weißem Luaun. Es ist ziemlich leicht zu bearbeiten, läßt sich leimen und nageln, dunkelt aber um Eisennägel herum nach. Ist die Oberfläche verspachtelt, kann sie gebeizt und poliert werden, aber das Ergebnis ist nicht besonders wirkungsvoll. | Gelbes Meranti ist verhältnismäßig haltbar, kann aber nicht mit Konservierungsmitteln behandelt werden. Es ist innen und außen verwendbar, wird aber meist für Tischlerarbeiten in Innenräumen, als Konstruktionsholz und für Fußböden herangezogen. Es kann keine schweren Lasten tragen. |

| Der Baum | Farbe und Qualität des Holzes | Eigenschaften | Anwendungen |
|---|---|---|---|
| **Echtes Mahagoni** *Swietenia mahagoni* Das echte Mahagoni stammt von einem kräftigen Baum in den Wäldern Süd- und Mittelamerikas. Er wird bis zu 30 m hoch, hat einen etwa 2 m starken, geraden Stamm, der bis in 15 m Höhe und darüber astfrei ist. Er ist mit den afrikanischen Mahagonibäumen verwandt. | Mahagoniholz ist mit Recht für seinen vollen, glänzenden Farbton berühmt, der von Rot über Rotbraun bis zu Bräunlichgelb reicht. Manchmal ist der Faserlauf gerade und die Maserung ebenmäßig, aber Holz mit welligem Faserverlauf hat eine dekorativere Zeichnung. Anders als beim afrikanischen Mahagoni hat diese Art im Stirnholz sichtbare Jahresringe. | Im allgemeinen läßt sich das Holz ziemlich leicht sägen und hobeln. Werden allerdings stumpfe Schneidewerkzeuge verwendet, kann die Oberfläche ausfasern. Mahagoni läßt sich nageln und leimen, es ist haltbar, leicht, ziemlich fest und extrem standfest. Im Gegensatz zu *Khaja* kann es über Dampf gebogen werden. | In bezug auf Farbe und Veredelung ist es den anderen Mahagoni-Hölzern überlegen, aber der Nachschub wird sehr knapp. Es wird hauptsächlich für hochwertige Möbel und Vertäfelungen und zur Ausstattung teurer Autos und Jachten verwendet. Wird besondere Festigkeit verlangt, werden auch Industriemodelle aus Mahagoni hergestellt. |
| **Teak** *Tectona grandis* Dieser gigantische Waldbaum gehört zur Familie der Eisenkrautgewächse (Verbenaceae) und wächst wild in Südostasien und Indien. Sein wertvolles Holz führte dazu, daß er in anderen Teilen der Welt, besonders in Afrika, systematisch angepflanzt wurde. Teakbäume werden 45 m hoch. | Teakholz ist zunächst goldbraun, wird aber mit der Zeit dunkler und mehr rötlich. Das feinste naturbelassene burmesische Teakholz ist einfarbig, aber die meisten Teakhölzer weisen dunkle Streifen auf. Die Jahresringe sind sichtbar. Das Holz fühlt sich rauh und fettig an und hat einen scharfen Geruch, der an Leder erinnert. | Das Holz wirkt wie Schmirgelleinen und muß unbedingt mit einem Sägeblatt mit Wolframcarbid-Zähnen bearbeitet werden. Zum Nageln vorbohren, zum Leimen vorher abschleifen. Der Sägestaub kann eine Hautreizung verursachen. Teakholz ist sehr elastisch, standfest, sehr haltbar auch im Wasser und außergewöhnlich widerstandsfähig gegen Verrottung. | Hauptverwendungsgebiet für Teakholz ist der Bootsbau. Es wird dort für fast alle Teile eingesetzt, außer an den Stellen, an denen gebogene Hölzer erforderlich sind. Seine Haltbarkeit ist vor allem in den Tropen wertvoll. Weitere Anwendungen: Fußböden, Möbel und vor allem Gartenstühle. |
| **Idigbo** *Terminalia ivorensis* Der Baum wächst in den westafrikanischen Regenwäldern und wird an die 45 m hoch. Er hat meist einen geraden Stamm mit Stützwurzeln. Das Holz liefern Bäume mittlerer Größe, weil sie im Gegensatz zu älteren Bäumen noch keinen Falschkern entwickelt haben. | Das Holz weist Jahresringe auf, was für einen Tropenbaum ungewöhnlich ist. Längs aufgeschnitten zeigt das Holz eine ähnliche Zeichnung wie die Eiche. Idigbo ist gelb bis gelblichbraun. Die Einfärbung bewirkt eine kräftige Beize. Bei älteren Stämmen werden Gewicht und Festigkeit durch einen Falschkern verringert. | Ein ziemlich festes, haltbares, mittelschweres Holz, das sich leicht sägen und nageln läßt. Ist das Holz feucht, korrodiert die im Holz enthaltene Säure Eisennägel und verursacht schwarze Flecken. Sind die groben Holzporen erst ausgefüllt, kann Idigbo gebeizt und poliert werden. | Idigbo wird weniger seiner Härte als seiner schönen Maserung und seiner leichten Bearbeitbarkeit wegen verwendet. Das Holz ist für die Tischlerei, für Fußböden und für Außenarbeiten geeignet. Leider korrodiert es Metalle und verfärbt Stoffe, wenn es feucht ist. |
| **Limba** *Terminalia superba* Einer der häufigsten Bäume des Regenwaldes in Westafrika und im Kongobecken. In derselben Gegend sind auch einige verwandte Arten zu finden, z. B. Idigbo. Afara wird bis 45 m hoch, der Stamm ist bis in 27 m Höhe astfrei. | Ein Holz mit unterschiedlichen Erscheinungsformen, meist gelblich wie helle Eiche (helles Afara), hat aber gelegentlich auch dunkles Kernholz mit unregelmäßiger, grauer oder schwarzer Zeichnung (dunkles Afara). Dunkles Afara ähnelt manchmal Walnußholz. Die Struktur ist ebenmäßig, aber ziemlich grob. | Bei geradem Faserverlauf läßt sich das Holz leicht bearbeiten, aber bei unregelmäßiger Faserung kann es Probleme bereiten. Afara kann genagelt und geleimt werden und nimmt Beize gut an, aber die Oberfläche muß der groben Holzfaser wegen gespachtelt werden. Ein stabiles Holz, es sei denn, es hat einen Falschkern. | Beschränkte Haltbarkeit ist der Grund dafür, daß dieses Holz vornehmlich innen verwendet wird. Hauptanwendungsgebiete sind Furniere und Sperrholz. Besonders gutes dunkles Afara ergibt wunderbar dekorative Furniere. Findet auch als Tischlerholz in der Möbelindustrie und zur Sargherstellung Verwendung. |

## EINHEIMISCHE UND EXOTISCHE HÖLZER

| Der Baum | Farbe und Qualität des Holzes | Eigenschaften | Anwendungen |
|---|---|---|---|
| **Makoré** *Tieghemella heckelii* Ein hoher, schlanker und gerader Baum, der bis 45 m hoch wird. Der gleichmäßige, zylindrische Stamm erreicht Durchmesser von 1,3 bis 2,7 m und wird nicht von Stützwurzeln beeinträchtigt. Auch als Afrikanischer Birnbaum bekannt. | Das glänzende, braungelbe Holz weist Schattierungen von Rosa bis zu einem dunklen Purpurrot auf. Hölzer mit geradem Faserverlauf sind ziemlich langweilig, aber andere können ausgeprägt wellenförmig und sehr attraktiv gemasert sein. Manche Hölzer sind fein schwarz geädert. Die Struktur ist fein und gleichmäßig. | Ein entscheidender Nachteil des Makoréholzes ist sein Gehalt an Kieselerde, den nur die härtesten Sägeblätter überstehen. Das Holz muß vor dem Nageln vorgebohrt werden, und auch das ist nicht einfach, weil das Holz dabei leicht versengt wird. Der Holzstaub ist stark reizend. Das Kernholz läßt sich dampfbiegen. | Das Holz ist sehr fest und außerordentlich dauerhaft und wird deshalb als Massivholz oder als Sperrholz im Bootsbau verwendet. Seine Standfestigkeit und attraktive Maserung sind für die Möbel- und Furnierproduktion interessant. Es wird auch für Türen, Fußböden und Vertäfelungen verwendet. |
| **Linde** *Tilia sp.* Ein großer und kräftiger Baum, der häufig in Parks und an Straßenrändern wächst. Er ist an den herzförmigen Blättern zu erkennen. Die Linde ist einer der größten laubabwerfenden Bäume Europas und wird bis 40 m hoch. | Splint- und Kernholz sind nach dem Fällen weiß, manchmal gelblich, und dunkeln bis zu einem hellen Braunton nach. Das Holz ist kaum gemasert, die feinen, geraden Holzfasern ergeben eine homogene Struktur. Lindenholz ist leicht und weich und deshalb nicht sehr standfest. | Das Holz bereitet beim Sägen kaum Probleme, fasert aber aus, wenn stumpfe Sägeblätter verwendet werden. Im Verhältnis zum Gewicht ist es ziemlich stabil, läßt sich dampfbiegen und drechseln. Nageln und Leimen sind möglich, auch mit guten Ergebnissen Beizen und Polieren. | Lindenholz wurde schon immer zum Schnitzen bevorzugt und auch für viele Drechselarbeiten wie Zwirnspulen. Es wird zum Beispiel für Pinselstiele verwendet, die keine besondere Festigkeit erfordern. Es ist wenig haltbar, kann aber für Außenarbeiten leicht konserviert werden. |
| **Samba (Abachi)** *Triplochiton scleroxylon* Ein wertvolles Holz, das von einem bis 55 m hohen westafrikanischen Baum gewonnen wird. Der Stamm ist meist bis in 24 m Höhe astfrei. Allerdings werden die ersten 6 m durch Stützwurzeln beeinträchtigt. Holz aus Ghana wird Wawa genannt. | Das Sambaholz ist zwar sehr blaß (zwischen einem hellen Kaffeebraun und Weiß), aber es hat einen hellen Glanz und bietet dadurch einen angenehmen Anblick. Es hat eine grobe Struktur. Welliger Faserverlauf bewirkt bei Geviertschnittholz einen breiten Streifen. Kern- und Splintholz unterscheiden sich nicht. | Sambaholz ist leicht und einfach zu handhaben. Die Bearbeitung macht im allgemeinen wenig Probleme, lediglich die Hirnholzkanten brechen leicht aus oder splittern ab. Das Holz läßt sich nach dem Spachteln beizen und polieren. Der unangenehme Geruch des frischen Holzes verfliegt rasch. | Das Holz arbeitet wenig und ist für Schubladen-Seitenteile, Möbel-Konstruktionshölzer und andere Tischlerarbeiten geeignet, bei denen Festigkeit nicht wichtig ist. Es wird auch für Orgeln und im Modellbau verwendet. Weil wenig haltbar und anfällig für Pilzbefall, nur für Innenräume geeignet. |
| **Ulme** *Ulmus sp.* Die Ulme ist ein bis 40 m hoher Baum mit ausgeprägt ovalen Blättern. Sie kommt in 18 Arten in der gemäßigten Klimazone der nördlichen Hemisphäre vor, in ganz Asien, Europa und Nordamerika bis zu den Rocky Mountains. 6 Arten dienen als Holzlieferanten. | Hybriden sind die Englische und die Holländische Ulme. Sie sind für ihre charakteristische Maserung bekannt, die auf unregelmäßiges Wachstum und großporiges Frühholz zurückzuführen ist. Andere Ulmenarten (bis auf die amerikanische *Ulmus thomasi*) haben ähnliche Maserung. | Ulmenholz ist leicht zu bearbeiten, abgesehen vom dichteren und härteren Holz der amerikanischen Ulme. Es läßt sich gut nageln und leimen und nimmt Beize und Politur gut an. Ulmenholz ist ziemlich fest und leicht und läßt sich gut biegen (Bergulme nicht über Dampf). | Geringes Gewicht, Festigkeit und Biegbarkeit sprechen für seine Verwendung im Bootsbau, etwa für Kiele oder Steuerruder. Englische und Holländische Ulmen werden als Möbelholz, zwei amerikanische Arten (*U. thomasi* und *U. americana*) zu Eishockeyschlägern verarbeitet. |

211

# Register

## A

Abricht- und Dickenhobel-
   maschine 72
Abstecher 91
Abziehvorrichtungen 81
Amerikanischer Viertelschnitt 14
Anreißmesser 50
Astbild 24
Äste 24
Astknoten, lebende 24
Auskitten von Löchern 157

## B

Bänder und Scharniere 164–165
Bandsäge 62–63
Bandschleifer 73
Bäume, Fällen 12–13
Beizen 154–155
– Tips 155
Beschläge 162–163
Bestoßbrett 45
Bett 188–189
Bögen und Schweifungen 140
Bohren, Handhabung 100
Bohrer, Arten 101
Bohrung, Ausreißen 100
Bohrwerkzeuge 100–101
Breitenverbindungen 128–129

## D

Darrgewicht 18
Darrprobe 18
Drechselbank 88–89
– Bohren auf der 93
– Oberflächenbehandlung auf
   der 95
– Sicherheit 89
Drechseln, Meßinstrumente 93
Drechselwerkzeuge 91
Druckholz 25
Dübel, Abmessungen und Ab-
   stände 130
– Verbindungen 130–131
Dübellehren 131

## E

Einbauküche 172–173
Einschichtplatten 30
Einschneiden der Stämme
   14–15
Ergonomie 168–169
Eßtisch und Stühle 180–181

## F

Faserfräser 71
Feilen 82–83
– Feilenhefte 82
– Holzfeile 82
– Zähne 82
Flachpreßplatte 30
Formen, besondere 140–141
Formverleimung 141
Fräswerkzeuge 71
Fülltechnik 156–157
Furnierarbeiten 142, 150–151
Furniere 144–145
– Leime 149
– Maserungen 144
– Schneiden 147
– Zusammensetzen 144
Furnieren mit Druckplatten
   148–149
– mit Glutinleim 146–147
Furnierplatten, Sperrplatten 28
Futtertypen 94–95

## G

Gebrauchsholz, Fasersättigungspunkt 18
Gedübelte Verbindungen
   130–131
Gehrungsmaß 50
Gehrungsscheidlade 45
Gehrungsschnitte 69
Gestemmte Verbindungen
   116–117
– einfache 118–119
– mit Nutzapfen 122–123
– spezielle 120–121
Grünes Holz 18

## H

Hammerfurnier, Herstellen einer
   Fuge 148
Hämmern, Technik 99
Handhobel, elektrischer 73
Handkreissäge 64–65
– Sägeblätter 65
Handoberfräse 70–71
– Verwendung für Nutverbin-
   dungen 115
Handsägen 54
Hartfaserplatten 132
– Nageln 133
– Verschrauben 133
Harz und Gummi 24
Hobel 74–75, 78
– Grundhobel 41, 75
– hölzerne 75
– Putzhobel 74
– Schichthobel 74

– Schiffhobel 79
– Simshobel 41
Hobelbank 40–41
– selbstgebaute 42–43
Hobeleisen 76, 78
Hobelkasten 78
Hobelmesser, Schärfen 80–81
Hobelsohle 76, 78
Hobeltechnik 76–77
Hohlröhren 91
Holz, Feuchtegehalt 19
– Lagerflecken 23
– Schwund 18–19
– Trocknen 20–21
– Trocknungsfehler 22–23
– Versandzeichen bei Import-
   ware 17
– Verwerfungen 23
– Werfen 22
– Werkstoff 10
Holzarten, Tabelle 194–211
Holzeinkauf 16–17
Holzfaserplatten 32–33
– Anwendungsbereich 33
– Dämmplatten 32
– Einteilung 32
– Plattentypen 32
Holzfäule 26
Holzfehler 24–25
Holzfeuchte 18
Holzhobel 78–79
– Typen 78–79
Holzoberfläche, Schleiftips 152
– Vorbereiten 152–153
Holzschädlinge 26–27
– Tabelle 27
Holzverbindungen 106–109
– Eckverbindungen 109
– stumpfe Verbindungen 108
Holzzeichnung 14

## I

Imprägnierung von Holz 19
Innenrisse, Trocknungsfehler 22

## K

Kantenfräser 71
Keilzapfen 117
– einfacher 107
Kerbschnitte 63
Klappe, Hobel 76
Klapptisch 178–179
Konsolentisch 192–193
Kopierfräsen 71
Kreissäge 72
Kreisschnitte 63
Küchenschrank 170–171
– mit Hängevitrine 174–175
Kunstharzkleber 30

213

Kunstschreinerei, Planung 166

# L

Lacke 142
Lagerflecken von Holz 23
Langlochbohrapparat 73
Lappenbänder 162–163
Laubholz, Abmessungen 17
– Güteklasse 16
Laubhölzer 25
– Tabelle 198–211
Leime und Kleber 138–139
– Begriff 138
– Tabelle 139

# M

Massivholz 48
– Dämpfen 141
Massivholzkanten, Aufleimen 133
Mehrzweckmaschine 72–73
Messen und Reißen 50–51
Messerfurnier 28
Meßhilfen 53
Meß- und Reißhilfen 52–53
Möbelschlösser, Einsetzen 165
Motorsäge 13
Multiplexplatten 132

# N

Nadelhölzer 25
– Abmessungen 17
– Tabelle 194–197
Nägel 96, 98–99
– verschiedenartige 99
Nagelhartes Holz, Reaktionsholz 24–25
Nut, Herstellung 114
Nutfräser 71
Nutverbindungen 114–115
Nutzapfen 117

# O

Oberflächenbehandlung, Polieren 158–159
Oberflächenrisse, Trocknungsfehler 22

# P

Plattenmaterial 28–29
– MDF 34
– Verarbeitung 132–133
– Verbindungen in P. 134–135

Polieren 158–159
Politur, französische 142
Porenfüllen 156–157
– Tips 157
Profilbretter, Profilleisten 34–35
Profilfräser 71
Profilieren von Kanten 70
Putzhobel 74

# Q

Querholzdrechseln 90–93
– geeignete Drechselhölzer 92
Querschnitte beim Sägen 56

# R

Radialkreissäge 68–69
– Kehlmesserprofile 69
Rahmenbau 136–137
Raspel 82–83
Reißen und Messen 50–51
– Werkzeuge 50–51
Restaurieren und Abwaschen 161
Rohling, Zurichten 90
Rückensägen 54

# S

Sägefeile, dreieckige 58
Sägen 54–55
– Anwendung 56–57
– Fuchsschwanz 132
– Handkreissäge 132
Handsägen 54
– Lochsäge 57
– Pflege 54
– Rückensägen 54
– Sägehilfen 56
– Schärfen 58–59
– Schlitzsäge 132
Sägentyp, Aufstellung 59
Schaber 91
Schalen drechseln 92–93
Schälfurnier 28
Schärfen von Sägen 58–59
Scharfschnitt 14
Scharniere 162
Schiebestöcke 67
Schleifbock 81
Schleifen, Schleifmittel für Holz 153
– Tips 152
Schleifmaschine 81
Schleifpapier 153
Schlichthobel 74
Schlichtmeißel 89
Schmiege 50
Schneidmaß 52

Schnittholz, Bezeichnungen 15
– Güteklassen 17
Schnittholzbezeichnungen 15
Schrägschnitte 63
Schränkzange 58
Schrauben 96, 102–103
– Schraubenkopf-Abdeckungen 105
Schraubenzieher 104–105
– Arten 104
Schraubverbindungen, Lösen 105
Schreibsekretär 190–191
Schreibtisch 184–185
Schreinerklüpfel 85
Schwedensäge 13
Schweifung in schwachem Material 57
Schweifungen und Bögen 140
– formverleimte 140
Seitenbandhaken 41
Serviertisch 182–183
Spannschnur 137
Spanplatten 30–32
– Emissionsklassen 30
– Oberflächen 31
– Recycling-Techniken 30
Sperrholz 28, 133
– Güteklassen 29
– Verbindungen in S. 135
Sperrplatten, Furnierplatten 28
Spezialscharniere 164–165
Spieltisch 176–177
Stabsperrholzplatte 28
Stahlbandmaß, flexibles 50
Stahllineal 50
Stecheisen 84, 86–87
– Abziehen 87
– Schärfen 80–81
Stellmaß 52
Stemmen eines Schlitzes 87
Stemmwerkzeuge 84–85
– Handhabung 86–87
Stemmzapfen 116, 118
– abgesetzter 121
– Anfertigung mit Nutzapfen 122
– mit Holznagel 120
Stichsäge 60–61
Stilkommode 186–187
Strangpreßplatte 30
Streichmaß 52–53
Streichriemen 81
Stühle und Eßtisch 180–181
Stumpfe Leimfuge, Herstellen 129

# T

Tischfräse 72
Tischkreissäge 65–67
– Leistungsbedarf, Tabelle 67
Tischlerplatten 28

– Verbindungen in 135
Trennscheibe 65
Trennschnitte 56
Trockenkammer 21
Trockenpläne 21
Trocknungsfehler 22–23

## U

Überblattungen 112–113
Überfurnieren 145
Überzüge, nicht lösliche 160–161
– Tips für nicht lösliche 161

## V

Verbindungsarten in Plattenmaterial 134–135
Verbindungstechniken, Eckverbindung mit Nut und Feder 111
– Gefalzte Verbindung 110–113
– Gefederte Verbindung 110–113
Verdrehungen 23

Verleimen, internationale Bezeichnungen für Verleimungsqualitäten 29
Verwerfungen, Längskrümmung 23
– Querkrümmung 23
Viertelschnitt 14

## W

Weißfäule 26
Werkbank, Küchentisch-Werkbank 43
– zerlegbare 43
Werkstatt 36–39
– Sicherheit am Arbeitsplatz 39
– Tips 46
Werkstattzubehör 44–45
– Bestoßbrett 45
– Bock 45
– Gehrungsscheidlade 45
– Nagelkiste 44
– Werkzeugkiste 44
Werkzeuge, elektrische, Sicherheitsregeln 48
– Tabelle 46–47

Werkzeugkasten 39, 46–47
Werkzeugtasche 46
Wimmerwuchs 24
Winkel 50

## Z

Zapfen, gestemmter 107, 116
– Schneiden 119
Zapfenloch, Ausstemmen 119
Zapfenverbindung 107
Zeichnungen, maßstabsgetreue 166
Zellenkollaps, Trocknungsfehler 22
Ziehklinge 82–83
Zinken, Herstellung einer offenen Z. 126
– Stemmen 126–127
Zinkentest für Verschalung 23
Zinkenverbindungen 124–125
    Fräsen halbverdeckter Z. 125
– Schrägen 125
Zugholz 25
Zwingen, selbstgebaute 137

215